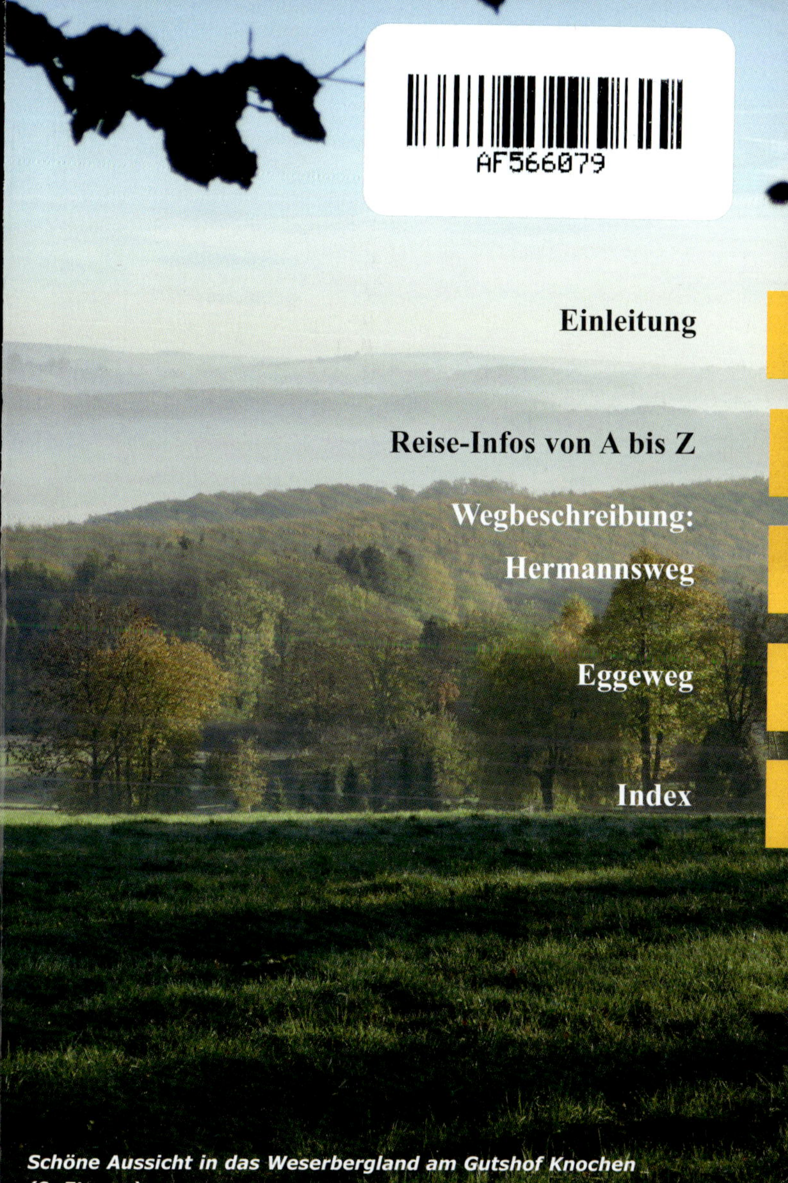


*Schöne Aussicht in das Weserbergland am Gutshof Knochen (8. Etappe)*

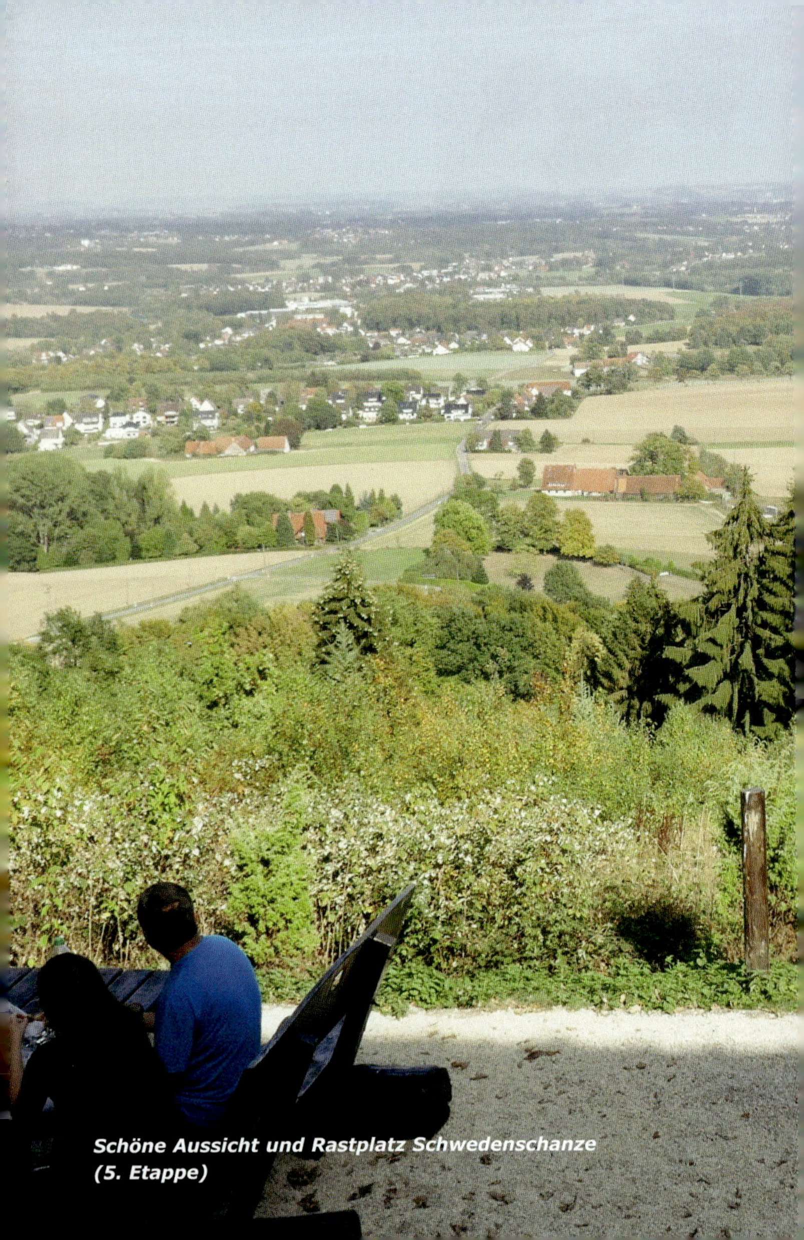

Schöne Aussicht und Rastplatz Schwedenschanze
(5. Etappe)

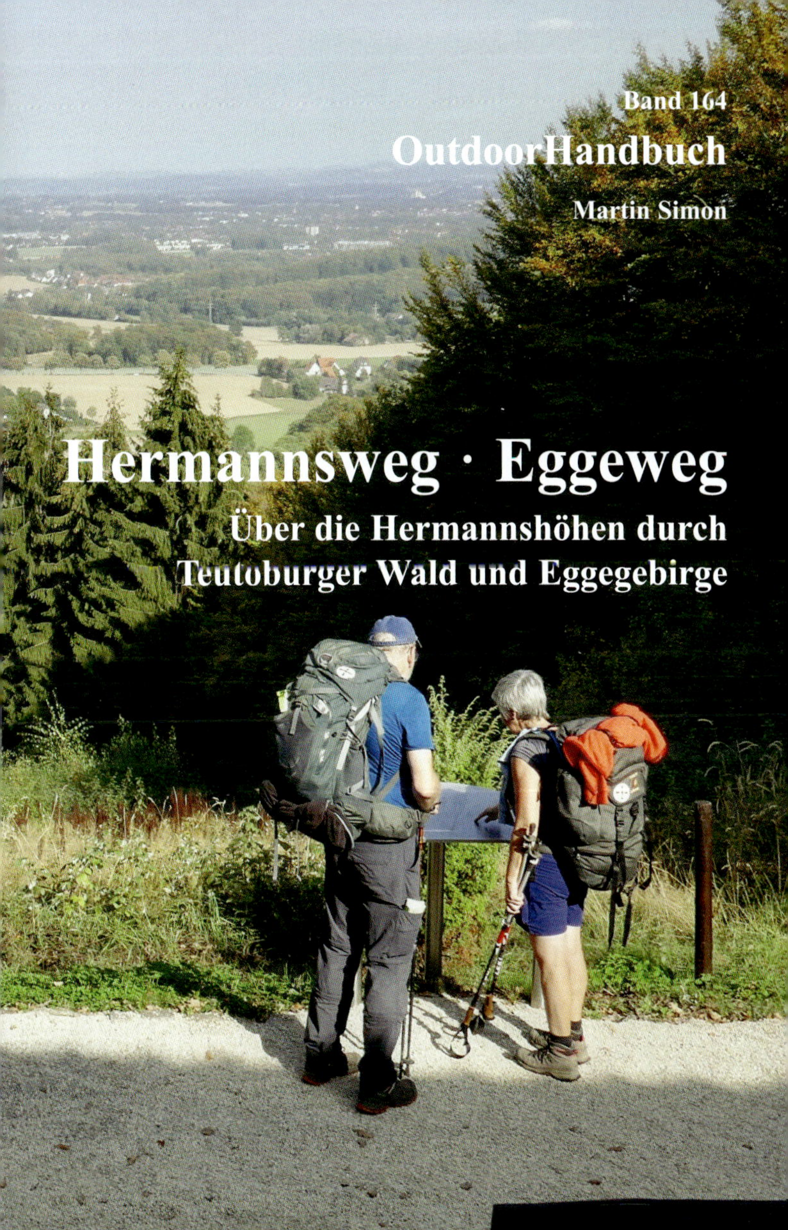
Band 164
OutdoorHandbuch
Martin Simon
Hermannsweg · Eggeweg
Über die Hermannshöhen durch
Teutoburger Wald und Eggegebirge

# Hermannsweg · Eggeweg



Alle Informationen, schriftlich und zeichnerisch, wurden nach bestem Wissen zusammengestellt und überprüft. Sie waren korrekt zum Zeitpunkt der Recherche. Eine Garantie für den Inhalt, z. B. die immerwährende Richtigkeit von Preisen, Adressen, Telefon- und Faxnummern sowie Internetadressen, Zeit- und sonstigen Angaben, kann naturgemäß von Verlag und Autor – auch im Sinne der Produkthaftung – nicht übernommen werden.

Der Autor und der Verlag sind für Lesertipps und Verbesserungen (besonders per E-Mail) unter Angabe der Auflagen- und Seitennummer dankbar.

Dieses OutdoorHandbuch hat 160 Seiten mit 32 farbigen Abbildungen sowie 19 farbigen Kartenskizzen im Maßstab 1:100.000, 1 farbigen Stadtplan, 12 farbigen Höhenprofilen und einer farbigen, ausklappbaren Übersichtskarte. Es wurde auf chlorfrei gebleichtem Papier gedruckt, in Deutschland klimaneutral hergestellt und transportiert und wegen der größeren Strapazierfähigkeit mit PUR-Kleber gebunden.

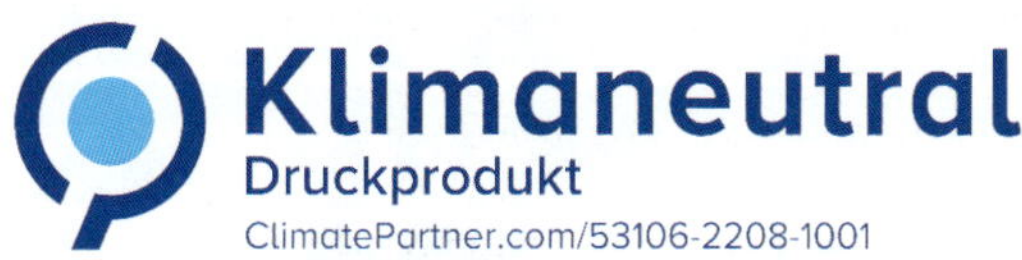


Dieses Buch ist im Buchhandel und in Outdoor-Läden erhältlich und kann im Internet oder direkt beim Verlag bestellt werden.

OutdoorHandbuch Band 164

ISBN 978-3-86686-784-0

5., überarbeitete Auflage 2022

Text & Fotos: Martin Simon
Karten: Manuela Dastig
Lektorat & Layout: Anna-Lena Ebner

Gesamtherstellung: AZ Druck und Datentechnik GmbH, Kempten

Dieses OutdoorHandbuch wurde konzipiert und redaktionell erstellt vom:

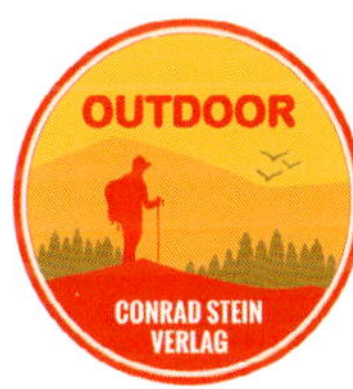


Conrad Stein Verlag GmbH, Kiefernstr. 6, 59514 Welver,
☏ 023 84/96 39 12,
info@conrad-stein-verlag.de,
www.conrad-stein-verlag.de

Besuchen Sie uns bei Facebook & Instagram:

 www.facebook.com/outdoorverlag

 www.instagram.com/outdoorverlag

Titelfoto: Morgenstimmung im Hochwald bei Altenbeken (8. Etappe)

# Inhalt

☺ Eine **Übersichtskarte** des Weges, **Autorenprofile** sowie eine Liste aller verwendeten **Symbole** in diesem Buch finden Sie auf den vorderen und hinteren Umschlagseiten bzw. -klappen.

# Vorwort

Bereits im Laufe des Jahres 2018 habe ich die Hermannshöhen in Gänze erwandert und die bis dahin von Norbert Rother zusammengestellten Informationen überprüft und aktualisiert. Die hohe Nachfrage nach dem Buch macht bereits nach 3 Jahren eine Neuauflage erforderlich, sodass ich mich 2021/22 wieder auf diesen herrlichen Weg begeben habe, dieses Mal allerdings nur auf ausgewählte Abschnitte.

Die bedeutendsten Veränderungen betreffen das Landschaftsbild. Der Teutoburger Wald ist zwar überwiegend mit einer standortgerechten Mischbewaldung bedeckt, aber da wo es früher noch dichten Fichtenforst gab, sind nun weite Aussichten möglich. So manche kahle Fläche ist durch die auch im Jahr 2022 noch andauernden Fällarbeiten in den großflächig abgestorbenen Fichtenbeständen entstanden.

Als Ursache des großen Fichtensterbens wird am häufigsten der Borkenkäfer genannt. Doch ist er nur das Symptom. Durch mehrere aufeinanderfolgende viel zu trockene Jahre war die Fichte nicht mehr ausreichend in der Lage, Harze zu bilden, um den Käferfraß abzuwehren.

Mancherorts sehen die ehemaligen Waldflächen noch chaotisch und trostlos aus, aber es entwickelt sich auch schon wieder neues Leben. Ein Nebeneffekt ist die in Teilen nach den Arbeiten notwendig gewordene neue Markierung. An allen Stellen, die ich 2018 schlecht markiert vorgefunden hatte, leitet nun das weiße H auf schwarzem Grund wieder sicher durch die Landschaft. Die Wegführung selbst ist in einigen Details weiter verbessert worden.

Leider sind durch die wirtschaftlichen Nachteile, die im Gastgewerbe aufgrund der Pandemie entstanden sind, und durch stark gestiegene Rohstoffpreise bedingt durch den Krieg in der Ukraine die Übernachtungspreise 2022 noch einmal angestiegen.

Auch zukünftig wird es Änderungen geben. Übernachtungsmöglichkeiten werden eröffnet oder geschlossen, Telefonnummern ändern sich usw. Bitte machen Sie daher den Verlag auf Änderungen oder Neuerungen entlang des Weges aufmerksam. Ihre Hinweise werden auf der Internetseite des Verlags veröffentlicht und in den nachfolgenden Auflagen berücksichtigt.

♦ info@conrad-stein-verlag.de, www.conrad-stein-verlag.de

Bitte schauen Sie auch vor Ihrem Reisebeginn auf jeden Fall noch einmal auf die Internetseite des Conrad Stein Verlags und profitieren Sie so von den ständigen Updates!

# Einleitung

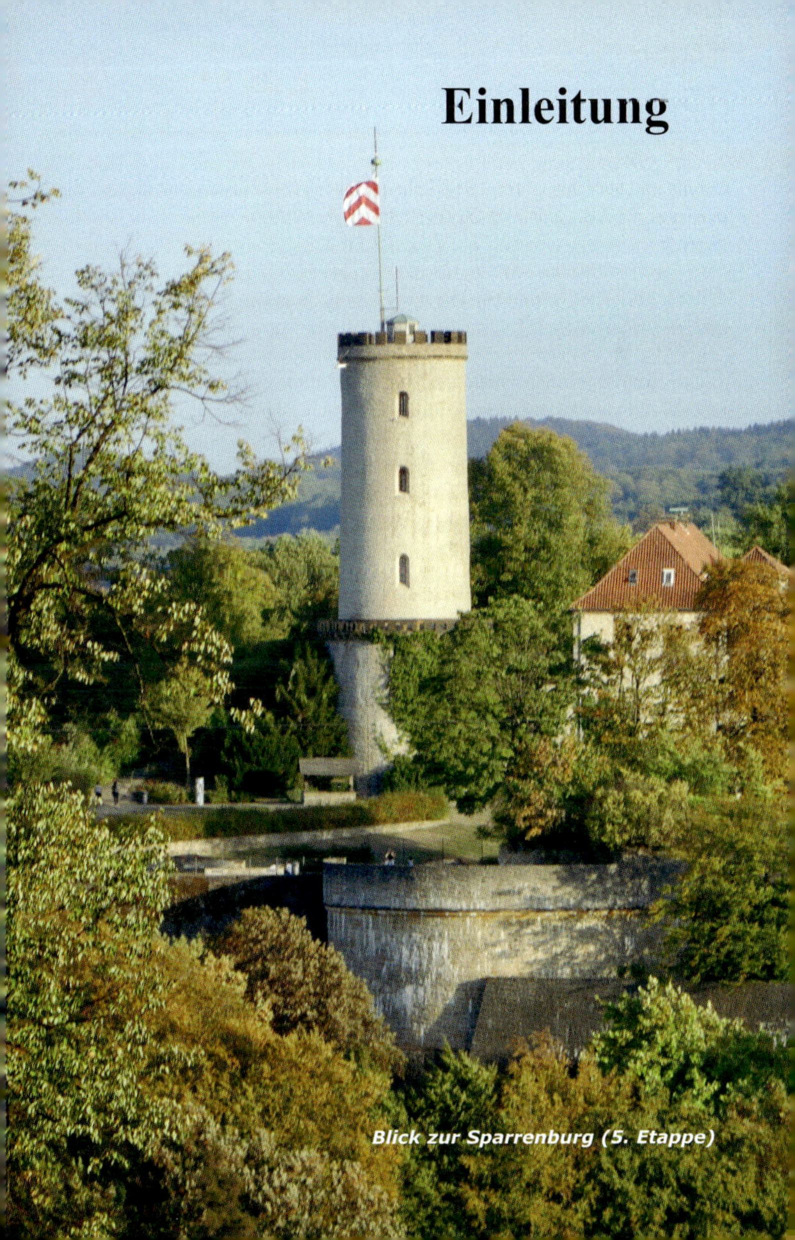

Blick zur Sparrenburg (5. Etappe)

# Hermannshöhen

Der Hermannsweg und der Eggeweg sind alte Kammwege mit langer Tradition, die unter dem Namen „Hermannshöhen" durchgehend markiert sind. Der Hermannsweg führt über den Kamm des Teutoburger Waldes vom westfälischen Rheine an der Ems bis zum Bahnhof Leopoldstal, Ortsteil von Horn-Bad Meinberg. Der Eggeweg führt über den Kamm des Eggegebirges, das den Teutoburger Wald mit dem Sauerland verbindet. Der Eggeweg ist in seiner Gesamtheit auch Teilstück des Europäischen Fernwanderweges E1 Nordkap – Nordsee – Bodensee – Gotthard – Mittelmeer.

Die Hermannshöhen gehören zu den Top Trails of Germany (💻 www.top-trails-of-germany.de) und damit zu den 13 beliebtesten Wanderwegen Deutschlands mit besonderen Qulitätsansprüchen. Der Deutsche Wanderverband hat den Eggeweg zum ersten Mal im Jahr 2004 und den Hermannsweg 2008 als Qualitätsweg zertifiziert. Das Prädikat testiert beiden Wegen ein besonderes Natur- und Kulturerleben in einer abwechslungsreichen Landschaft, verbunden mit einer hervorragenden Wanderinfrastruktur.

Die vorbildliche Markierung (☞ Wegmarkierungen und Wegbeschaffenheit) wird auf dem Hermannsweg durch den Teutoburger-Wald-Verein und auf dem Eggeweg durch den Eggegebirgsverein in kurzen Abständen komplett überprüft und aktualisiert. So ist es in der Regel außerordentlich leicht, dem Weg zu folgen.

# Etappenübersicht

| Etappennr. | Start und Ziel | Länge in km | Reine Gehzeit | Aufstieg in m | Abstieg in m | Höhe min-max in m |
|---|---|---|---|---|---|---|
| 01 | Rheine – Hörstel | 20,5 | 6 Std. 30 Min. | 118 | 109 | 30-56 |
| 02 | Hörstel – Tecklenburg | 21,3 | 6 Std. 45 Min. | 439 | 312 | 46-191 |
| 03 | Tecklenburg – Bad Iburg | 20,8 | 6 Std. 30 Min. | 422 | 470 | 96-244 |
| 04 | Bad Iburg – Borgholzhausen | 23,0 | 7 Std. | 622 | 611 | 120-299 |
| 05 | Borgholzhausen – Bielefeld | 26,4 | 8 Std. 30 Min. | 753 | 767 | 120-313 |
| 06 | Bielefeld – Oerlinghausen | 15,3 | 4 Std. 30 Min | 443 | 319 | 120-316 |

| Etappennr. | Start und Ziel | Länge in km | Reine Gehzeit | Aufstieg in m | Abstieg in m | Höhe min-max in m |
|---|---|---|---|---|---|---|
| 07 | Oerlinghausen – Holzhausen-Externsteine | 25,5 | 8 Std. 30 Min. | 719 | 705 | 168-387 |
| 08 | Holzhausen-Externsteine – Driburg | 26,5 | 8 Std. 30 Min. | 535 | 563 | 228-468 |
| 09 | Driburg – Willebadessen | 20,0 | 6. Std. | 462 | 405 | 227-431 |
| 10 | Willebadessen – Blankenrode | 20,8 | 6 Std. 30 Min. | 490 | 388 | 275-446 |
| 11 | Blankenrode – Marsberg | 13,2 | 4 Std. | 212 | 347 | 247-425 |
| **Insgesamt** | **Rheine – Marsberg** | **233,2** | | **5.215** | **4.996** | **30-468** |

## Name

Zu Beginn des 19. Jahrhunderts wurde im Zuge des beginnenden deutschen Nationalismus und der Hermann-Verehrung der bis dahin mehrheitlich Osning genannte Höhenzug in Teutoburger Wald umbenannt. Allerdings entstand der Name „Teutoburger Wald" schon viel früher. Erstmals wurde er vom Geografen Philipp Clüver (1580-1622) verwendet. Er bezog Tacitus' Ortsangabe der Varusschlacht – „saltus teutoburgiensis" – auf den Teutberg (heute Grotenburg), den Berg, auf dem heute das Hermannsdenkmal steht. Der Begriff „saltus teutoburgiensis" meint sinngemäß eigentlich ein sich „aus einer Ebene erhebendes Gebiet mit bewaldeten, kegelförmigen Bergen", was sehr schön auf den Osning mit dem Teutberg zutrifft.

Letztlich ist Hermann der Cherusker, der im Jahr 9 n. Chr. mit seinen Kriegern drei römische Legionen vernichtend schlug, für diese Namensänderung verantwortlich. Den Schauplatz der entscheidenden Schlacht vermutete man lange in der Nähe des Teutoburger Waldes, sodass sie als „Schlacht am Teutoburger Wald" in die Geschichtsbücher einging. 1875 erhielt Hermann für seine Verdienste gegen die Romanisierung ein Denkmal, das berühmte Hermannsdenkmal.

Heinrich Heine (1797-1856) schreibt in „Deutschland. Ein Wintermärchen" zur Varusschlacht und zum Denkmal:

*Gottlob! Der Hermann gewann die Schlacht,*
*Die Römer wurden vertrieben,*
*Varus mit seinen Legionen erlag,*
*Und wir sind Deutsche geblieben!*

…

*O Hermann, dir verdanken wir das!*
*Drum wird dir, wie sich gebühret,*
*Zu Detmold ein Monument gesetzt;*
*Hab selber subskribieret.*

Heute vermutet man, dass die Schlacht in Kalkriese, nördlich von Osnabrück und damit nördlich des Teutoburger Waldes, stattgefunden haben könnte. Zahlreiche archäologische Funde belegen, dass es sich dort um ein römisches Schlachtfeld gehandelt haben muss, es fehlt allein der entscheidende Beweis, dass es gerade diese entscheidende Schlacht des Publius Quinctilius Varus gegen Arminius (Hermann) den Cherusker gewesen ist.

Das Wort Egge ist ein schon seit Langem in Norddeutschland gebräuchlicher Ausdruck für lang gestreckte Höhenzüge, das zeigen z. B. die Namen Schollegge, Ascher Egge oder Große Egge für einzelne Höhenrücken auf dem Weg. Und die Summe der Höhenrücken, der Eggen, ist das Eggegebirge.

## Besiedlungsgeschichte

Die Hochlagen von Teutoburger Wald und Eggegebirge waren, wenn man von einigen Fluchtburgen absieht, bis ins Mittelalter hinein unbesiedelt. Zu den Flucht- oder Volksburgen gehörte z. B. die Grotenburg, eine Wallburg aus der späten vorrömischen Eisenzeit auf dem Gelände des Hermannsdenkmals, oder die Iburg aus dem 8. Jahrhundert bei Bad Iburg. Außerdem wurden einige Ritterburgen auf den Höhen des Teutoburger Waldes angelegt: die Ravensburg bei Borgholzhausen im 11. Jahrhundert, die Tecklenburg im 13. Jahrhundert und die Sparrenburg bei Bielefeld, ebenfalls im 13. Jahrhundert. Erst ab dem hohen Mittelalter wurden höhere Lagen überhaupt besiedelt, wegen der landwirtschaftlich ungünstigen Lage aber auch bald schon wieder verlassen, wie z. B. die Ortswüstung Blankenrode.

Wenn die Hochlagen auch nur marginal besiedelt waren, so wurden sie seit dem Neolithikum doch durchgehend genutzt. Die Wälder waren Jagdgebiet und dienten als Viehweide, das Holz war ein äußerst wichtiger Rohstoff und an einigen Stellen wurde Bergbau getrieben, wie z. B. auf Galmeierz bei Blankenrode oder auf Kohle und Eisenerz bei Halle. Aus der Bronzezeit sind außerdem einige Hügelgräber erhalten geblieben.

# Geografie

Der Teutoburger Wald ragt als rund 300 m hohe Bergkette weit nach Westnordwesten in die Norddeutsche Tiefebene hinein. Er erstreckt sich vom „Nassen Dreieck" bei Hörstel südlich an Ibbenbüren vorbei über das Bielefelder Stadtgebiet bis zum Eggegebirge bei Horn-Bad Meinberg. Der mittlere Teutoburger Wald ist ein Bestandteil der Weser-Ems-Wasserscheide, sein äußerster Süden Teil der großen Rhein-Weser-Wasserscheide.

Der Teutoburger Wald besteht aus wenigen parallel verlaufenden Höhenzügen. Er ist selten mehr als 4,5 km breit, am schmalsten ist er mit 2 km bei Bielefeld, am breitesten bei Horn mit gut 7 km. Hier ist er auch am höchsten und überschreitet mit einigen Bergen den 400-m-Bereich. Bei Bielefeld erreichen die Erhebungen über 300 m Höhe, während man im Tecklenburger Land nur noch auf Höchstwerte von knapp über 200 m stößt.

Das 1 bis 3 km breite Eggegebirge schließt sich bei Horn-Bad Meinberg nahtlos an und zieht sich von dort in südliche Richtung bis Marsberg im nördlichen Sauerland. Hier verläuft die Rhein-Weser-Wasserscheide weiter gen Süden. Höchster Berg ist mit 468 m der Preußische Velmerstot. Der Kamm weist eine recht einheitliche Höhe um die 400 m ohne große Taleinschnitte oder herausragende Gipfel auf.

# Geologie

In der Unterkreide, vor etwa 120 Mio. Jahren, entstanden am Rand des großen Kreidemeeres mächtige Sedimentablagerungen, die entweder durch Flüsse vom Festland eingeschwemmt oder aus Kalkschalen von Meerestieren gebildet wurden. Durch die Mächtigkeit der Ablagerungen, den damit verbundenen Druck und die Verkittung der Einzelkörner verfestigte sich das Material, aus Sand wurde Sandstein und aus Kalkskeletten wurde Kalkstein. Die Schichten wurden ursprünglich horizontal abgelagert und verfestigt. Erst später, vom Ende der Kreidezeit vor etwa 65 Mio. Jahren bis ins Tertiär hinein (in derselben Phase, in der die Alpen aufgefaltet wurden), wurden sie durch tektonische Aktivitäten in Schollen gebrochen und sehr stark gekippt.

Der etwa 100 m mächtige Osningsandstein bildet den Hauptkamm des Teutoburger Waldes. Er verläuft von Hörstel bis zum Eggegebirge in überwiegend einheitlicher Schichtenfolge. Im Laufe der Jahrmillionen verwitterten die Gesteine des Gebietes. Der durch Kieselsäure verkittete und dadurch besonders harte Osningsandstein widerstand der Erosion besonders gut und bildet dadurch heute eine Schichtrippe, die an einigen Stellen sogar frei stehende Felsformationen

(z. B. Dörenther Klippen und die Externsteine) hervorgebracht hat. Zahlreiche heute aufgelassene Steinbrüche zwischen Hörstel im Nordwesten und Horn im Südosten lassen die einstige Bedeutung des Sandsteins als Bau- und Werkstein erkennen.

Den Hauptkamm begleiten fast durchgehend zwei Kalksteinrücken, einer nördlich und einer ist südlich vorgelagert. Bei Lengerich ist er von solcher Mächtigkeit, dass er im industriellen Maßstab vor allem durch die Zementindustrie abgegraben wird.

# Flora

Die Höhenlagen von Teutoburger Wald und Eggegebirge sind weiträumig mit Wald bestanden, der in seiner naturnahen Ausprägung im Wesentlichen ein Buchenmischwald ist. Seine Krautschicht zeigt abhängig von Gestein und Boden deutliche Unterschiede.

Den häufigsten Buchenwaldtyp findet man auf Sandstein mit seinem sauren, nährstoffarmen Boden. Seine artenarme Krautschicht ist durch die Hainsimse gekennzeichnet, die dem ganzen Waldtyp den Namen Hainsimsen-Buchenwald eingebracht hat. Hainsimsen sind grasartig krautige, büschelförmig wachsende Pflanzen, die zu den Binsengewächsen gehören.

Auf Kalkgestein findet man dagegen Buchenwälder mit einer artenreichen Krautschicht. Im Frühling ist der Hochwald auf Kalkgestein mit einer Vielzahl von Frühjahrsblühern übersät, besonders Bärlauch und Hohler Lerchensporn können wunderschöne Blütenteppiche erzeugen.

In den kammnahen Hochlagen wird der Buchenwald häufig durch einen lichten Eichen-Birken-Wald mit Heidelbeerbewuchs abgelöst.

Monotone Fichtenforste, die auch im Teutoburger Wald vorkamen, sind inzwischen Geschichte. Sie wurden in neuester Zeit verstärkt in standortgerechte Laubwälder umgewandelt, vor allem, nachdem die Orkantiefs Kyrill im Januar 2007 und Friederike im Januar 2018 die flach wurzelnden Fichten umgeworfen hatten. Die extreme Sommertrockenheit der Jahre 2018, 2019 und 2020 haben die Widerstandskraft der überlebenden Fichten dermaßen geschwächt, dass sie dem Borkenkäferfraß nichts mehr entgegenzusetzen hatten. Bis auf ein paar Inseln in feuchten Nordhängen wird die Baumart in naher Zukunft komplett aus dem Landschaftsbild verschwunden sein. Bis dahin ist noch hier und da mit Behinderungen durch Rodungsarbeiten an den Wegen zu rechnen.

Reste der früher auf dem Sandsteinzug weitverbreiteten Heideflächen sind nur noch an wenigen Stellen zu finden, da die Weidenutzung, durch die sie entstanden waren, verschwunden ist. Ein schönes Beispiel dieses Landschaftstyps wird

Ihnen unterhalb der Schwedenschanze zwischen Halle und Bielefeld sowie bei Holzhausen nahe der Externsteine begegnen.

## Fauna

Teutoburger Wald und Eggegebirge bieten neben weiträumigen, naturnahen und strukturreichen Wäldern eine ganze Reihe von Spezialbiotopen (Höhlen, Felsen, Quellzonen, Bäche, Moore), die vielfältige Lebensmöglichkeiten für Tiere bieten. Im Gebiet kommen z. B. Sperlingskauz, Rauhfußkauz, Waldkauz, Waldohreule und Uhu vor. Die Spechte sind mit ihrer ganzen Artenpalette (Klein-, Mittel-, Bunt-, Grün-, Grau- und Schwarzspecht) vertreten. Das in Deutschland seltene Haselhuhn konnte am Velmerstot beobachtet werden. 13 Fledermausarten leben hier. Die Wildkatze findet in den großen, unzerschnittenen Wäldern ebenfalls einen sicheren Lebensraum.

Natürlich wird man die scheuen Tiere nur ganz selten in der Nähe der Wanderwege beobachten können, aber wer weiß? Allein der Gedanke, dass man durch einen von seltenen Tieren belebten Wald wandert, macht die Wanderung gleich ein bisschen spannender. Und außerdem sind da ja noch die nicht ganz so heimlichen Tiere wie Buchfinken, Meisen, Eichelhäher, Zaunkönige, Bussarde, Rehe, Hasen ...

## Naturparks

Große Teile von Teutoburger Wald und Eggegebirge gehören zu zwei Naturparks, die von Osnabrück und Detmold aus verwaltet werden. 80 % des Weges verlaufen durch diese beiden Naturparks.

▷ Naturpark TERRA.vita (im nordwestlichen Teutoburger Wald und Wiehengebirge)

♦ Naturpark TERRA.vita, Am Schölerberg 1, 49082 Osnabrück, ☏ 05 41/501-42 18, 💻 www.naturpark-terravita.de

▷ Naturpark Teutoburger Wald/Eggegebirge (zwischen Bielefeld und Diemeltal)

♦ Naturpark Teutoburger Wald/Eggegebirge, Grotenburg 52, 327560 Detmold, ☏ 052 31/62 79 61, 💻 www.naturpark-teutoburgerwald.de

Außerdem verlaufen große Teile des Weges durch besonders geschützte Flora-Fauna-Habitat-, Naturschutz- und Landschaftsschutzgebiete.

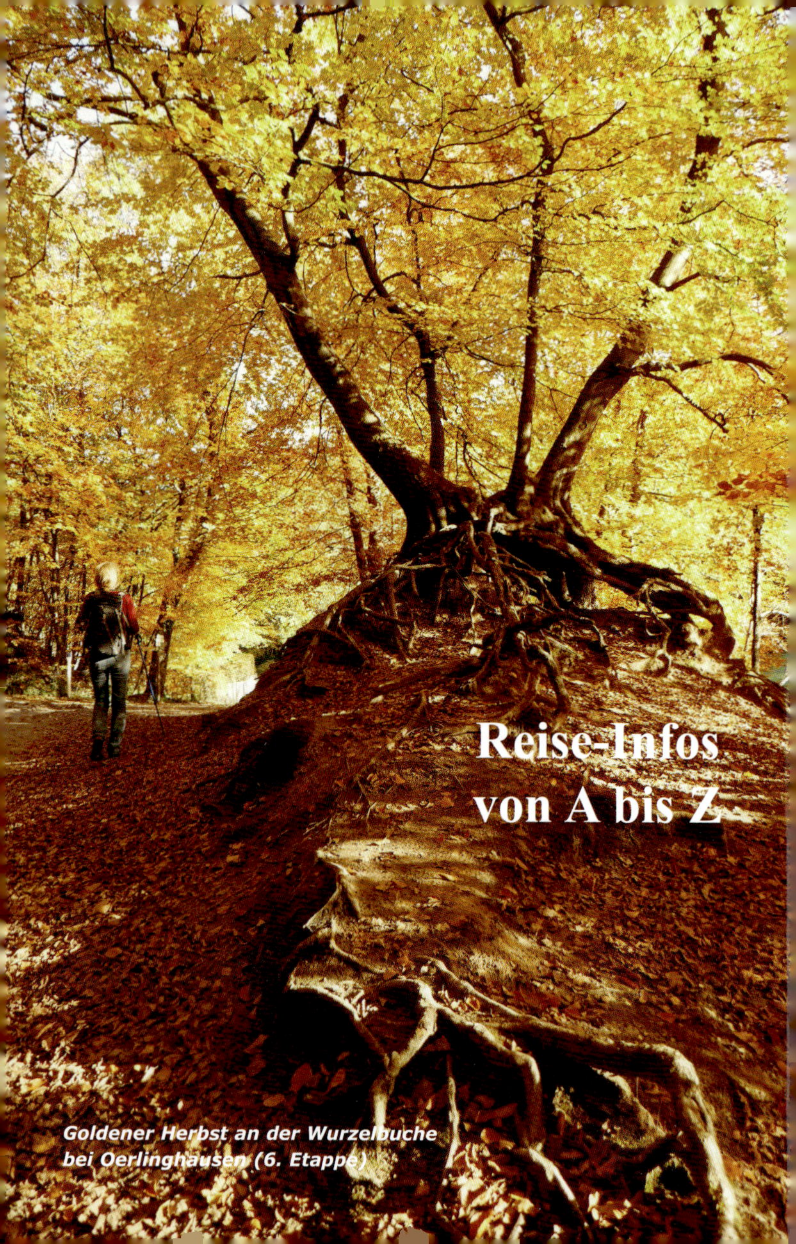

# Reise-Infos von A bis Z

*Goldener Herbst an der Wurzelbuche bei Oerlinghausen (6. Etappe)*

# An- und Abreise

## Mit dem Auto

Sie erreichen den Startpunkt Rheine mit dem Auto über die A30 (Abfahrten „Rheine-Nord", „Rheine" und „Rheine-Kanalhafen"), über die A1 (Abfahrt „Greven") oder über die A31 (Abfahrt „Schüttorf"). Einen kostenpflichtigen Dauerparkplatz finden Sie in der Friedenstraße (Friedenstraße 13, 48431 Rheine) und in verschiedenen Parkhäusern. Infos erhalten Sie bei den Stadtwerken Rheine unter ☏ 059 71/450 oder über die Internetseite 💻 www.stadtwerke-rheine.de → Stadtbus und Parken.

## Mit dem Zug

Der Bahnhof Rheine ist Haltepunkt von Fern- und Nahverkehrszügen. Die Rückfahrt von Marsberg, dem Endpunkt der Hermannshöhen, nach Rheine dauert mit dem Zug etwa drei Stunden. In die benachbarten Niederlande gibt es von Rheine Direktverbindungen: im Nahverkehr zwischen Bielefeld und Hengelo und im Fernverkehr zwischen Berlin und Amsterdam. Zur Reiseplanung nutzen Sie vorteilhaft den DB-Navigator, den Sie sich auf Ihr Smartphone laden können oder im Internet erreichen.

💻 reiseauskunft.bahn.de

Aus dem Ausland – viele Hermannshöhen-Wanderinnen und -Wanderer kommen aus den benachbarten Niederlanden oder aus Belgien – lassen sich manche Verbindungen über den DB-Navigator nicht buchen. Dafür können Sie selbstverständlich ein Reisebüro oder ein Reisezentrum nutzen. Sehr komfortabel und preisgünstig kaufen Sie internationale Fahrkarten aber auch über das Internetportal von trainline, einem Unternehmen aus Großbritannien.

💻 www.thetrainline.com

# Ausrüstung

Feste Wanderschuhe, Regenzeug, Mütze/Hut und etwas Tagesverpflegung für unterwegs sind wie auf jedem Fernwanderweg auch hier angebracht. Der Weg kann streckenweise steinig, rutschig oder nass sein, sodass Turnschuhe nur bedingt tauglich sind.

Besonders im Hochsommer kann es wegen längerer Aufstiege trotz des schattigen Waldes heiß werden, sodass Sie unbedingt genug Wasser dabeihaben sollten. Unterwegs gibt es auf einigen Etappen nur wenige Möglichkeiten, Verpflegung zu kaufen oder in Ausflugslokalen einzukehren.

**Ausrüstung I – von Kopf bis Fuß** von Markus Gründel und Hans Schinabeck, Conrad Stein Verlag, ISBN 978-3-86686-417-7, € 10,90

# Etappen

Die vorgeschlagenen Etappen beginnen und enden immer in oder bei einem Etappenort, sodass der notwendige An- und Abstieg bereits berücksichtigt ist. Wenn Sie in anderen Orten, abseits der Hermannshöhen, übernachten, dann müssen Sie den Weg dorthin bei der Zeitplanung für Ihre Tagesetappen einberechnen!

Betrachten Sie die Etappenvorschläge bitte nicht als Muss! Insbesondere die Etappen 5 und 7 erfordern eine stabile Kondition. Planen Sie dort, falls erforderlich, Zwischenübernachtungen ein. Scheuen Sie sich nicht, das Vorankommen an Ihr persönliches Wohlgefühl anzupassen. Eine längere Pause auf einer der vielen am Weg aufgestellten Entspannungsliegen ist zwischendurch auch nicht zu verachten.

# Hermannshöhen in Tagesetappen (Wandern ohne Gepäck)

Sich von einem Ort zum anderen auf einem schönen Wanderweg Tag um Tag fortzubewegen, abends müde irgendwo anzukommen, die Beine unter den Tisch zu strecken, schön zu essen und am anderen Morgen wunderbar erholt einfach wieder loszugehen, gehört sicher zur Kür einer erholsamen Urlaubswanderung. Und wer sein Gepäck nicht tragen will, findet am Weg auch diverse Unterkunftsbetriebe, die den Gepäcktransport zum nächsten Hotel gegen eine Gebühr für einen erledigt.

Für **Wandergruppen** besteht auch die Möglichkeit, die Fußreise mithilfe eines privaten Begleitfahrzeugs zu organisieren. Jeweils zwei der Gruppe haben im Wechsel die Aufgabe, das Gepäck zu transportieren sowie, soweit möglich und gewünscht, an einem vorher vereinbarten Treffpunkt das Mittagessen zu servieren.

Vor allem Menschen, die in der Region wohnen, gehen gerne immer mal wieder eine Tagesetappe entlang der Hermannshöhen. Aber auch für Urlauberinnen und Urlauber, die diese Region kennenlernen möchten, ist es möglich, von einem (oder besser mehreren) festen Standorten aus die **Hermannshöhen in Tagesetappen** zu erkunden. Das hat den Vorteil, dass Sie jeweils nur ein leichtes Tagesgepäck tragen müssen (Pausenbrot, Thermoskanne, Regenschutz, Windjacke) und, falls Sie sich irgendwo am Weg für ein paar Tage einmieten, auch mit Rabatten in den Unterkünften rechnen können. Auch ist es so möglich eine der vielen Ferienwohnungen zu mieten. Damit wären Sie auch unabhängig von der Gastronomie, wenn Sie das wollen.

Da es sich bei den Hermannshöhen um Strecken- und nicht um Rundwanderungen handelt, müssen Sie jeweils den Rückweg organisieren.

An dieser Stelle finden Sie Hinweise, wie das mit den öffentlichen Verkehrsmitteln möglich ist. Beachten Sie dazu die in den Etappenbeschreibungen platzierten Detailhinweise zu den vorhandenen Verkehrsmitteln vor Ort.

Ich selbst habe die Etappen 1-7 als Tagesetappen von meinem Wohnort im Raum Osnabrück für mich organisiert. Der Bereich südlich der Externsteine war mir für die tägliche An- und Abreise zu weit. Da empfiehlt es sich dann schon eher, einen Standort in der Nähe einer Bahnstation vor Ort zu wählen.

Da ich sehr ländlich, weit ab von öffentlichen Verkehrsmitteln wohne, bin ich in der Regel mit dem Auto zu einer passenden Bahnstation gefahren.

Grundsätzliches:

▷ Laden Sie sich die im Abschnitt „Verkehrsmittel unterwegs" genannten Apps auf Ihr Handy. Dann sind Sie immer bestens informiert.

▷ Wählen Sie anstehende Fahrten möglichst zum Auftakt einer Wanderung. Das lässt sich besser auf die Fahrpläne abstimmen, kann allerdings in manchen Fällen, je nachdem von wo Sie anreisen, zusätzliche (unnütze) Fahrkilometer bedeuten. Das gilt es im Einzelnen abzuwägen.

▷ An Wochentagen (Mo-Fr) sind vor allem die Busverbindungen in aller Regel sehr viel dichter als an Samstagen, Sonn- und Feiertagen. Eine Ausnahme ist die Touristiklinie ab Detmold (☞ Detmold), die es nur an Wochenenden gibt.

## 1. Etappe: Rheine – Hörstel

Ausgangspunkt ist der Bahnhof Hörstel, den Sie mit dem Zug aber auch mit dem Auto (kostenfreier Parkplatz) gut erreichen können. Sie fahren mit dem Zug nach Rheine (Fahrtzeit 9 Min.) und wandern nach Hörstel zurück. Alternativ stellen Sie Ihr Auto in Bevergern ab und fahren mit dem Bus nach Rheine.

## 2. Etappe: Hörstel – Tecklenburg

Sie parken Ihr Auto in Ibbenbüren (kostenlose Parkplätze an der Nordseite des Bahnhofs) oder erreichen Ibbenbüren mit dem Zug und fahren (weiter) nach Hörstel (Fahrtzeit 7 Min.). Von Tecklenburg fahren Sie mit dem Bus zurück nach Ibbenbüren. Auch Teilstrecken der Etappe können Sie vom Standort Ibbenbüren erwandern. Sowohl vom Dörenther Berg als auch von Brochterbeck haben Sie komfortablen Busanschluss.

## 3. Etappe: Tecklenburg – Bad Iburg

Ausgangspunkt ist der Hauptbahnhof Osnabrück, den Sie mit dem Auto oder Zug erreichen. Sie fahren mit dem Zug nach Lengerich und haben Anschluss an den Bus nach Tecklenburg, Stadt (Fahrtzeit gesamt 35 Min.). Von Bad Iburg, Rathaus (oder Charlottensee) fahren Sie mit dem Bus zurück nach Osnabrück (Fahrtzeit 38 Min.).

## 4. Etappe: Bad Iburg – Borgholzhausen

Ausgangspunkt ist der Hauptbahnhof Osnabrück bzw. der Busbahnhof vor dem Bahnhofsgebäude. Sie fahren von Osnabrück mit dem Bus nach Bad Iburg (Fahrtzeit 38 Min.). Von Borgholzhausen fahren Sie mit dem Bus zum Bahnhof Borgholzhausen/Oldendorf und mit dem Zug zurück nach Osnabrück Hauptbahnhof (Fahrtzeit etwa 1 Std.).

## 5. Etappe: Borgholzhausen – Bielefeld

Borgholzhausen, Zentrum und Bielefeld, Hbf. sind durch die Regiobuslinie 62 verbunden. So können Sie bequem in 39 Minuten zurück zum Ausgangspunkt Borgholzhausen fahren. Möglich ist auch die Rückfahrt mit dem Zug und Bus nach Borgholzhausen.

## 6. Etappe: Bielefeld – Oerlinghausen

Bus-Bahn-Verbindungen zwischen den Etappenorten gibt es bis zu zweimal in der Stunde. Die Fahrtzeit von „Oerlinghausen, Markt" bis Bielefeld Hbf. beträgt je nach Verbindung 26-35 Minuten. Von „Oerlinghausen, Markt" können Sie entweder mit dem Bus zum Bahnhof „Oerlinghausen, Asemissen" (Fahrtzeit 6 Min.) und mit dem Zug nach Bielefeld fahren oder Sie fahren mit dem Bus zur Endhaltestelle der Stadtbahn „Sieker" und von dort weiter ins Zentrum. Wenn Sie mit dem Auto anreisen, wählen Sie „Oerlinghausen, Markt" als Ausgangspunkt, fahren mit Bus/Zug nach Bielefeld und wandern nach Oerlinghausen zurück.

Wer die Etappe bis Hörste verlängert, kann dort in den Bus 951 steigen und zum Bahnhof Lage (Anschluss nach Oerlinghausen) fahren. Alternativ lässt sich auch der Bahnhof Detmold von Hörste im Stundentakt erreichen. Von Lage fahren die Züge (u. a.) über Oerlinghausen nach Bielefeld. Die Fahrtzeit beträgt ca. 1 Std. (je nach Verbindung).

## 7. Etappe: Oerlinghausen – Holzhausen-Externsteine

Ausgangspunkt ist der Bahnhof Oerlinghausen, Asemissen. Sie fahren mit dem Bus nach „Oerlinghausen, Markt" (halbstündlich, Fahrtzeit 6 Min.). Die Rückfahrt von der Bushaltestelle „Holzhausen, Kurpark" kann über den Bahnhof Horn (Fahrtzeit 57 Min.) oder den Bahnhof Detmold (Fahrtzeit 1 Std. 8 Min.) erfolgen. Wer die Etappe bis zu den Externsteinen verlängert, findet dort einen großen (kostenpflichtigen) Parkplatz. Dann hätten Sie die Fahrt zum Einstieg. An den Wochenenden (Sa, So, Mai-Oktober) fährt der Naturparkbus (☞ Detmold) die Sehenswürdigkeiten Hermannsdenkmal, Externsteine und Adlerwarte direkt an und schafft so eine komfortable Verbindung direkt vom Weg zum Bahnhof Detmold.

### 8. Etappe: Holzhausen-Externsteine – Bad Driburg

Ausgangspunkt sind die Bahnhöfe Detmold oder Horn. Sie fahren mit dem Bus oder Zug und Bus zur Bushaltestelle „Holzhausen, Kurpark" (Fahrtzeit 31-46 Min.). Von Bad Driburg geht es zurück mit dem Zug und einem Umstieg in Altenbeken nach Horn (48 Min. bis 1 Std. 9 Min.) oder Detmold (plus 8 Min.).

### 9. Etappe: Bad Driburg – Willebadessen

Wie die 8. Etappe lässt sich auch die 9. Etappe als Tagestour organisieren, denn auch Willebadessen hat einen Bahnhof. In Altenbeken wird ein Umstieg fällig, wenn Sie zurück nach Bad Driburg fahren (ca. 25 Min.). Zum Bahnknoten Altenbeken (guter Standort für die 8. und 9. Etappen) sind es von Willebadessen nur 11 Min.

### 10. und 11. Etappe: Willebadessen – Marsberg

Wenn Sie die 9. Etappe bis Kleinenberg verlängern und Paderborn (oder auch Kleinenberg) als Standort wählen, könnten Sie mit dem Schnellbus den Etappenort erreichen (Fahrtzeit Paderborn Hbf. – Kleinenberg 30 Min.). Von Marsberg fahren Sie mit dem Zug bis Scherfede und weiter mit dem Schnellbus nach Paderborn (Fahrtzeit 1 Std. 10 Min., nach Kleinenberg, je nach Verbindung 30-50 Min.). Es gibt allerdings auch von Blankenrode einen Bürgerbus, der Mo-Fr nach Lichtenau und damit zur Schnellbuslinie S85/S86 fährt (Fahrtzeit 1 Std., 10 Min. bis Paderborn, 10 Min. bis Lichtenau).

## Informationen

Auf dem Internetportal Hermannshöhen finden Sie vielfältige Informationen zum Weg. Auf der interaktiven Karte können Sie sich einen Überblick verschaffen. Es lassen sich dort auch empfohlene Gastgeberinnen und Gastgeber und Einkehrmöglichkeiten finden. Das Angebot an gepäckfreien, organisierten Pauschaltouren ist nach Themen strukturiert. Sie können zwischen Zwei- und Neuntagestouren wählen. Die Sehenswürdigkeiten werden in vielen Bildern dargestellt. Es lohnt sich, dort im Vorfeld ein wenig zu stöbern.

Was vielleicht einmal ganz wichtig werden könnte, sind die aktuellen Zustandsberichte, die Sie unter Aktuelles → Wegmeldungen finden und zeitnah aufrufen sollten. Sie werden dort z. B. über (auch temporäre) Wegverlegungen oder auch über Sperrungen oder Ähnliches informiert, wie das beispielsweise nach dem Sturm Friederike im Frühjahr 2018, aber auch während der Rodungsarbeiten aufgrund des Fichtensterbens 2020/2021 der Fall war.

hermannshoehen.teutoburgerwald.de

Stellen Sie Störungen wie fehlende Schilder oder zerstörte Wegweiser fest, schreiben Sie einfach eine E-Mail, gerne auch mit Foto, an folgende Adresse:

i.bohlken@teutoburgerwald.de

# Klima und Reisezeit

Im Vergleich der durchschnittlichen Klimadaten für die am Teutoburger Wald liegenden Städte zu Gesamtdeutschland liegt die Region in einer gemäßigten Klimazone. Das heißt, es ist im Winter weder besonders kalt noch im Sommer besonders warm. Die Anzahl der Regentage liegt im unteren Bereich, in Bielefeld, etwa auf der Mitte des Weges, und in Marsberg am Übergang zum Sauerland etwas höher als in Osnabrück und Rheine.

Für die Wanderinnen und Wanderer heißt das, dass die Herrmannshöhen grundsätzlich ganzjährig begangen werden können. Und das werden sie auch. Im Winter werden allerdings sehr viel seltener Weitwanderungen unternommen. Die meisten Menschen, die dann unterwegs sind, machen Tagesausflüge oder sind Anwohnerinnen und Anwohner.

Die beste Zeit für die Weitwanderung erstreckt sich von Anfang März bis Ende November. Der Winter hat allerdings auch seinen Reiz, vor allem bei Raureif und Schnee. Manchmal sind die Wege aber auch schwerer zu erkennen (Laubfall) und die Wanderung wird deutlich anstrengender als im Sommer. Auch können manche Abschnitte nach Regen sehr matschig sein. Da sind die Wanderstöcke dann hilfreich. Das Frühjahr ist wegen der Frühjahrsblüher besonders schön. In den Kalkbuchenwäldern, z. B. am Kleinen und Großen Freeden, findet man im April wunderschöne Blütenteppiche aus Bärlauch und Lerchensporn (wobei die Blütezeit natürlich je nach Witterung und Höhenlage variiert). Im Sommer ist es durch den hohen Waldanteil am Weg verhältnismäßig kühl. Es summt und brummt ein vielfältiges Insektenleben. Ebenso schön ist der Altweibersommer, wenn die Buchenwälder mit ihrer Laubfärbung glänzen.

# Landkarten und GPS

## Landkarten

Auch wenn Hermannsweg und Eggeweg sehr gut ausgeschildert sind, sollten Sie sich Karten für Ihre Wanderung besorgen. Es kann immer passieren, dass die Wegweiser oder Markierungen fehlen oder Sie ganz den Gedanken nachhängend vom Weg abkommen. In manchen Fällen ist es auch notwendig, vom Kammweg abzusteigen, um eine Unterkunft zu erreichen. Karten geben dann eine bessere Orientierung.

- ▷ Publicpress-Verlag, Hermannsweg, 1:25.000, Leporello mit Ausflugszielen, Einkehr- und Freizeittipps, von Rheine bis Leopoldstal, Nr. 191, € 13,80 (es fehlt das Eggegebirge)
- ▷ KOMPASS-Verlag, Hermannsweg und Eggeweg, 1:50.000, Leporello, Hermannshöhen von Rheine bis Marsberg, Wander-Tourenkarte 2504, € 8,99

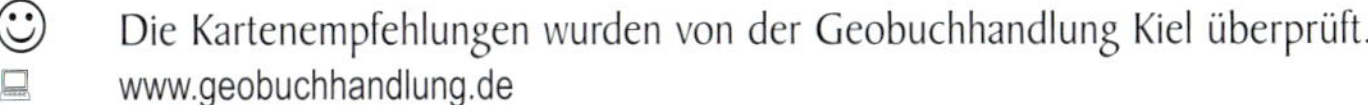

☺ Die Kartenempfehlungen wurden von der Geobuchhandlung Kiel überprüft.
www.geobuchhandlung.de

Die Karten zeigen auch an, welche Symbole – neben dem H für Hermannsweg und dem X für Eggeweg – Ihren Weg kennzeichnen. Der Hermannshöhenweg ist nämlich in weiten Teilen zusätzlich als regionaler Wanderweg (z. B. X15, A2) oder als Teilstrecke anderer Fernwanderwege (z. B. Europäischer Fernwanderweg 1, E1) ausgeschildert.

## GPS

Die moderne Form der Orientierung im Gelände wird durch das vom US-Militär entwickelte Satellitennavigationssystem GPS (Global Positioning System) ermöglicht. Es besteht aus rund 30 Satelliten, die die Erde in einer Höhe von etwa 20.000 km umkreisen. Durch die Abfrage der Daten von mehreren Satelliten kann ein GPS-fähiges Gerät seine Position bis auf wenige Meter genau bestimmen. Diese Technik, die in den meisten Last- und Personenkraftwagen inzwischen Standard ist, wird auch beim Wandern zunehmend genutzt, zumal die meisten Menschen einen solchen Empfänger im Smartphone ständig bei sich tragen.

Der große Vorteil gegenüber der Orientierung mithilfe von Papierkarten ist die jeweils mögliche genaue Positionsbestimmung. Ein Nachteil bleibt der in der Regel sehr kleine sichtbare Kartenausschnitt auf tragbaren Geräten. Die Orientierung in der weiteren Umgebung ist somit erschwert.

Voraussetzung für eine Nutzung sind elektronische Karten, die erstens offline verfügbar sind und zweitens außer den Straßen auch die Wanderwege abbilden.

Außerdem müssen Sie wissen, wo es jeweils weitergehen soll. Der Weg muss also auf der Karte abgebildet sein.

Auf der Verlagswebsite 💻 www.conrad-stein-verlag.de finden Sie zu diesem Zweck einen GPS-Track zu dem hier beschriebenen Weg, den Sie für Ihr GPS-Gerät oder Smartphone herunterladen können.

Wer erste Erfahrungen mit dem Handy sammeln will, ist z. B. mit der für alle Betriebssysteme geeigneten, sehr schnellen und zuverlässigen Smartphone-App Guru Maps gut beraten.

💻 gurumaps.app

Wesentlich detailliertere Karten bietet ein tschechischer Routenplaner, den es im Web und als Smartphone-App für Android-Systeme in deutscher Sprache gibt. Auf einer personalisierten Seite legen Sie sich im Web die benötigten GPS-Tracks durch einfaches Hochladen und Speichern an. Sie werden automatisch mit der Smartphone App synchronisiert. So haben Sie die Tracks vom Weg immer dabei. Auch bei dieser Anwendung laden Sie die benötigten Karten für unterwegs im Vorfeld oder in einem Hotel auf ihr Handy. Dann sind sie immer verfügbar, kosten unterwegs keine Daten und die App funktioniert auch im Funkloch. Die Hermannshöhen (sowie viele weitere Wanderwege) sind auch bereits auf den wählbaren Wanderkarten eingezeichnet. Die Anwendung ist kostenfrei und die angekündigte Werbung habe ich nach einem halben Jahr Gebrauch noch nicht festgestellt.

💻 www.mapy.cz

Meine wichtigste Navigationsapp ist immer noch die Entwicklung des Spaniers Jose Vazquez mit dem Namen OruxMaps. Sie ist nur für Android-Telefone verfügbar und kostet wenige Euro. Leider ist diese Anwendung nur denjenigen zu empfehlen, die Einarbeitungszeit nicht scheuen. Aufgrund sehr vieler Funktionen ist sie wenig übersichtlich, mit den gratis Wanderkarten (OSM) von 💻 www.openandromaps.org meiner Meinung nach aber unschlagbar im Gebrauch und komplett offline handhabbar.

📖 **GPS: Grundlagen · Tourenplanung · Navigation** von Michael Hennemann, Conrad Stein Verlag, ISBN 978-3-86686-495-5, € 9,90

# Medizinische Versorgung

Selbstverständlich sollten Sie regelmäßig benötigte Medikamente mit auf den Weg nehmen. Für unvorhersehbare Krankheitsfälle finden Sie aber auch an jedem Etappenort (außer in Blankenrode) Hilfe durch Apotheken, niedergelassene Allgemeinärzte, Fachärzte und Zahnärzte. In Rheine, Ibbenbüren, Osnabrück, Bielefeld, Detmold, Horn-Bad Meinberg, Bad Driburg und Marsberg gibt es Krankenhäuser in der Nähe des Weges. Beachten Sie hierzu auch die nachfolgend genannten nützlichen Telefonnummern.

## Nützliche Telefonnummern/Notruf

| | |
|---|---|
| 110 | Polizei |
| 112 | Feuerwehr und Rettungsdienst |
| 116116 | Sperrnotruf für EC- und Kreditkarten (www.sperr-notruf.de) |
| 116117 | ärztlicher Bereitschaftsdienst (für Gesundheitsprobleme, die keinen Notarzt erfordern, www.116117.de) |
| 22456 | deutschlandweiter Taxiruf (www.22456taxi.de) |

Am gesamten Verlauf des Weges kann in der Nähe der Orte und Städte mit dem Handy telefoniert werden. Dazwischen ist die Sende- und Empfangsleistung manchmal eingeschränkt.

## Radfahrerinnen und Radfahrer

Für das Reisen mit dem Tourenrad ist der Weg nicht geeignet. Sehr beliebt ist er allerdings bei Mountainbikerinnen und Mountainbikern und für durchschnittlich Trainierte auch nicht sonderlich schwierig. Abgesehen von sonnigen Wochenenden, an denen einige wenige Wegabschnitte durch Naherholungssuchende stärker frequentiert sein können, führt die gemeinschaftliche Nutzung auch nicht zu Konfliktpotential, gegenseitige Rücksichtnahme vorausgesetzt.

## Unterkunft

Bei der Auswahl der hier genannten Übernachtungsmöglichkeiten ging es vor allem um die Nähe zum Weg und um Vollständigkeit zum Zwecke eines guten Überblicks. Ausgewählt wurden nur die Betriebe, die auch für eine Nacht vermieten.

Jugendherbergen am Weg sind immer mit aufgenommen, da es sich um relativ preiswerte und somit für eine größere Gruppe bezahlbare Unterkünfte handelt. Zusätzliche Übernachtungsmöglichkeiten nennen Ihnen die aufgeführten Touristinfos. Auch die Internetseiten der Gemeinden geben in der Regel einen Überblick. Immer größere Bedeutung bekommt auch die Unterkunftssuche über Hotelportale wie booking.com, hotel.de, airbnb.com etc.

Wenn Sie in Jugendherbergen übernachten wollen, benötigen Sie einen JH-Ausweis.

Bestimmten Gastronomiebetrieben wurde ein speziell für die Hermannshöhen erarbeitetes Gütesiegel verliehen. Das Gütesiegel „Qualitätsbetrieb der Hermannshöhen" können diejenigen erhalten, die nah an den Hauptwanderwegen liegen. Das Gütesiegel „Qualitätsgastgeber Wanderbares Deutschland" wird bundesweit vergeben. Alle ausgezeichneten Betriebe erfüllen bestimmte wanderfreundliche Eigenschaften. Im Einzelnen nachzulesen ist das auf der unter ☞ Informationen aufgeführten Website unter der Rubrik Gastgeber → Gütesiegel. Unter → Gastgeber → Übernachten können Sie sich über diese Betriebe informieren.

Am Weg selbst sind immer wieder Hinweisschilder der Beherbergungsbetriebe inklusive der Telefonnummern angebracht. So können Sie, falls Sie nicht fest vorgebucht haben, auch immer spontan ein Quartier bestellen.

Campingfans finden einige Plätze am Weg, aber nicht passend zu jeder Etappe.

Eine Bitte: Wenn Sie eine Unterkunft finden, die aufgenommen werden müsste, schreiben Sie eine E-Mail an den Verlag. Auch wenn die neue Buchauflage vielleicht erst in einem Jahr erscheint, Ihre Mitwanderinnen und Mitwanderer werden es Ihnen danken, wenn sie von Ihnen auf der Verlagswebsite 💻 www.conrad-stein-verlag.de die aktuellsten Neuigkeiten erfahren.

Wenn Sie als Vermieterin oder Vermieter fehlen und kostenlos aufgenommen werden möchten, stellen Sie sich bitte mit den relevanten Angaben kurz vor, wir nehmen dann Kontakt zu Ihnen auf.

# Updates

Der Conrad Stein Verlag veröffentlicht Updates zu diesem Wanderführer, die direkt vom Autor oder von Leserinnen und Lesern des Buches stammen. Sie finden sie auf der Internetseite des Verlags (💻 www.conrad-stein-verlag.de), wenn Sie dort diesen Buchtitel aufrufen. Der abgebildete QR-Code führt Sie direkt zur richtigen Seite.

# Verkehrsmittel unterwegs

Teutoburger Wald und Eggegebirge ziehen sich als grünes Band durch das relativ dicht besiedelte Nordrhein-Westfalen. Die vielen Menschen ermöglichen eine gute Infrastruktur beim öffentlichen Personennahverkehr. Bahn- und Busverkehr sind gut aufeinander abgestimmt, sodass es möglich ist, die meisten Etappen auch von einem festen Standort aus zu erwandern. Von vielen Etappenorten gibt es Rückreisemöglichkeiten, falls Sie z. B. immer mal wieder einen oder ein paar Tage bzw. nur mit Tagesgepäck unterwegs sein wollen. ☞ Im Abschnitt „Hermannshöhen in Etappen (Wandern ohne Gepäck)" finden Sie einen diesbezüglichen, vom Autor erprobten Vorschlag ausgearbeitet.

Dünner wird das Verkehrsnetz erst im Eggegebirge südlich des Bahnknotens Altenbeken. Da ist die Organisation etwas komplizierter und zeitintensiver, aber auch machbar.

Bei den Ortsbeschreibungen finden Sie Hinweise zu vorhandenen Regional- und Schnellbuslinien sowie den Bahnstrecken, sodass Sie auch bei unvorhergesehenen Ereignissen, die eine Inanspruchnahme notwendig werden lassen, informiert sind. Zusätzlich sind Taxiunternehmen aufgeführt.

Grundsätzlich können Sie bei der Planung den im Abschnitt „Anreise mit dem Zug" erwähnten DB-Navigator einsetzten. Der kennt auch die meisten Busverbindungen. Es gibt aber auch komfortable Auskunftsportale der Länder, jeweils auch als Handy-App.

Komfortables Auskunftsportal für ganz Nordrhein-Westfalen:

💻 www.vrr.de

Aus der Schweiz kommt die Handy-App FairtiQ. Sie eignet sich vor allem dann, wenn mehrere Fahrten am Tag anstehen. Um Fahrkarten brauchen Sie sich damit dann nicht mehr zu kümmern. Sie betätigen nur einen Schieber beim Einsteigen und Aussteigen und schon fahren Sie zum günstigsten Preis. Nähere Informationen finden Sie auf der Webseite.

💻 fairtiq.com

☺ Eine Schwierigkeit bei der Planung von Busfahrten ist es, die richtige Haltestelle in einem Ort zu benennen. Ohne die bekommt man keine Auskunft. Die Liste der Vorschläge, welche die Apps oder Reiseplaner bereitstellen, ist oft lang und beinhaltet auch unbrauchbare Vorschläge, wie z. B. reine Schulbushaltestellen. Durch Herumprobieren bekommen Sie vielleicht irgendwann ein brauchbares Ergebnis. Besser ist es, die Haltestellen zu kennen, an denen die Regional- und Schnellbusse des Regelverkehrs halten. Sie liegen meist an den Hauptstraßen und in den Ortszentren. Auf der Handy-App Google Maps gibt es eine Einstellung zu den Kartendetails, die Informationen zum ÖPNV einblendet und insbesondere auch die Namen der Haltestellen verrät. Zudem sind dort inzwischen auch Angaben zu den verkehrenden Linien zu finden.

Viele Haltestellen sind auch auf den unter dem Punkt GPS genannten, digitalen Offline-Karten eingezeichnet.

💻 maps.google.de

Selbstverständlich helfen auch die örtlichen Touristenbüros bei Fragen weiter.

# Verpflegung

Direkt am Weg gibt es meist nur in den Etappenorten Restaurants oder Cafés. Dazwischen müssen Sie in der Regel bis zu 3 km aus dem Teutoburger Wald bzw. Eggegebirge absteigen, um in die am Rande des Höhenzugs gelegenen Orte zu kommen. Es gibt zwar einige Ausnahmen, aber auch dort müssen Sie damit rechnen, dass Restaurants zu Mittagszeiten nur an den Wochenenden geöffnet haben. Montag und Dienstag sind zudem beliebte Ruhetage. Erkundigen Sie sich, bevor Sie einen Umweg oder Abstecher einplanen, besser telefonisch oder über die Internetseiten nach den aktuellen Öffnungszeiten.

In aller Regel empfiehlt es sich, Proviant für unterwegs dabeizuhaben. Es stehen in großer Regelmäßigkeit Schutzhütten am Weg und bei gutem Wetter lässt sich immer ein lauschiges Plätzchen für ein zünftiges Picknick finden. Eine feuchtigkeitshemmende Unterlage, etwa die Regenschutzhose oder Ähnliches, erweitert die Möglichkeiten. Einkaufsmöglichkeiten haben Sie in jedem Etappenort, ausgenommen Blankenrode. In manchen Unterkünften können Sie auch ein Lunchpaket für den Tag bestellen.

# Wandern mit Hund

Es kommt nicht häufig vor, dass man Wanderinnen und Wanderer mit Hund begegnet. Meist handelt es sich um Spaziergängerinnen und Spaziergänger, die abends wieder nach Hause gehen. Vermutlich liegt das auch daran, dass die Auswahl an Übernachtungsmöglichkeiten kleiner wird, da nicht alle Vermieter und Vermieterinnen Tiere in den Zimmern dulden. Bei den Ortsbeschreibungen sind die Betriebe, die ausdrücklich auf die Unterbringungsmöglichkeit eines mitgebrachten Vierbeiners hinweisen, mit dem Symbol 🐕 markiert. Das bedeutet aber nicht, dass alle anderen es kategorisch ausschließen. Es empfiehlt sich auf jedem Fall, die Übernachtung mit Hund im Vorfeld zu organisieren.

Auf der unter ☞ Informationen genannten Website finden Sie auch ein Pauschalangebot für das Wandern auf den Hermannshöhen mit tierischer Begleitung.

## Wanderrichtung

Die meisten Fernwanderinnen und Fernwanderer bevorzugen die Nordwest-Südost-Richtung mit dem Start in Rheine oder Hörstel, weil sich das Erleben langsam steigert: Aus der westfälischen Tiefebene heraus erklimmen die Hermannshöhen langsam die Höhen des Teutoburger Waldes, durchqueren bergauf und bergab Tecklenburg, Bad Iburg, Bielefeld und Oerlinghausen, um mit dem Hermannsdenkmal und den Externsteinen einen kulturell-naturkundlichen Höhepunkt zu erreichen. Topografisch noch etwas höher hinaus geht es dann an den beiden durch einen Kamm verbundenen Bergen Lippischer und Preußischer Velmerstot, bis Sie am Ende in Marsberg im Diemeltal ankommen. Der Wanderführer beschreibt daher den Streckenverlauf in diese Richtung. Die Qualität der Markierung erlaubt allerdings auch die umgekehrte Gehrichtung. Wer die Hermannshöhen bereits kennt, sollte diese unbedingt ausprobieren. Sie werden einen ganz neuen Weg erleben.

*Alte Trockenmauern säumen den Waldweg bei Tecklenburg (2. Etappe)*

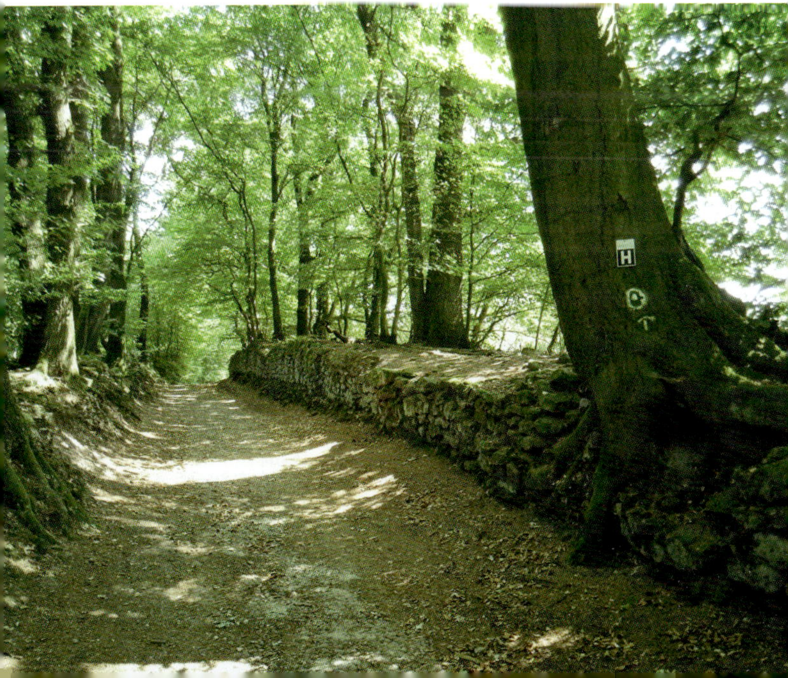

# Wegbeschaffenheit

Den typischen Hermannshöhenweg gibt es nicht, denn im Verlauf wechseln sich ebene Feldwege mit geschotterten Forstwegen und schmale Pfade über Wiesen, durch Farnkraut und über Baumwurzeln mit asphaltierten Wirtschaftswegen, Landstraßen oder Fahrradwegen daneben ab. Viele Schutzhütten erleichtern die Wanderung bei wechselhaftem Wetter, viele Bänke und Tische laden zum Rasten und Ausruhen ein.

# Wegmarkierungen

Eine abstrahierte Gipfellandschaft mit Hermannsdenkmal und der Schriftzug „Hermannshöhen" sind auf den Markierungen für den Gesamtweg zu sehen. Unter Schriftzug und Grafik symbolisiert ein weißes H auf schwarzem Grund den Hermannsweg, ein weißes X auf schwarzem Grund den Eggeweg.

Auf Ihrer Wanderung werden Ihnen außerdem die Markierungen von anderen großen Hauptwanderwegen auffallen, z. B. vom Europäischen Fernwanderweg 1 (E 1). Auch eine ganze Reihe regionaler Wege mit diversen Markierungen und Zahlen kreuzen Ihren Weg.

Besondere Aufmerksamkeit ist nötig, wenn sich Hermannshöhen und Teutoschleifen (regionale Qualitätswege im Bereich zwischen Hörstel und Bad Iburg) überschneiden. Sie sind mit einem zum Verwechseln ähnlichen Logo ausgeschildert, bei genauem Hinsehen allerdings deutlich zu unterscheiden.

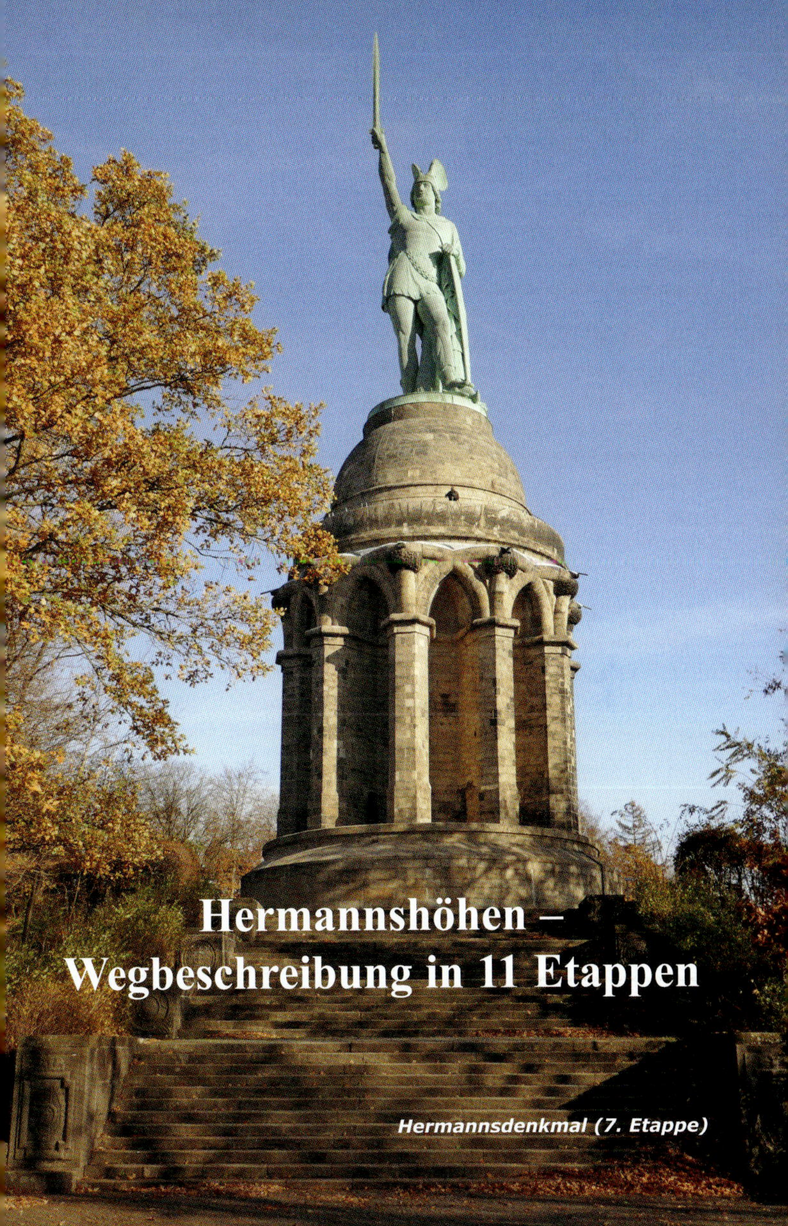

# Hermannshöhen – Wegbeschreibung in 11 Etappen

*Hermannsdenkmal (7. Etappe)*

# 1. Etappe: Rheine – Hörstel

*20,5 km, 6 Std. 30 Min., ↑ 118 m, ↓ 109 m, ⇧ 30-56 m*

| | | |
|---|---|---|
| 0,0 km | ⇧ 40 m | Rheine (Stadtinformation) |
| 4,2 km | ⇧ 44 m | Ossenpohls Treff |
| 8,2 km | ⇧ 41 m | Heine |
| 14,7 km | ⇧ 42 m | Hemelter Bach |
| 15,4 km | ⇧ 43 m | Hotel Saltenhof |
| 17,1 km | ⇧ 44 m | Bevergern (Markt) |
| 18,3 km | ⇧ 44 m | Schleuse Bevergern, Dortmund-Ems-Kanal , |
| 18,9 km | ⇧ 49 m | Abzweig nach Hörstel |
| 20,5 km | ⇧ 48 m | Hörstel (Bahnhof) |

*Der Hermannsweg beginnt gegenüber dem Bahnhof in Rheine bei der Touristinfo. Die erste Etappe ist noch untypisch flach. Sie spazieren durch die barocke Altstadt von Rheine, promenieren an der Ems entlang, die Sie schließlich auf einer Eisenbahnbrücke überqueren, und wandern dann durch die ebene Münsterländer Parklandschaft, in der sich Felder, Wiesen und Wälder kleinräumig abwechseln. Kurz nachdem Sie an der Schleuse Bevergern den Dortmund-Ems-Kanal überquert haben, verlassen Sie den Hermannsweg und erreichen den Etappenort Hörstel, wenn Sie es nicht vorgezogen haben, bereits in Bevergern zu übernachten.*

*Kulturelle Höhepunkte sind die Altstadt von Rheine und Bevergern mit seinem Heimatmuseum. Ein lohnenswerter Abstecher, allerdings ca. 3 km von Hörstel entfernt, ist das Kloster Gravenhorst mit Klosterkirche, Mühle, Back- und Brauhaus.*

*Von der Eisenbahnbrücke haben Sie einen schönen Blick auf die Ems mit ihren Altarmen, die den seltenen Typus eines naturnahen Tieflandflusses darstellt. Zusammen mit den angrenzenden Uferbiotopen ist sie auf europäischer Ebene als Flora-Fauna-Habitat-Gebiet „Emsaue" geschützt.*

## Rheine

76.500 Einw.

**Rheine.Tourismus**, Bahnhofstraße 14, 48431 Rheine, ☏ 059 71/80 06 50, info@rheine-tourismus.de, www.rheine-tourismus.de, Mo-Fr 9:00-17:30, Sa 10:00-13:00, am Startpunkt des Weges

**Altstadt Hotel**, Tiefe Straße 32, 48431 Rheine, ☏ 059 71/80 40 40, altstadt-hotel@gmx.net, www.altstadthotel-rheine.de, Ü EZ € 69, DZ ab € 95, DBZ € 139, VBZ € 149, F € 10, 200 m, Nähe Falkenhof

- **Hotel Lücke**, Heiliggeistplatz 1a, 48431 Rheine, ☏ 059 71/161 80, info@hotel-luecke.de, www.hotel-luecke.de, ÜF EZ ab € 89, DZ ab € 107, ➲ am Weg, an der Fußgängerbrücke über die Ems
- ♦ **Hotel Borchert**, Hopstener Damm 62, 48432 Rheine, ☏ 059 71/989 60, info@hotel-borchert.de, www.hotel-borchert.de, Ü EZ ab € 45, DZ ab € 74, DBZ € 94, F € 5, € 5, ➲ ca. 4 km nordöstlich des Zentrums an der Autobahnabfahrt „Rheine"
- ♦ **Hotel Freye**, Borneplatz – Emsstraße 1a, 48431 Rheine, ☏ 059 71/89 92 60, info@hotel-freye.de, www.hotel-freye.de, Ü EZ ab € 65, DZ ab € 90, F € 7, ➲ am Weg, Nähe Marktplatz
- ♦ **Hotel Gasthaus Zum alten Brunnen**, Dreierwalder Straße 25/27, 48429 Rheine, ☏ 059 71/96 17 15, kontakt@zumaltenbrunnen.de, www.zumaltenbrunnen.de, ÜF EZ ab € 98, DZ ab € 110, ➲ 660 m, nordöstlich der Ems, Nähe Antoniusbasilika
- **Jugendherberge**, Kopernikusstraße 82, 48429 Rheine, ☏ 059 71/24 07, jh-rheine@djh-wl.de, www.jugendherberge.de → Schnellsuche, ÜF ab € 28,10, ➲ 1,3 km, östlich der Altstadt am Stadtpark
- ⌘ **Falkenhofmuseum**, Tiefe Straße 22, ☏ 059 71/920 60, www.rheine.de/falkenhof-museum, Di-Sa 14:00-18:00, So 10:00-18:00, ➲ 200 m
- Am Bahnhof Rheine kreuzen sich die Bahnstrecken Berlin – Amsterdam und Emden – Münster. Rheine ist sowohl Fern- als auch Nahverkehrsbahnhof (☞ Reise-Infos von A bis Z, An- und Abreise).
- Informationen zum Stadtverkehr in Rheine bekommen Sie über den Betreiber www.stadtwerke-rheine.de.

  Der Regiobus R93 fährt vom Bahnhof Rheine im Stundentakt nach Bevergern und von dort weiter als R63 nach Ibbenbüren.
- **Taxi-Zentrale Rheine GmbH**, ☏ 059 71/844 11
- ♦ **Udes Taxi Service**, ☏ 059 71/822 70
- ♦ **Taxi W. Straten**, ☏ 059 71/997 43 30

Die Ems durchbricht auf ihrem Weg nach Norden bei Rheine einen nicht besonders hohen Kalksteinriegel, der aber dafür sorgt, dass sich die Emsaue von mehreren Hundert Metern Breite auf unter 100 m verengt und dass der Fluss hier über einen steinigen Untergrund fließt. An dieser Stelle konnte man selbst mit schweren Wagen die Ems recht gut überqueren. Zur Zeit der Sachsenkriege (772-804) ließ Kaiser Karl der Große (747-814) die Furt durch die Anlage eines Königsgutes auf der linken Emsseite schützen, dieses Königsgut namens Reni war Keimzelle und Namensgeber der heutigen Stadt Rheine.

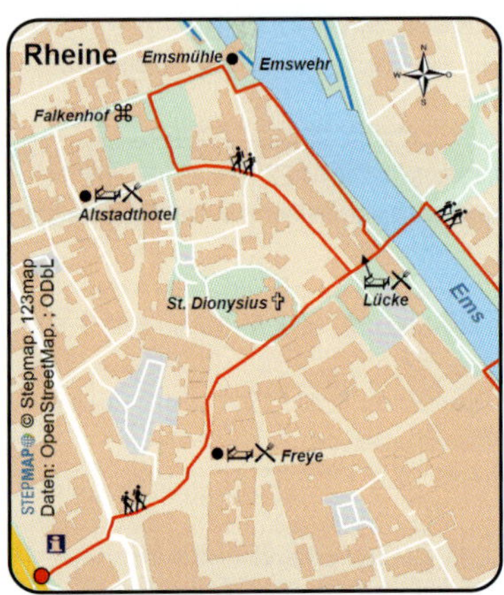


*Weg durch Rheine*

Noch heute kann man das Gut, das der Stadt den Namen gab, besichtigen. Es heißt – seit im Jahr 1371 ein „von Valcke" den Hof bezog – „Falkenhof" und beherbergt das Städtische Museum. Es liegt 200 m nördlich des Hermannsweges und des Marktplatzes und ist unbedingt sehenswert. Daneben sollten Sie die Altstadt, die Dionysioskirche sowie das Emswehr und die alte Mühle besichtigen. Wer bereits einen Tag vorher anreist, kann emsabwärts spazieren. Von der Emsmühle aus folgen Sie dem Salinenkanal und gelangen so zum Rheiner Zoo und zum Kloster Bentlage (➲ 2 km). Sehr empfehlenswert!

☺ Am Bahnhof Rheine nehmen Sie den Innenstadtausgang in nordöstliche Richtung, überqueren den Kardinal-Galen-Ring und erreichen die Stadtinformation gegenüber, ➲ 150 m.

Hier steht eine Informationstafel, die den offiziellen Startpunkt der Hermannshöhen kennzeichnet. Sie spazieren weiter durch die Bahnhofstraße Richtung Altstadtmarkt und Dionysiuskirche (Stadtkirche). Dort angekommen folgen Sie halb rechts der kleinen Gasse (An der Stadtkirche) bis zur Fußgängerbrücke über die Ems.

↬ Ein kleiner, sehr lohnenswerter Abstecher könnte Sie kurz vorm Erreichen der Ems links über die Mühlenstraße und die Tiefe Straße zum ⌘ **Falkenhof** führen (Wegweiser). Durchqueren Sie das Gelände zur dahinter quer verlaufenden Thiemauer und wandern Sie rechts zur **Emsmühle** hinunter. Hier gibt es halb rechts einen Durchgang zum **Emswehr**. Der Uferweg führt rechts wieder zurück zur Fußgängerbrücke (➲ 600 m).

Sie müssten die Ems nun nicht unbedingt an dieser Stelle überqueren, doch die Initiatoren dieses Weges möchten Ihnen gerne unterschiedliche Perspektiven der schönen Stadt zeigen. So ist der Weg über die Fußgängerbrücke hinüber markiert. Am anderen Ufer steigen Sie von der Brücke hinunter und folgen dem Uferweg flussaufwärts.

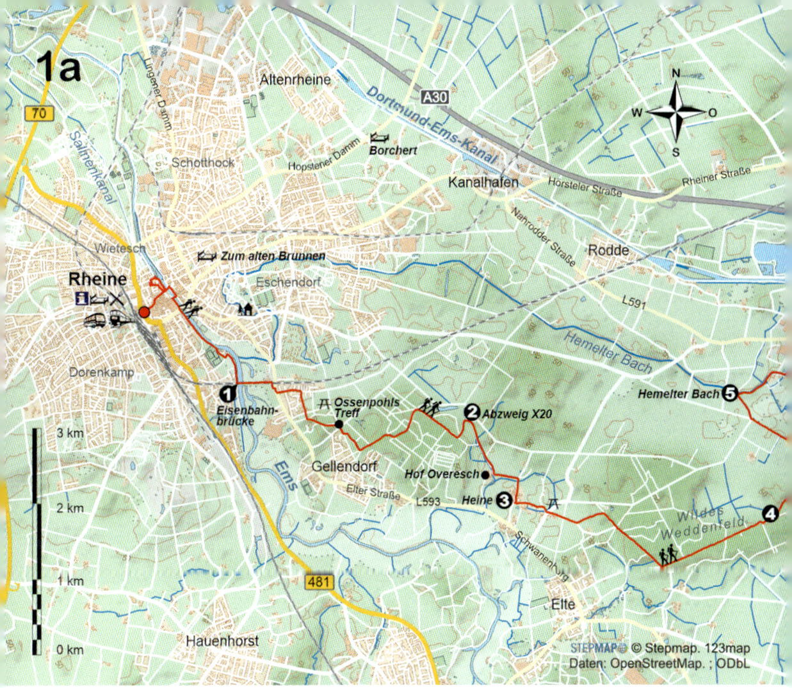

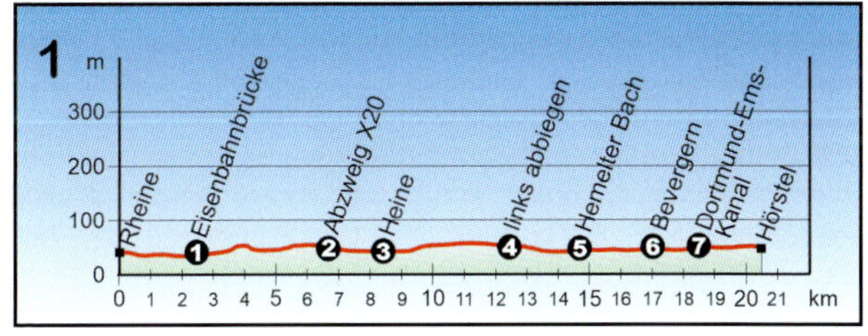


Die nächste Brücke wird noch unterquert. Gleich danach gehen Sie links zur Brücke hinauf und wieder auf die andere Flussseite zurück, jetzt auf der historischen, bis zum Jahr 1930 einzigen Emsbrücke von Rheine. An der Flussmitte ist eine Statue des Brückenheiligen Johannes Nepomuk aufgestellt, ein in Westfalen recht häufig vorkommender Brauch. In Bevergern, bei km 17, werden Sie auf eine weitere Nepomukbrücke treffen.

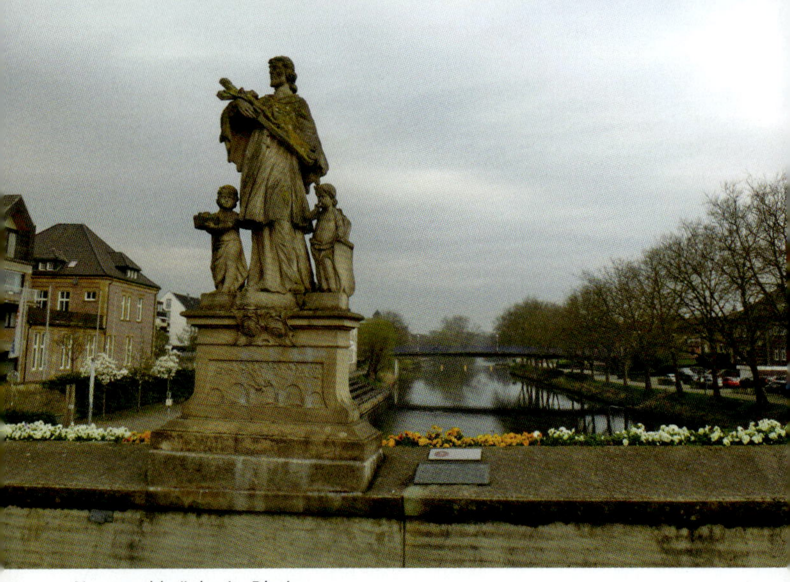

*Nepomukbrücke in Rheine*

**Johannes Nepomuk**, ein Angestellter der Kirche im 14. Jahrhundert, weigerte sich einer Legende nach, gegenüber dem eifersüchtigen böhmischen König Wenzel IV. das Beichtgeheimnis bezüglich der Königsgemahlin zu brechen. Daraufhin wurde er von der Prager Karlsbrücke gestürzt. Andere Quellen geben Machtinteressen zwischen Staat und Kirche als Grund für den Brückensturz an. Nepomuk jedenfalls wurde im 18. Jahrhundert von der katholischen Kirche wegen seiner Standhaftigkeit bis in den Märtyrertod heiliggesprochen und da es zur Heiligsprechung eines Wunders bedarf, ist folgendes notiert: Bei der Öffnung des Grabes von Johannes Nepomuk im Jahre 1719 fand man seine Zunge völlig unverwest vor.

Biegen Sie nun links in den Uferweg ab und folgen Sie ihm 1,6 km, um dann Fluss und Emsauen auf der Eisenbahnbrücke zu überqueren ❶.

Von der Brücke leitet Sie ein Radweg zur Elter Straße in Gellendorf ☕, auf der es 50 m nach rechts geht, bevor Sie sich dann links in die Sandhövelstraße wenden. Nach 350 m biegen Sie rechts in die Heidackerstraße ein und gehen am Ende geradeaus über die querende Dionysiusstraße in den Kiefernmischwald, der ein Binnendünenareal bedeckt.

Die gute Markierung führt Sie zum Ossenpohls-Treff an einer Straßenkreuzung (⛼ Picknickbank). Sie gehen rechts über die Kreuzung in die Siedlungsstraße Im Ossenpohl. Nach den ersten drei Häusern biegen Sie wieder links in das Waldgelände ein.

☺ Vielleicht ist es Ihnen schon aufgefallen: Von Rheine aus ist ein Wanderweg mit dem weißen „E" parallel zum Hermannsweg markiert (Weg nach Elte). An einigen Stellen fehlten bei meinen Recherchen 2022 die Täfelchen zum Hermannsweg. Die direkt auf die Bäume gemalten weißen „E" ersetzten die Orientierung. Aber Achtung: In der Bauerschaft Heine trennen sich beide Wege.

Der Weg verläuft nun in der Nähe einer militärischen Schießanlage, die allerdings nur akustisch zu den Übungszeiten wahrnehmbar wird. Vielleicht erleben Sie auch die zahlreichen Zitronenfalter, dessen Raupen sich u. a. von den hier reichlich im Unterwuchs vorhandenen Faulbaumblättern ernähren. Die große Sandkuhle am Weg ist Lebensraum vieler Wildbienen.

Wieder in offenem Gelände erreicht der Weg einen aufgegebenen Siedlungsplatz. Hier trifft der Hermannsweg mit dem X20 des Westfälischen Heimatbundes zusammen ❷ (Wegweiser). Nur 50 m weiter biegt der nun gemeinsame Weg rechts ab und durchzieht einen Gehölzstreifen in schöner Allee.

An der Abbruchkante des Dünenareals wird auch der Wald verlassen und landwirtschaftlich genutztes Gebiet erreicht. Sie erreichen die Hofstelle Overesch und wenig weiter einen geteerten Feldweg (Milkeweg). Rechts wandern Sie zur Höfesiedlung **Heine ❸**. Hier trennen sich X20 sowie der Weg nach Elte („E") und Hermannsweg (Wegweiser). Sie gehen links bis an die Heiner Landstraße (⛼ Picknickbank).

Bis kurz vor Bevergern durchwandern Sie nun eine Landschaft, die vom engen Nebeneinander sehr trockener und sehr feuchter Biotope geprägt ist. Auf besonders sandigen und trockenen, ehemals vegetationslosen Flächen konnten sich Dünen entwickeln. Dort finden Sie Sandmagerrasen und Heidereste. Darin eingestreut liegen kleine Teiche, die in ihren Uferzonen Binsen-, Seggen- und Flachmoorbereiche aufweisen. Je näher Sie der Ems kommen, desto eher sind auch Feuchtbiotope möglich.

Sie laufen nur einige Meter nach links, um dann rechts dem Gottkenweg zu folgen. Nach 400 m biegen Sie nach links ab und nach weiteren 400 m, bei einem Haus, wandern Sie nach rechts weiter (Hinterdingsweg).

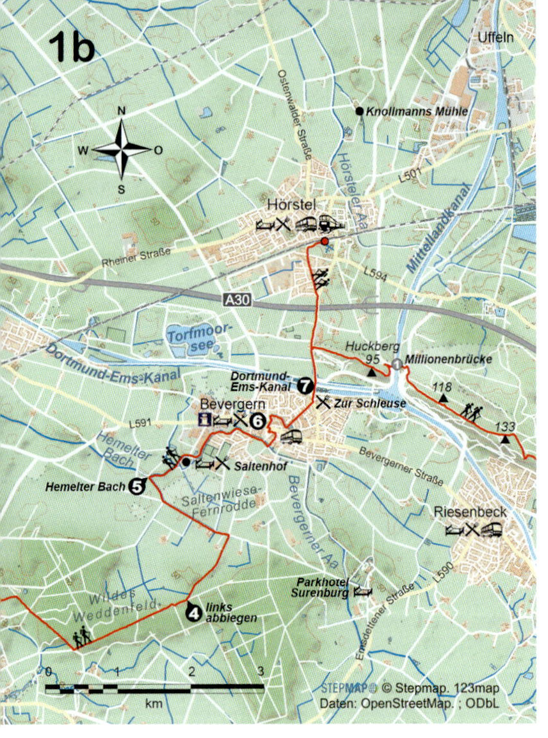


Nach 1,1 km stoßen Sie auf eine Kreuzung, an der ein steinerner Jesus steht (Wegweiser, Einmündung X7, ⩸ Pausenbank). Hier nehmen Sie den Weg Zum Weddenfeld links. Der namensgebende Biotopkomplex „Wildes Weddenfeld" ist ein großflächiges, meist mit Kiefernwald bewachsenes Dünenareal, das im Waldbiotopschutzprogramm Nordrhein-Westfalens als Teil eines landesweiten Biotopverbundsystems als Rückzugsraum für bedrohte Tier- und Pflanzenarten fungiert. Durch diese Dünenlandschaft führt der Weg Sie 1,5 km schnurgerade bis zu einem Waldrand. ✋ Knapp 300 m nachdem Sie den Waldrand erreicht haben, biegen Sie links vom weiterführenden X7 ab ❹ und folgen rechts dem breiten Feldweg bis zum querenden Surenburger Damm. Der Hermannsweg biegt links ab.

⇘ Würden Sie dem Surenburger Damm nach rechts folgen, kämen Sie zum luxuriösen Hotel Surenburg.

🛏 ✕ **Parkhotel Surenburg**, Surenburg 13, 48477 Hörstel-Riesenbeck, ☎ 054 54/933 80, ✉ info@parkhotel-surenburg.net, 💻 www.parkhotel-surenburg.net, ÜF EZ ab € 109, DZ ab € 186, ➲ 2 km

Sie passieren das Naturschutzgebiet „Saltenwiese-Fernrodde", ein Feuchtwiesengebiet auf der rechten Wegseite.

Wenn die Straße Zur Saltenwiese nach links abzweigt, wenden Sie sich nach halb rechts und erreichen nach 300 m den Hemelter Bach ❺, dem Sie nach rechts bis nach Bevergern hinein folgen. Dabei passieren Sie das Hotel Saltenhof.

**Hotel Saltenhof**, Kreimershoek 71, 48477 Bevergern, ☏ 054 59/80 50 00, info@saltenhof.de, www.saltenhof.de, ÜF EZ ab € 68, DZ ab € 93, MBZ für bis zu 5 Pers. ab € 135, ➲ am Weg

Nach einem Wechsel der Bachseite treffen Sie auf die Nepomukbrücke. Die nächste Brücke heißt Mühlenbrücke und könnte Sie abkürzend in das Zentrum von Bevergern führen. Markiert ist der Weg aber über die nachfolgende Brücke und den Dechant-Freude-Weg. Sie überqueren dort den Bach (der – obwohl er kaum länger als 30 km ist – in verschiedenen Abschnitten auch als Flöthe, Flötte und Bevergerner Aa bezeichnet wird) und genießen den schönen Blick auf die Gartenseite des Dorfzentrums, in dem es dann nach links zum Markt von Bevergern weitergeht ❻.

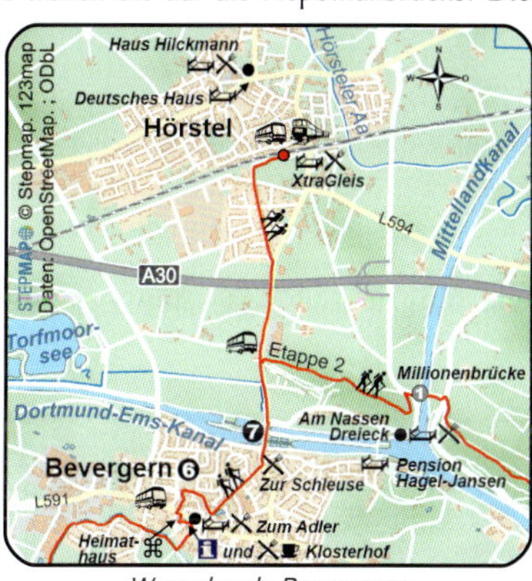

Weg durch Bevergern

## Bevergern (Hörstel) 4.300 Einw.

**Stadtmarketing Hörstel**, Am Markt 8, 48477 Bevergern, ☏ 054 59/906 93 48, info@stadtmarketing-hoerstel.de, Di 13:30-17:00, Fr 9:00-12:00 und wenn jemand da ist, ➲ am Weg

**Gasthof zum Adler**, Lange Straße 35, 48477 Bevergern, ☏ 054 59/83 12, info@zum-adler-neier.de, www.zum-adler-neier.de, Ü EZ € 42, DZ € 69, DBZ € 84, F € 5, ➲ 35 m

**Pension Josa Hagel-Jansen**, Kanalstraße 81, 48477 Bevergern, ☏ 054 59/71 29, info@hagel-jansen.de, www.hagel-jansen.de, Ü ab € 25, Genaueres auf Anfrage, ➲ 850 m (☞ Wegbeschreibung)

**Klosterhof, Café/Restaurant**, Am Markt 2, 48477 Bevergern, ☏ 054 59 97/270 47, post@klosterhof-bevergern.de, klosterhof-bevergern.de, tägl. ab 14:00, Mittagessen für Gruppen auf Anmeldung, ➲ am Weg

⌘ **Heimathaus Bevergern,** Kirchstraße 4, 48477 Bevergern,
💻 www.heimatverein-bevergern.de, nach Voranmeldung:
✉ hj.reckers@gmail.com, ☏ 054 59/42 98, ➲ am Weg. In drei eng aneinandergefügten Fachwerkhäusern des 18. Jahrhunderts wird die Wohn- und Arbeitsweise der Vergangenheit lebendig erhalten.

🚌 ☞ Rheine und Hörstel

🚗 **Taxi Pottmeier**, ☏ 054 59/97 25 64

♦ **Taxi Reis**, ☏ 054 59/95 36

Bevergern ist ein hübsches, zumindest bis 2002 rasant angewachsenes Städtchen. Die Einwohnerzahl stieg von 1.460 im Jahr 1939 auf 2.700 (1972), 3.500 (1990) und schließlich 4.300 Einwohnerinnen und Einwohner (2020). Bei so viel Zulauf kann der Ort es sicher verschmerzen, dass die ehemalige Selbstständigkeit als Stadt (Stadtrecht seit 1366) im Zuge einer Gemeindereform 1975 aufgegeben werden musste und Bevergern mit anderen Gemeinden zur Stadt Hörstel zusammengefasst wurde. 1991 erhielt Bevergern die Goldmedaille im Wettbewerb „Unser Dorf hat Zukunft" und zwei Jahre später wurde die historische Altstadt unter Denkmalschutz gestellt.

*Am Kirchplatz in Bevergern*

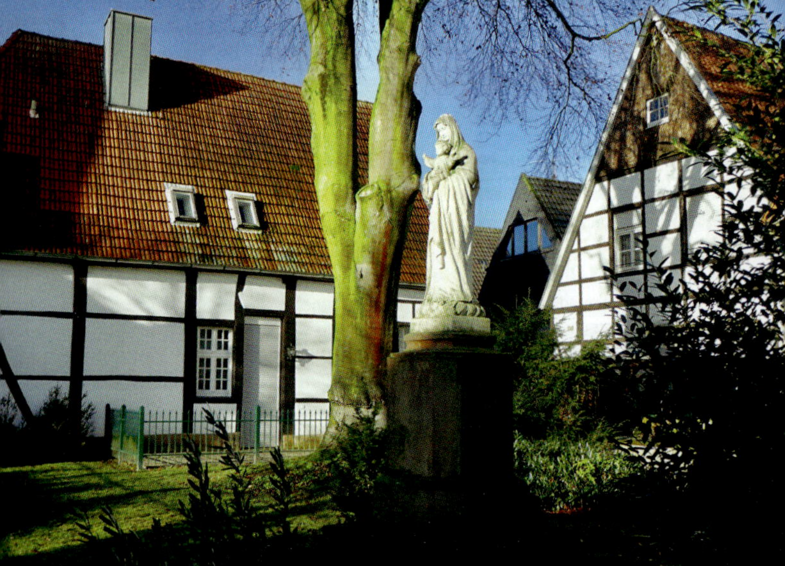

Der Heimatverein Bevergern schlägt einen kleinen, aber feinen Spaziergang durch die Stadt vor, wobei die wichtigsten Gebäude in der Nähe des Marktplatzes und der spätgotischen St.-Marien-Kirche liegen. Die Küsterei an der Kirchstraße, ein Ackerbürgerhaus von 1663, ist eines der ältesten Häuser des Ortes. Nur sechs Jahre jünger ist der Klosterhof am Markt, der mit seinem Fachwerkgiebel ebenfalls sehr typisch für ein barockes Ackerbürgerhaus ist. Vom Markt aus geht man in die Straße Papenhoek und findet am Haus mit der Nummer 2 das älteste Bauelement ganz Bevergerns: das Dielentor. Es stammt aus dem Jahr 1608 und hat als einziger Teil eines Hauses die großen Stadtbrände von 1624 und 1658 unbeschadet überstanden. Sehenswert, innen wie außen, ist auch das Heimatmuseum in der Kirchstraße.

Vom Markt gehen Sie geradeaus an der Kirche vorbei bis an die Häuserreihe und dort rechts (Kirchstraße) am Heimathaus ⌘ vorbei zur Langen Straße 🚌. Sie gehen 50 m nach links und biegen dann in das auf der anderen Straßenseite beginnende Mühlenpättken ein. Das führt zu **Levedags Mühle**. Rechts folgen Sie dem Merschgraben. Nach 300 m biegen Sie links in das **Nonnenpättken** ab. Es ist Teil eines historischen Fluchtweges der adligen Stiftsdamen vom Kloster Gravenhorst. Nach dem Dreißigjährigen Krieg nutzten sie diesen Weg, um bei Gefahr zu ihrem Stadthaus in Bevergern zu gelangen.

An der ✕ ☕ Gaststätte/Pizzeria Zur Schleuse (🚪 Mo-Fr 12:00-14:00 und 16:30-22:00, Sa und So nur 16:30-22:00) erreichen Sie die leider etwas laute Westfalenstraße. Sie folgen ihr nun links über den Dortmund-Ems-Kanal (Bevergerner Schleuse) ❼ hinüber etwa 700 m bis an den westlichsten Punkt des Teutoburger Waldes.

↳ 🛏 Gegenüber der Gaststätte Zur Schleuse beginnt rechts die Kanalstraße, die zur Pension Josa Hagel-Jansen (☞ Bevergern) direkt am Nassen Dreieck führt. Eine Brücke führt von dort auf die andere Kanalseite und dort rechts zum 🛏 ✕ Gasthof Am nassen Dreieck (☞ Hörstel).

## Dortmund-Ems-Kanal

Die Schleusenanlage besteht aus einer kleinen, 1899 erbauten Schleuse und einer großen aus den Jahren 1911-1915. Sie überwindet einen Höhenunterschied von 8 m.

Der 223 km lange Dortmund-Ems-Kanal wurde 1899 nach siebenjähriger Bauzeit durch Kaiser Wilhelm II. (1859-1941) eingeweiht. Der Grund für den Kanalbau war die prosperierende Wirtschaft im Ruhrgebiet. Erz musste ins Ruhrgebiet hinein- und Kohle aus dem Ruhrgebiet heraustransportiert werden.

In seinem Verlauf von Dortmund nach Papenburg quert der Kanal auf Brücken drei Flüsse (die Lippe, die Stever und die Ems) sowie zwei Straßen. Ganz in der Nähe, am Nassen Dreieck, hat er Anschluss an den Mittellandkanal, mit dessen Bau 1904 begonnen worden war.

Etwa 500 m hinter der Schleuse biegt der Hermannsweg nach rechts ab und steigt die ersten bewaldeten Hügel hinauf.

Zur Übernachtung in Hörstel folgen Sie allerdings der Straße weitere 700 m und biegen nach der Autobahnunterquerung links in die Siedlungsstraße Lehmstiege ein. Am Ende der Lehmstiege überqueren Sie den Glashüttenweg und gehen geradeaus durch den Waldstreifen (oder Sie folgen dem parallelen Radweg) bis an die Gleise der Bahnstrecke. Rechts daran entlang finden Sie im alten Bahnhofsgebäude das 🛏 ✕ Hotel/Restaurant XtraGleis in schöner Parkrandlage.

☺ Ins Zentrum gelangen Sie über die angrenzende Bahnhofstraße, der Sie links folgen. Achten Sie darauf, nach 350 m links von der Fahrstraße in die abzweigende Bahnhofstraße abzubiegen, dann landen Sie genau an den beiden Unterkünften im Zentrum.

## Hörstel

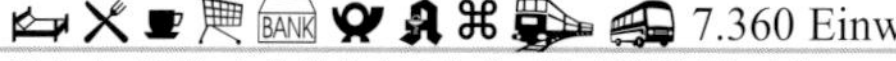
7.360 Einw.

🛏 ✕ **Hotel XtraGleis (Alter Bahnhof Hörstel)**, Bahnhofstraße 52, 48477 Hörstel, ☎ 054 59/804 90, ✉ info@xtragleis.de, 💻 www.xtragleis.de, ÜF EZ € 70, DZ € 95, DBZ € 130, VBZ € 160, am Weg, Endpunkt der Etappe

🛏 ✕ **Gasthof Am nassen Dreieck**, Frank Brunke, Am Hafen 15, 48477 Hörstel, ☎ 054 59/15 71, ✉ info@am-nassen-dreieck.de, 💻 www.am-nassen-dreieck.de, Übernachtungspreise auf Anfrage, ➲ von der Schleuse Bevergern 1,3 km, ☞ Wegbeschreibung, von der Millionenbrücke 370 m, ☞ Wegbeschreibung nächste Etappe

♦ **Haus Hilckmann**, Ostenwalder Straße 1, 48477 Hörstel, ☎ 054 59/75 13, ✉ hilckmann@hotel-hilckmann.de, 💻 www.hotel-hilckmann.de, Ü EZ/DZ ab € 60, F € 6, ➲ 900 m, Ecke L501 im Zentrum von Hörstel

🛏 **Gasthof Deutsches Haus**, Rheiner Straße 1, 48477 Hörstel, ☎ 054 59/83 17, ÜF EZ € 30, DZ € 55, HP möglich, ➲ 900 m, im Zentrum gegenüber dem Hotel Hilckmann an der L501

🚆 Hörstel hat einen Bahnhof an der Regionalbahnstrecke Bielefeld – Hengelo.

🚌 Zwischen Bevergern und Hörstel fährt von Mo bis Fr der Taxibus T 60 im Stundentakt. In Bevergern befinden sich zwei Haltestellen nahe am Weg. (Über die Lange Straße links kommen Sie zur Haltestelle „Alt Helmig" und rechts zur Haltestelle „Apotheke".) Am Abzweig Hörstel befindet sich die Haltestelle „Elseckweg". So könnten Sie den Weg entlang der lauten Hauptstraße (Westfalenstraße/Bahnhofstraße) vermeiden bzw. verkürzen, falls Sie in Hörstel übernachten wollen. Der Bus muss spätestens eine halbe Stunde vor Abfahrt telefonisch (☏ 02 51/14 48 04 44) oder im Internet (💻 www.rvm-online.de → Angebote → Taxibus) bestellt werden. Fahrpläne gibt es unter 💻 www.rvm-online.de und an den Haltestellen.

☺ Der Bus fährt ebenfalls zum **Kloster Gravenhorst**, das auch außerhalb der Öffnungszeiten eine Besichtigung lohnt.

🚗 **Taxi Lehner-Prüm**, ☏ 054 59/80 30 00



Hörstel präsentiert sich auf seiner Internetseite als junge, dynamische Stadt mit optimalen Bedingungen zum Wohnen und Arbeiten sowie hohem Freizeitwert. Sie entstand 1975 durch die Zusammenlegung der Ortschaften Bevergern, Dreierwalde, Riesenbeck und Hörstel.

Leider liegen die wichtigsten Sehenswürdigkeit Hörstels etwas außerhalb des Ortskerns. Ungefähr 2 km nördlich des Hörsteler Bahnhofs finden Sie **Knollmanns Mühle**, eine Ende des 18. Jahrhunderts zunächst zur Leinenherstellung erbaute Wassermühle. Später wurde sie zur Getreide- und Sägemühle umgebaut. Als technisches Denkmal wurde die Mühle in neuerer Zeit restauriert (🚪 Sa, So und Fei 14:00-18:00).

Etwa 3 km östlich von Hörstel-City liegt das **Kloster Gravenhorst**. Es wurde im Jahr 1256 von Ritter Conrad von Brochterbeck als Zisterzienserinnenkloster gegründet, seine Tochter wurde die erste Äbtissin. Nach wechselvoller Geschichte wurde das Kloster Anfang des 21. Jahrhunderts umfangreich restauriert. Es wird heute als Kunsthaus genutzt (🚪 Di-Sa 14:00-18:00, So 11:00-18:00).

# 2. Etappe: Hörstel – Tecklenburg

*21,3 km, 6 Std. 45 Min, 439 m, 312 m, 46-191 m*

| | | |
|---|---|---|
| 0,0 km | 48 m | Hörstel (Bahnhof) |
| 1,6 km | 49 m | zurück auf dem Hermannsweg |
| 3,1 km | 60 m | Millionenbrücke Mittellandkanal, |
| 5,5 km | 123 m | Aussichtsplattform Schöne Aussicht, Riesenbeck |
| 8,2 km | 101 m | Kaiserei |
| 11,4 km | 99 m | Gaststätte Dörenther Klippen |
| 11,9 km | 137 m | Almhütte |
| 14,2 km | 149 m | Dreikaiserstuhl |
| 15,7 km | 75 m | Brochterbeck, Bocketal |
| 21,3 km | 180 m | Tecklenburg (Marktplatz) |

*Auf der zweiten Etappe von Hörstel nach Tecklenburg wird der Hermannsweg zum Kammweg. Auf einem schmalen Gebirgsrücken wandern Sie Richtung Südosten durch lichte Kiefernmisch- und Laubwälder und genießen weite Aussichten, z. B. an der Aussichtsplattform Schöne Aussicht bei Riesenbeck. Auf Ihrem Weg nach Tecklenburg passieren Sie außerdem die wildromantischen Dörenther Klippen mit der Felsformation Hockendes Weib und die eindrucksvollen Klippen Dreikaiserstuhl und Königsstein. Am Ende der Etappe empfängt Sie das Fachwerkstädtchen Tecklenburg mit einer mittelalterlich anmutenden Altstadt, schönem Marktplatz und vielen kleinen Cafés und Restaurants.*

Von Hörstel aus gehen Sie zurück zum Hermannsweg und steigen auf den Huckberg, einen lang gestreckten Sandsteinrücken, hinauf. Nach ca. 1 km Anstieg auf 83 m geht es wieder bergab zum Mittellandkanal, den Sie auf der Millionenbrücke überqueren ❶.

Bevor Sie die Brücke überqueren, könnte ein Abstecher rechts (über den Uferweg, Treppe) zum **Nassen Dreieck** führen (400 m). Der Botschaftsgarten Nasses Dreieck mit dem Schaukasten Roter Würfel und eine Informationsplattform beleuchten dieses interessante Gelände. Eine historische schmiedeeiserne Brücke führt hier über den Altarm und Dortmund-Ems-Kanal nach Bevergern und genau zur Pension Josa Hagel-Jansen (☞ Bevergern). Der Gasthof Am nassen Dreieck (☞ Hörstel) mit Übernachtungsmöglichkeit liegt diesseits des Kanals.

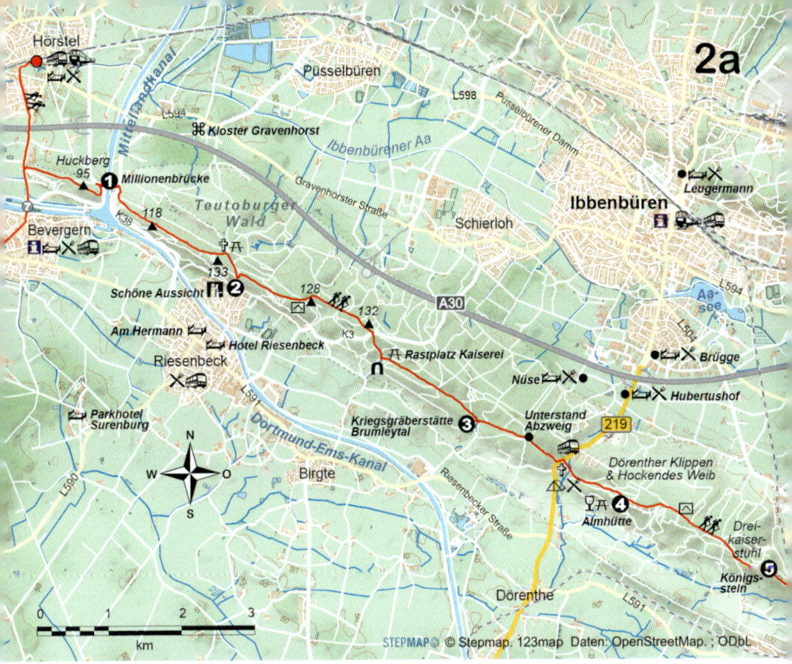

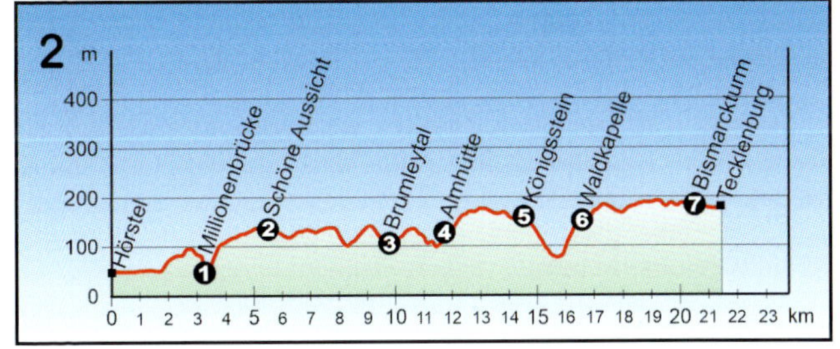


## Mittellandkanal/Millionenbrücke

Im Süden sehen Sie den Startpunkt des Kanals, das „Nasse Dreieck", wo der Mittellandkanal vom Dortmund-Ems-Kanal abzweigt. Der 326 km lange Mittellandkanal führt über Minden, Hannover, Braunschweig und Wolfsburg zum Elbe-Havel-Kanal bei Magdeburg. Das erste Kanalstück bis Minden wurde im Jahr 1915 freigegeben. Zu dieser Zeit existierte hier noch eine schön geschwungene

Bogenbrücke mit seitlichen Torhäusern. Diese alte Brücke bekam ihren Spitznamen „Millionenbrücke" wegen der immensen Baukosten von einer Million Reichsmark. Sie wurde am Ende des Zweiten Weltkrieges absichtlich zerstört, um den nachrückenden Alliierten die Verfolgung zu erschweren. Allerdings gelang das nur bedingt, denn die Engländer überquerten den bei Kriegsende leergelaufenen Kanal auf einer schnell errichteten Kastenbrücke.

Hinter der Brücke überqueren Sie die K38 und folgen am Wanderparkplatz vorbei der kleinen asphaltierten Straße Am Steinbruch. Kurz hinter dem Waldrand und einer Linkskurve gehen Sie rechts über Stufen bergan durch Mischwald. Bei einer Bank passieren Sie den etwas unscheinbaren Gedenkstein für Robert Kronfeld.

## Gedenkstein Robert Kronfeld/Vogelflug

Der Gedenkstein gibt darüber Auskunft, dass der Wiener Segelflieger Robert Kronfeld (1904-1948) von diesem Punkt am 15. Mai 1929 den ersten Segelflug über eine Strecke von mehr als 100 km startete. Er flog nämlich genau 102,2 km weit (nach einem Bericht der Flugsportzeitung 1/1989). Das eigentlich Faszinierende an der Geschichte aber verschweigt der Stein: Kronfeld erreichte diese – für die damalige Zeit – extreme Weite, weil er als Erster die Thermik, aufsteigende Luftmassen unter Cumuluswolken, ausnutzte. Bis dahin war man nur von Hang zu Hang geflogen und hatte die dortigen Hangaufwinde genutzt (☞ Seite 84), hier segelte Robert Kronfeld als Erster von „Wolke zu Wolke". Er entdeckte das Vorhandensein von Thermik, weil er als Erster ein Variometer einsetzte, ein mechanisches Gerät, das die Steig- und Sinkgeschwindigkeit anzeigen kann.

Sie steigen auf dem Sandsteinrücken weiter leicht bergan und erreichen die Kuppe namens Riesenbecker Berg. Kurz dahinter finden Sie eine offene Kapelle mit einer Christusfigur ⚲.

## Kreuzwegkapelle

Die Kapelle ist Endpunkt eines Kreuzweges (Prozessionsweg), der heute auch als Teil eines Wanderweges (Klosterweg) von der Riesenbecker Kalixtuskirche (☞ Riesenbeck) zum Kloster Gravenhorst bei Hörstel ist. Kreuzwege sollen an Jesus' letzten Weg erinnern, der als „Via Dolorosa" (= schmerzensreiche Straße) vom Palast des Pontius Pilatus (Verurteilung) zum Berg Golgatha (Kreuzigung) führte. Verschiedene Stationen (hier sind es fünf) symbolisieren Begebenheiten auf diesem Weg. Die Kapelle hier repräsentiert als fünfte und letzte Station die Kreuzigung. Fünf Stationen sind eher selten, meist werden sieben oder vierzehn Stationen angelegt.

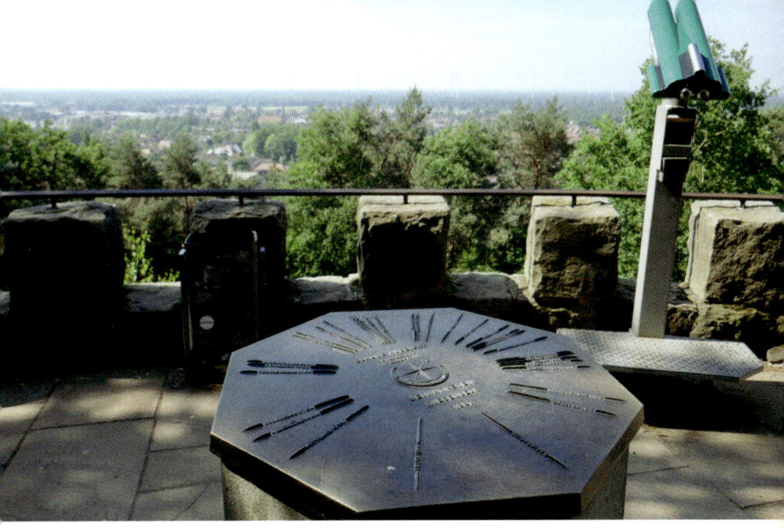

*Aussichtsplattform Schöne Aussicht bei Riesenbeck*

Sie halten sich davor rechts und 200 m weiter biegen Sie noch einmal halb rechts vom Kammweg ab. Ein Wegweiserstein zeigt Ihnen den Abstecher zur Aussichtsplattform Schöne Aussicht ❷.

Von der Aussichtsplattform Schöne Aussicht haben Sie tatsächlich einen schönen Blick auf Riesenbeck, den Dortmund-Ems-Kanal und das Münsterland. Eine Orientierungsplatte zeigt mit zahlreichen Pfeilen die Richtungen und die Entfernungen zu Zielen im Münsterland an.

Auf dem Prozessionsweg könnten Sie von der Schönen Aussicht über 256 Stufen nach Riesenbeck absteigen.

## Riesenbeck (Hörstel) BANK 7.400 Einw.

**Gästehaus Am Hermann**, Beethovenstraße 5, ☏ 054 54/74 77, 48477 Riesenbeck, info@gaestehaus-am-hermann.de, www.gaestehaus-am-hermann.de, ÜF EZ € 48-64, DZ € 74-84 (je nach Zimmer), € 6, 1,3 km

♦ **Hotel Riesenbeck**, Sünte-Rendel-Straße 5, 48477 Riesenbeck, ☏ 054 54/396 98 95, info@hotel-riesenbeck.de, www.hotel-riesenbeck.de, ÜF EZ ab € 78, DZ ab € 104, 1 km

Der Regiobus R63 von Bevergern nach Ibbenbüren fährt auch durch Riesenbeck (Stundentakt).

Riesenbeck ist heute ein Ortsteil der Stadt Hörstel und liegt etwa 1 km vom Hermannsweg entfernt. Eine schöne, mit der heiligen Reinhildis verknüpfte Legende beschreibt die Entstehung des Ortes:

Reinhildis, die in Riesenbeck auch Sünte-Rendel genannt wird, lebte als junge Bauerntochter in Westerkappeln, rund 18 km westnordwestlich von Riesenbeck. Sie war sehr fromm und lief nicht nur sonntags, sondern alle Tage in die Kirche, um die Messe nicht zu verpassen. Sie unterbrach dazu die Feldarbeit und ließ die Pferde einfach auf dem Feld stehen. Wunderbarerweise waren die Pferde bei ihrer Rückkehr nicht nur nicht weggelaufen, sondern hatten – augenscheinlich unter der Anleitung von Engeln – etliche zusätzliche Furchen gezogen. Anstatt sich über ihre gottgefällige Tochter zu freuen, missgönnten die Eltern ihr die göttliche Hilfe und brachten sie um. Gottes Strafe folgte auf dem Fuße, denn der Vater fiel vom Pferd und brach sich das Genick, von der Mutter spricht heute niemand mehr. Man legte Reinhildis' Leichnam auf einen Wagen, spannte zwei Ochsen vor und ließ sie laufen, wohin sie wollten. Sie liefen durch Ibbenbüren (ca. 7 km westnordwestlich von Riesenbeck), wo die Glocken von selbst anfingen zu läuten, und blieben schließlich in einem unbebauten, mit Riesenbeeren bewachsenen Gelände stehen. Dort hob man den Leichnam vom Wagen und begrub ihn. Da etliche Wunder an ihrem Grab geschahen, kamen immer mehr Leute und siedelten sich dort an, der Ort Riesenbeck entstand. Über dem Grab errichtete man eine Kirche, die Kalixtuskirche.

Die heutige Kalixtuskirche ist allerdings schon das dritte Bauwerk an dieser Stelle. Die aktuelle Kirche wurde Anfang des 19. Jahrhunderts erbaut und ersetzte eine ältere, baufällige aus dem 15. Jahrhundert. Das erste Kirchenbauwerk wird eine bescheidene Holzkapelle gewesen sein.

Riesenbeck ist heute eine Hochburg des Pferdesports, sicherlich wegen seiner Reinhildis und ihrer besonderen Beziehung zu Pferden und Fuhrwerken. Hier finden nationale und internationale Reit- und Fahrturniere statt, z. B. das jährlich stattfindende Riesenbeck International. Die Hotelpreise können dann schon mal wie in Messestädten ansteigen.

Von der Aussichtsplattform aus gehen Sie halb links bergan und stoßen nach nur 50 m wieder auf den Kammweg, dem Sie nach rechts folgen.

Sie erreichen nach 300 m die Bank „Wilhelmsruh" und 300 m weiter, rechts des Weges, das Bildnis Maria mit Jesuskind. Etwa 100 m weiter führt der Hermannsweg an einem eingezäunten Wassergewinnungsgebiet vorbei. Sie passieren die ⌂ Schinkensteinhütte, eine offene Schutzhütte, die rechts des Weges etwas abseits steht. Ein zum Tisch umfunktionierter und von Bänken umgebener Mühlstein lädt zur Rast.

Sie folgen dem Hermannsweg geradeaus und biegen nach 150 m rechts ab. Nun geht es weitere 800 m geradeaus auf der Höhe bis an eine Gabelung. Rechts folgen Sie dem Weg und erreichen schließlich am Birgter Berg eine Landstraße mit Parkplatz, die Sie überqueren. Es geht steiler abwärts und unten links zum ⊼ **Rastplatz Kaiserei**. Auch hier hat man einen Mühlstein zum Tisch umfunktioniert.

↬ Würden Sie hier dem Pfad rechts nur 50 m folgen, kämen Sie zu den Sandsteinhöhlen **Doktor's Lock** und **Hexenpütt.**

Geradeaus wandern Sie nun in einem Trockental etwa 800 m stetig bergan und vom erreichten Sattel mit Querweg geradeaus durch ein ebensolches Tal wieder bergab. Im Talausgang erreichen Sie die Kriegsgräberstätte im Brumleytal ❸.

## Schlacht im Brumleytal

An dieser heute so ruhigen und friedlichen Stelle fand gegen Ende des Zweiten Weltkrieges, am 3. April 1945, ein erbitterter und blutiger Kampf gegen die anrückenden Alliierten statt. Insgesamt starben hier im Tal 157 englische und deutsche Soldaten, die hier oder in den Kriegsgräberstätten bei Ibbenbüren und Kleve bestattet wurden. Über die Schlacht im Brumleytal wurde – teilweise an Originalschauplätzen – der Film „Leben und Sterben 45" gedreht, der im Mai 2006 Premiere hatte. Viele der Eichen und Buchen im Brumleytal sind bis heute gespickt mit Granatsplittern und Geschossmunition aus dem Zweiten Weltkrieg und demnach für die Holzindustrie völlig wertlos. Auch deshalb sind einige der mehr als 120 Jahre alten Riesen unter besonderen Schutz gestellt. Sie sind als Biotopbäume ausgewiesen und dürfen nie gefällt werden.

Sie folgen dem Linksbogen des Weges am Teich vorbei, nehmen an der T-Kreuzung den Waldweg links hinauf und treffen an einer Kreuzung auf einen Unterstand.

↬ Von hier aus könnten Sie auf einem Wanderweg Ibbenbüren erreichen, das 3,5 km vom Hermannsweg entfernt ist. Der Weg nach Ibbenbüren biegt hier links ab (nicht ganz links) und ist mit einem Wegweiser versehen. Er erreicht leicht steigend eine Kreuzung, führt geradeaus weiter an eine Gabelung, an der Sie sich links halten müssten, und steigt dann zum Waldrand und einem Wanderparkplatz hin ab. Sie folgen der Parkplatzzufahrt nun immer geradeaus am Hotel Nüse vorbei bis in das Zentrum (Groner Allee).

## Ibbenbüren

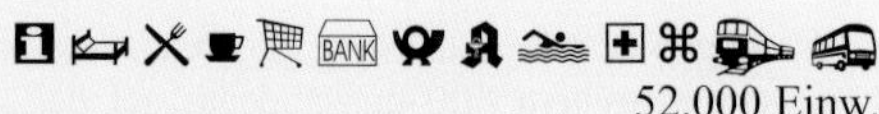

52.000 Einw.

ℹ **Stadtmarketing Ibb**, Oststraße 28, 49477 Ibbenbüren, ☎ 054 51/54 54 50, ✉ info@stadtmarketing-ibbenbueren.de, 💻 www.stadtmarketing-ibbenbueren.de, 🚪 Mo-Fr 10:00-17:00, Sa 10:00-13:00, ➲ 3,4 km

🛏 ✕ **Hotel-Café-Restaurant Nüse**, Trüsseldieck 83, 49479 Ibbenbüren, ☎ 054 51/941 60, ✉ info@hotel-nuese.de, 💻 www.hotel-nuese.de, ÜF Preise auf Anfrage, ➲ 1,1 km, am Wanderweg nach Ibbenbüren am Waldrand und noch vor der Autobahn, ☞ Wegbeschreibung

♦ **Hotel Hubertushof**, Münsterstraße 222, 49479 Ibbenbüren, ☎ 54 51/941 00, ✉ info@hotelhubertushof.de, 💻 www.hotelhubertushof.de, ÜF EZ ab € 68, DZ ab € 104, ➲ 1,3 km

♦ **Hotel-Restaurant Brügge**, Münsterstraße 201, 49479 Ibbenbüren, ☎ 054 51/940 50, ✉ info@hotel-bruegge.de, 💻 www.hotel-bruegge.de, ÜF EZ € 65, DZ € 98, ➲ 1,9 km, an der Autobahnauffahrt zur A30

♦ **Hotel-Restaurant Leugermann**, Osnabrücker Straße 33, 49477 Ibbenbüren, ☎ 054 51/93 50, ✉ kontakt@leugermann.de, 💻 www.hotel-leugermann.de, ÜF EZ ab € 75, DZ ab € 112, ➲ 4,3 km, 350 m nördlich des Bahnhofs

🚌 Der Schnellbus Ibbenbüren – Münster S50 und der Regiobus R63 Bevergern – Ibbenbüren halten auch an den Dörenther Klippen (☞ 🚌 „Dörenther Berg“).

🚆 Der Bahnhof Ibbenbüren liegt an der Bahnstrecke Bielefeld (Herford) – Hengelo. Ein Fernverkehrshalt des Intercity Amsterdam – Berlin ist nur einmal am Tag vorgesehen. Sonst steigt man in Rheine oder Osnabrück um.

🚕 **Clever Taxi**, ☎ 054 51/20 01

♦ **R(a)uf Taxi**, ☎ 054 51/75 75

Über die Herkunft des Namens Ibbenbüren wird noch spekuliert. Möglicherweise bedeutet es so viel wie „Anwesen des Ibbo“, aber vielleicht leitet sich der erste Namensteil auch nicht vom Vornamen Ibbo, sondern vom althochdeutschen „iwa“ (Eibe) ab. Aber das hat mit dem heutigen „Ibbtown“, wie es von einheimischen Jugendlichen genannt wird, nichts mehr zu tun. Statt Eiben dominiert heute ein Steinkohlekraftwerk den Blick auf den Ort. Das Kraftwerk wurde bis Ende 2020 mit Anthrazit befeuert, einer sehr harten Kohleart, die in der gleich nebenan liegenden Zeche gefördert wurde. Am 17. August 2018 ist aber auch hier die Steinkohleförderung der RAG Anthrazit GmbH Ibbenbüren eingestellt worden. Mit der gleichzeitigen Stilllegung der Zeche Prosper-Haniel in Bottrop ist damit die Steinkohleförderung in ganz Deutschland nur noch Geschichte. Das Kraftwerk wurde Ende 2020 stillgelegt.

Wenn Sie nicht nach Ibbenbüren abbiegen wollen, dann gehen Sie geradeaus durch den Hohlweg bergab bis zur Kreuzung mit der B219.

Hier gibt es 200 m oberhalb eine Bushaltestelle („Dörenther Berg"). Im Stundentakt fahren die Busse S10 und R63 nach Ibbenbüren (in der Gegenrichtung nach Münster bzw. Bevergern). Die Abfahrtszeiten der beiden Linien liegen leider sehr nah beieinander, sodass Sie im ungünstigsten Fall eine knappe Stunde warten müssten.

Sie gehen auf der Straße ca. 100 m nach links, überqueren sie und biegen beim Schild „Dörenther Klippen" rechts in den Wald ein.

## Dören

Dören ist das niederdeutsche Wort für Tür oder Tor. Für die Ibbenbürener ist der Passübergang am Dörener Berg bei den Dörenther Klippen das Tor zum Münsterland. Dörenthe ist die erste Niederlassung jenseits des Passes. Auch bei Bad Iburg, am Ziel der dritten Etappe, findet sich die Bezeichnung wieder. Der Passübergang nach Osnabrück wird vom 331 m hohen Dörenberg flankiert. Schließlich treffen Sie im Verlauf der 7. Etappe bei den Rethlager Quellen auf die Dörenschlucht, die bereits in der Bronzezeit als Passübergang genutzt wurde.

## Bruder-Klaus-Kapelle

Rechts des Hermannsweges liegt die Bruder-Klaus-Kapelle, die zur katholischen Kirchengemeinde Heilig Kreuz Ibbenbüren gehört. 1967 fand die Grundsteinlegung für den Bau der Kapelle statt. Sie ist dem Schweizer Eremiten und Friedensheiligen Niklaus von Flüe (1417-1487) gewidmet. Bruder Klaus wurde 1649 selig- und 1947 heiliggesprochen. Er ist der Patron des Katholischen Landvolkes, das Wallfahrten zu dieser Kapelle unternimmt.

Kurz darauf erreichen Sie die Dörenther Klippen, eine Gaststätte mit Biergarten und Campingplatz. Von hier aus geht es hinauf zu den Dörenther Klippen mit der besonders prägnanten Felsformation Hockendes Weib. Ob Sie an der Gabelung links den bequemen oder rechts den Kletterweg nehmen, bleibt Ihnen überlassen.

**Gaststätte Dörenther Klippen**, Münsterstraße 419, ☏ 054 51/25 53, www.gasthof-doerenther-klippen.de, Mi-Sa 18:00-22:00, So und Fei 11:00-21:00, im Winter auch kürzere Öffnungszeiten, Ü € 14 p. P. im eigenen Zelt, (Juni-Aug sowie Himmelfahrt und Pfingsten € 15 p. P.)

## Dörenther Klippen und Hockendes Weib

Die Dörenther Klippen, markante, bis zu 40 m hohe Felsen und Felsenbänder aus Osningsandstein, beeindrucken schon allein durch ihre Optik. Besonders eine als Naturdenkmal geschützte Felsformation, das „Hockende Weib“, hat die Anwohnerinnen und Anwohner zu einer märchenhaften Entstehungsgeschichte inspiriert: Eine Mutter lebte am Fuß der Klippen, als hier noch ein Meer an den Teuto brandete. Als das Meer einmal besonders stark anstieg, kletterte die Mutter mit ihren Kindern auf den Kamm. Sie hob ihre Kinder auf ihre Schultern, um sie vor dem Ertrinken zu retten, saß aber selbst noch im Wasser. Nach langem Warten sank der Wasserspiegel, die Kinder waren gerettet, aber die Mutter war versteinert. Zum Trost kommen seit jener Zeit immer wieder Kinder und klettern auf dem Hockenden Weib herum. Was nicht ganz ungefährlich ist! Generell steht das Klettern in dieser Region unter der Aufsicht der Bergfreunde Ibbenbüren e. V. (💻 www.bergfreunde-ibb.de), die darauf achten, dass im Naturschutzgebiet „Dörenther Klippen“ nur naturverträglich geklettert wird.

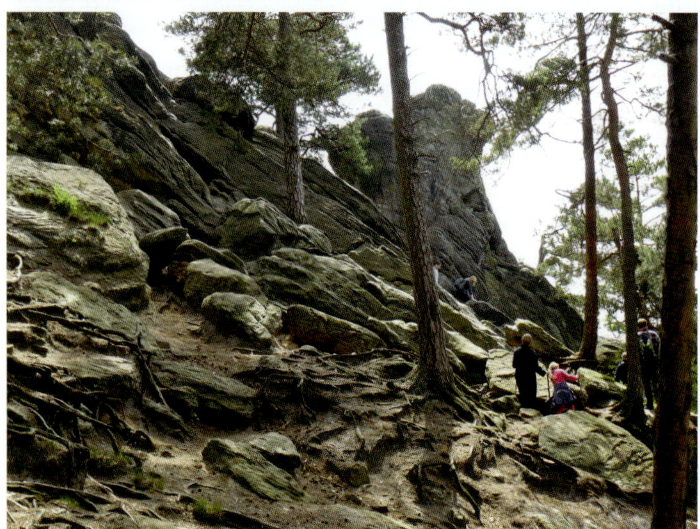

*Die Dörenther Klippen sind ein beliebtes Klettergebiet*

Neben den Klippen selbst ist auch die Vegetation beeindruckend, aber dafür muss man einen Blick für das Kleine, Unscheinbare haben. Hier fasziniert nämlich vor allem der Artenreichtum an niederen und kleinen Pflanzen. 150 verschiedene Moos- und Flechtenarten kommen hier vor, 32 davon sind besonders selten.

Ein beeindruckender, aber selten zu sehender Bewohner dieser Gegend ist der **Uhu**, die größte Eulenart der Welt. Männchen werden bei einer Flügelspannweite von knapp 160 cm ca. 2 kg schwer, die größeren Weibchen erreichen im Schnitt 2,5 kg Gewicht und knapp 170 cm Flügelspannweite. Uhus sind in Europa und Asien weitverbreitet, aber trotzdem insgesamt selten. Sie waren in Deutschland fast ausgerottet, aber ihr Bestand hat sich – vor allem in den letzten 20-30 Jahren – erholt.

Mit der Wahl zum „Vogel des Jahres 2005" wollte man nicht nur auf den Uhu selbst aufmerksam machen, sondern die Schutzbedürftigkeit des gesamten Felsenlebensraumes, wie z. B. hier an den Dörenther Klippen, und seiner mitunter kaum bekannten Bewohner herausstellen.

Kurz hinter dem Aufstieg erreichen Sie den **Kiosk Almhütte** mit einer schönen Freiterrasse und Münsterlandblick ❹.

**Almhütte**, Dörenther Berg 60, 49479 Ibbenbüren, ☏ 054 51/162 03, tägl. ab 11:00 (bei schlechtem Wetter auch später oder gar nicht, auf jeden Fall am Wochenende)

An der Gabelung rund 150 m weiter gehen Sie rechts, erreichen den Ehrenfriedhof Dörenther Klippen, kurz darauf eine Schutzhütte mit Bank und schließlich eine weitere Schutzhütte. 400 m weiter geht es links zu den Klippen namens **Dreikaiserstuhl** (60 m vom Weg) und Königsstein ab ❺, an denen sich eine schöne Aussicht über das Bocketal bis zum Ibbenbürener Kohlekraftwerk auf dem Schafberg bietet. Der Hermannsweg führt nun

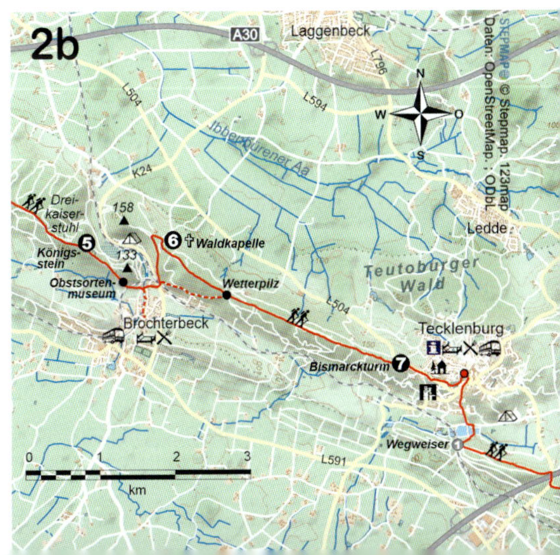

deutlich bergab. Sie passieren das **Obstsortenmuseum Fliehburg**. Die örtliche Naturschutzorganisation hat hier auf zwei großen Hangwiesen Streuobstsorten des Tecklenburger Landes wie in einer Arche vor dem Vergessen bewahrt. Sie erreichen den Ortsrand von Brochterbeck und die Straße Zu den Klippen. Sie gehen links.

Nach nur 20 m sehen Sie rechts den schmalen Durchgang zum Haselnussgang, auf dem Sie in ca. 800 m das Zentrum von Brochterbeck erreichen würden.

## Brochterbeck 2.800 Einw.

**Ringhotel Teutoburger Wald**, Im Bocketal 2, 49545 Brochterbeck, 054 55/930 00, info@ringhotel-teutoburger-wald.de, rhtw.de, ÜF EZ ab € 95, DZ ab € 165 (inkl. Nutzung der Schwimm- und Saunalandschaft), 80 m

**Landhauspension Upmeyer**, Dorfstraße 49, 49545 Brochterbeck, 054 55/14 91, pension-upmeyer@t-online.de, www.brochterbeck.de → Tourismus & Freizeit → Hotel & Unterkünfte, ÜF EZ € 38, DZ € 66, 260 m

**Camping Bocketal**, Im Bocketal 12, 49545 Brochterbeck, 054 55/17 60, bocketal.de, Ü € 4 p. P., Zelt € 5, 800 m, vom Königsstein führt ein schmaler Pfad zum Parkplatz Bocketal. Gegenüber befindet sich der Campingplatz.

**Historische Gaststätte Franz**, Dorfstraße 22, 49545 Brochterbeck, 054 55/556 93 86, www.gaststätte-franz.de, Mi-Fr ab 18:00, Sa/So ab 11:30, 700 m, am Ende des Haselnussgangs rechts an der Kirche vorbei

In Brochterbeck hält der Bus R45. Im Stundentakt fährt er nach Ibbenbüren (Bahnhof) und über Tecklenburg zum Bahnhof Lengerich (Tecklenburg).

**Taxi Wieschebrock**, 054 55/209 oder 054 55/17 76

Brochterbeck – erstmals 1150 als Brotterbike erwähnt – ist seit 1975 ein Ortsteil der Stadt Tecklenburg und seit 1986 ein staatlich anerkannter Luftkurort. Das Dorf gewann auf Kreisebene 1985 und 1999 die Goldmedaille im Wettbewerb „Unser Dorf hat Zukunft" und 1985 auf Landesebene die Bronzemedaille.

Der Hermannsweg führt weiter auf der Straße Zu den Klippen zum großen Parkplatz am Ringhotel Teutoburger Wald. Überqueren Sie geradeaus die Straße, den Parkplatz und dann die Schienen der Teutoburger Wald-Eisenbahn (TWE), wenden Sie sich nach halb links und steigen Sie einen zu Beginn asphaltierten Weg steil nach oben.

☺ An dieser Stelle steht Ihnen eine attraktive Wegalternative zur Verfügung, welche die Gesamtstrecke um 1 km verkürzt (Einstieg Südhangweg). Wenn

Sie vom Gleis der Teutoburger Wald-Eisenbahn (TWE) geradeaus den Asphaltweg die 40 m zum Schießstand hinaufgehen und dort halb rechts dem Waldrandweg folgen, landen Sie bei schönster Aussicht bald an einem Siedlungsrand. Hier führt halb links ein breiterer Weg zum Wetterpilz hinauf. Dort biegen Sie rechts (nicht ganz rechts) in den deutlich wieder mit dem H markierten Kammweg ein.

Der Hauptweg führt über den Kamm hinweg in den Nordhang und dort bei weitem Blick über das Aatal rechts. Die Schafbergplatte, an dessen Kamm das Ibbenbürener Kohlekraftwerk wieder gut zu sehen ist, haben Sie auch im Blick.

An der Waldkapelle ⍑ ❻ geht es rechts vorbei (halb links folgt der X18 weiter dem Nordhangweg) und wieder links an den Kamm. Auffällig schöner Mischwald begleitet Sie zum Wetterpilz in einem Sattel. In südöstlicher Richtung steigen Sie auf dem Rücken wieder sanft bergan und folgen ihm, bis Sie am Ortseingang von Tecklenburg über die Siedlungsstraße Tannenweg auf die Straße Am Weingarten stoßen, an der es rechts weitergeht. Rechts steht etwas versteckt der **Bismarckturm** neben dem Hotel Bismarckhöhe ❼. Der Turm wurde 1909 auf dem Rumpf einer alten Windmühle errichtet.

*Die Waldkapelle*

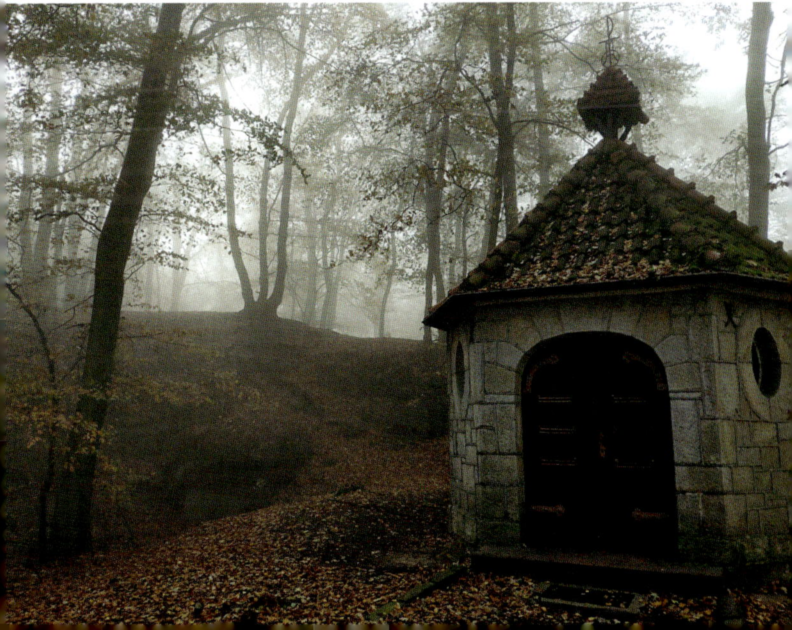

Nach 200 m auf der Straße Am Weingarten geht nach links die Brochterbecker Straße ab, auf der Sie auch die Innenstadt von Tecklenburg erreichen könnten. Der Hermannsweg führt aber weiter geradeaus und biegt erst nach dem Parkplatz Münsterlandblick links in die Straße Am Herrengarten, die zur Jugendherberge hinaufführt. Sie biegen aber gleich wieder halb rechts in den Hangweg ab, passieren den **Tecklenburger Weinberg** und gehen durch das Tor in den Burggarten und dann rechts die Treppen hinunter zum Meesenhof. Links wandern Sie bis zum Marktplatz.

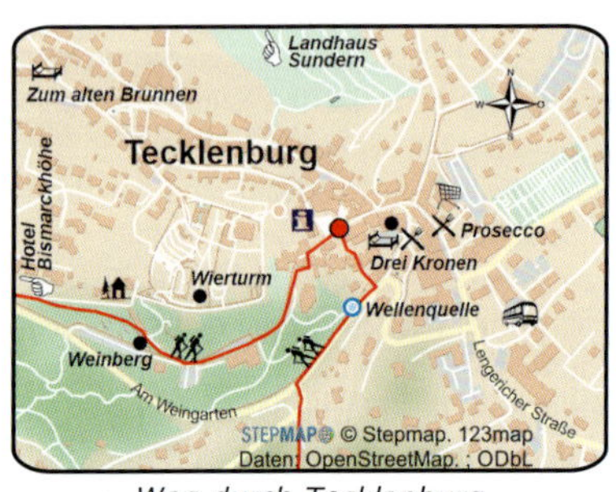

*Weg durch Tecklenburg*

## Tecklenburg

9.600 Einw.

**Tecklenburg Touristik GmbH**, Am Markt 7, 49545 Tecklenburg, ☏ 054 82/938 90, info@tecklenburg-touristik.de, www.tecklenburg-touristik.de, Mo-Fr 9:00-17:00, Mai-Ende Sep zusätzlich Sa, So und Fei 11:00-16:00, ➲ am Weg

**Hotel Bismarckhöhe**, Am Weingarten 43, 49545 Tecklenburg, ☏ 054 82/233, info@bismarckhoehe.de, www.bismarckhoehe.de, Ü EZ ab € 60, DZ ab € 90, F € 2,50, ➲ am Weg

♦ **Hotel Drei Kronen**, Landrat-Schultz-Straße 15, 49545 Tecklenburg, ☏ 054 82/225, www.hoteldreikronen.de, hoteldreikronen@web.de, Zimmerpreise auf Anfrage, ➲ 90 m, Zentrum

♦ **Landhaus Sundern**, Handal 53, 49545 Tecklenburg, ☏ 054 82/938 30, info@landhaus-sundern.com, landhaus-sundern.com, ÜF EZ ab € 60, DZ ab € 90, DBZ ab € 100, ➲ 1 km, am Waldfreibad und gleich hinterm Kurpark

**Pension Zum alten Brunnen**, Brochterbecker Straße 12, 49545 Tecklenburg, 01 57/83 07 07 07, info@zum-alten-brunnen.eu, www.zum-alten-brunnen.eu, Ü EZ € 51, DZ € 76, DBZ € 102, VBZ 132, F € 9, ➲ 400 m, vom Markt links durch das Torhaus zur Legge und über die Schlossstraße zur Brochterbecker Straße, dort rechts

**Jugendherberge**, Am Herrengarten 5, 49545 Tecklenburg, ☏ 054 82/360, jh-tecklenburg@djh-wl.de, www.jugendherberge.de → Schnellsuche, ÜF ab € 28,90, ➲ 125 m

**Campingplatz Am Knoblauchsberg**, Gert Schöpker, Königstraße 8, 49545 Tecklenburg, campingplatz@knoblauchsberg.de, www.knoblauchsberg.de,

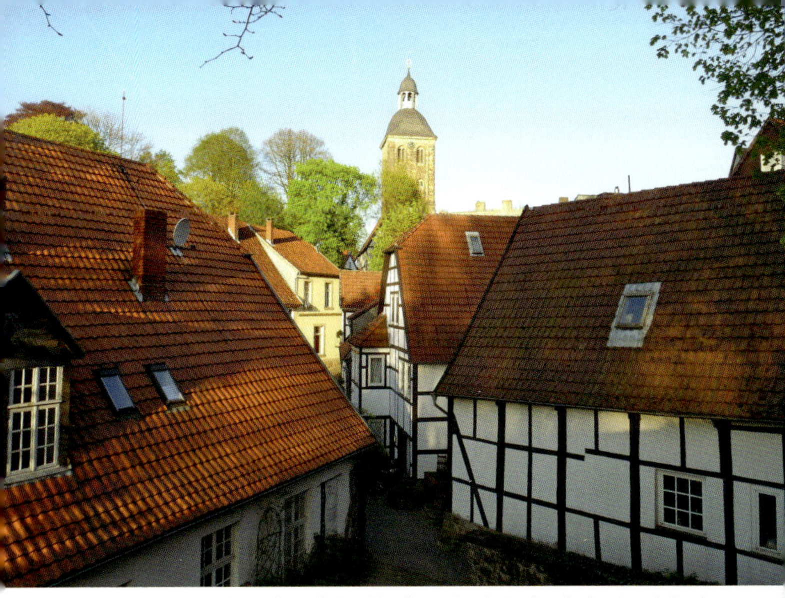

*Die Fachwerkstadt Tecklenburg besitzt eine hohe touristische Anziehungskraft*

Ü € 5 p. P., Zelt € 6, 🐕 € 1, ➲ 550 m, folgen Sie der Beschreibung der nächsten Etappe bis in den Talgrund und laufen Sie auf der Talstraße links bis zum Campingplatz.

🍴 **Ristorante Pizzeria Prosecco**, Landrat-Schultz-Straße 12, 49545 Tecklenburg, 🚪 Di-So 12:00-14:30 und 17:00-22:00, ➲ 140 m

🚌 In Tecklenburg hält der Regiobus R45 (über Brochterbeck) die Verbindung zu den Bahnhöfen Lengerich (Osnabrück – Münster) und Ibbenbüren (Bielefeld – Hengelo) aufrecht (Stundentakt).

🚕 **Taxi Birkenkamp**, ☏ 054 82/301

Wegen seiner reizvollen Lage und seines mittelalterlichen Stadtensembles mit den idyllischen Gassen, dem historischen Marktplatz und der Burgruine ist Tecklenburg ein beliebtes Ausflugsziel. Allein die Liste der Baudenkmäler der Stadt umfasst 117 Gebäude! Seit 1974 ist Tecklenburg Luftkurort, seit 1999 Kneippkurort. Der Geranien- und Frühlingsmarkt verwandelt den Innenstadtbereich mit seinen historischen Fachwerkbauten am ersten Wochenende im Mai in ein Blumenparadies. Kunsthandwerk und Leinenprodukte werden auf dem historischen Leinen- und Handwerkermarkt jedes Jahr am zweiten Septemberwochenende präsentiert und auf dem Weinfest am ersten Wochenende im September werden die Gäste mit Weinen verschiedener Winzerinnen und Winzer bekanntgemacht. Selbstverständlich darf dann auch der Stoff von Tecklenburgs eigenem Weinberg nicht fehlen. Den Abschluss der Festlichkeiten bildet der Nikolausmarkt am zweiten Adventswochenende, bei dem die gesamte Altstadt in festlichem Glanz erstrahlt.

☺ Beachten Sie bei Ihrer Besichtigung auch die **Ibbenbürener Straße**, die gegenüber dem Hotel Drei Kronen beginnt und an der die ältesten Häuser der Stadt zu sehen sind.

Die Burg Tecklenburg wurde in der Mitte des 13. Jahrhunderts erbaut, um den Handelsweg Lübeck – Bremen – Münster – Köln zu kontrollieren, der damals den Teutoburger Wald am Sattel bei der Tecklenburg überquerte. Heute repräsentiert die A1 diese alte Handelslinie. Sie überquert etwa 2 bis 3 km weiter östlich den Teutoburger Wald.

Die Burgruine wurde mit 2.300 überdachten Sitzplätzen zu einer der größten Freilichtbühnen Deutschlands umgebaut (💻 www.buehne-tecklenburg.de). Eine Wanderetappe mit dem Besuch eines Musicals am Abend gehört möglicherweise zu einem der größten Highlights auf dem Weg. Denn es handelt sich bei der Schaubühne keineswegs um irgendein beliebiges Provinztheater, sondern um eine der beliebtesten Bühnen der Region. Besonders für die zahlreichen aufgeführten Musicals hat die Bühne bereits viele Preise und Auszeichnungen erhalten. Eintrittskarten sollten unbedingt rechtzeitig vorbestellt werden.

Auf dem Gelände der Burg finden Sie den 1884 erbauten Wierturm, der an den Arzt **Johann Weyer** (oder Wier, 1515-1588) erinnern soll, der sich sehr gegen die Hexenverfolgung einsetzte und in Tecklenburg starb.

Die Hochzeit der **Hexenverfolgung** lag im Wesentlichen im Zeitraum zwischen 1550 und 1650. Dabei waren nicht unbedingt die Kirchen oder die Inquisition die treibende Kraft, sondern Ängste, Aberglauben, Neid und Verdächtigungen in der Bevölkerung selbst. Die Gerichtsprozesse begannen typischerweise mit einer Denunziation, auf die die Anklage und Inhaftierung der beschuldigten Personen erfolgte. Die Beschuldigten waren in Mitteleuropa zu 75 bis 80 % Frauen. Da es nach dem damaligen Rechtsverständnis keine Verurteilung ohne Geständnis geben konnte, musste man die Delinquentin oder Delinquenten, von dessen Schuld man überzeugt war, so lange foltern, bis man die „Wahrheit" aus ihm – oder meist aus ihr – im wahrsten Wortsinn herausgequetscht hatte. Nach dem Geständnis folgten die Verurteilung und das Verbrennen auf dem Scheiterhaufen.

Gegen die wahnwitzige Hysterie der Hexenverfolgung wandte sich Johann Weyer mit seiner Schrift „De praestigiis daemonum" (dt.: „Von den Blendwerken der Dämonen"), die 1563 erstmals gedruckt wurde. Das Buch wurde zum Standardwerk der Gegnerinnen und Gegner der Hexenverfolgung und bewirkte, dass einige Landesherren Folter und Todesurteile in ihren Ländern verboten, wie z. B. die Gräfin Anna von Tecklenburg-Schwerin (1532-1582). Durch sie und Johann Weyer und ihre intelligente und aufgeklärte Einstellung blieb die Zahl der Anklagen und Todesopfer im Tecklenburger Gebiet gering.

Tecklenburg ist heute zur Stadt der Hexen geworden (man begegnet ihnen als touristisches Oberthema an allen Ecken, als Puppen im Straßenbild, Fensterdeko oder als Namensgeber für einen kleinen Wanderweg), weil es hier vor 450 Jahren besonders wenige davon gab!

## 3. Etappe: Tecklenburg – Bad Iburg

*20,8 km, 6 Std. 30 Min., ↑ 422 m, ↓ 470 m, ⇧ 96-244 m*

| | | |
|---|---|---|
| 0,0 km | ⇧ 180 m | Tecklenburg (Marktplatz) BANK ⌘ |
| 3,7 km | ⇧ 163 m | Canyonblick |
| 5,7 km | ⇧ 159 m | Jakobsweg, |
| | | Lengerich BANK |
| 9,6 km | ⇧ 154 m | Wegdreieck |
| 12,5 km | ⇧ 232 m | Alex-Schotte-Hütte |
| 15,9 km | ⇧ 185 m | Gaststätte Malepartus |
| | | Lienen BANK |
| 20,2 km | ⇧ 120 m | Waldhotel Felsenkeller |
| 20,8 km | ⇧ 129 m | Bad Iburg (Stadthaus) BANK ⌘ |

*In Tecklenburg an der Marktlinde verlassen Sie den Sandsteinrücken und wandern zunächst in das von Teichanlagen geprägte Zwischental und zum südlich gelegenen Kalksteinhöhenzug hinab. Im Frühjahr und oft noch bis zum Frühsommer sind der Talboden und der Waldrand, an dem der Weg entlangführt, übersät mit Schlüsselblumen, Veilchen, Scharbockskraut, Buschwindröschen und vielen anderen Frühblühern. Danach steigen Sie zum Kleeberg hinauf, wo Sie vielleicht einen schönen Blick auf das türkisblaue Wasser des Canyons erwischen. Es handelt sich dabei um einen aufgelassenen Kalksteinbruch. Die aktuellen Abbaugebiete werden Sie vielleicht durch ihre kaum zu fassende Größe beeindrucken und dann verschwinden Sie weit in der Tiefe der Kalkbuchenwälder, bevor Sie zum hübschen Heilbad Iburg hinabsteigen.*

An der großen Marktlinde mit den Weginformationsschildern am Marktplatz gehen Sie rechts die Gasse **Im Grund** Richtung Haus Marck und Bahnhof zur Bahnhofstraße hinunter, teilweise über Stufen. Rechts geht es am Wellenhäuschen (historischer Waschplatz, Wellenquelle) vorbei bis an die Straßenverzweigung. Hier bleiben Sie links auf der Bahnhofstraße, biegen aber nach 50 m links in die Siedlungsstraße **Am Himmelreich**.

Jetzt wechseln Sie die Richtung nicht mehr, bis zuletzt auf schmalem Fußweg der tiefste Punkt vor den Teichanlagen erreicht ist. Sie können geradeaus auf schmalem Pfad zwischen den Teichen hindurch oder an der Querstraße links und nach 80 m rechts (Markierung) mit dem Wolfsmühlenweg den Talgrund durchqueren, gehen jenseits der Teiche halb rechts bis zu einem Wegweiser ❶ und dort scharf links Richtung Kleeberg und Bad Iburg.

Der schöne Waldrandweg führt zur A1, die bis dahin akustisch und optisch durch den Kalkrücken abgeschottet war. Sie unterqueren sie rechts mit der Tecklenburger Straße. Danach wandern Sie links zum **Kleeberg** hinauf. Die offene Höhe ermöglicht einen weiten **Blick ins Münsterland**.

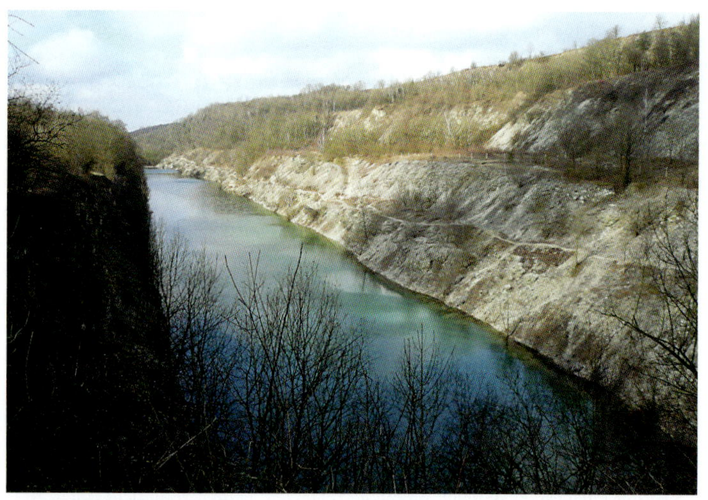

*Der Canyon bei Lengerich*

Am Waldrand biegen Sie rechts vom breiten Weg in einen Pfad ab. Er führt zu einem Aussichtsbalkon mit Blick zum **Canyon Blaue Lagune** ❷, dessen

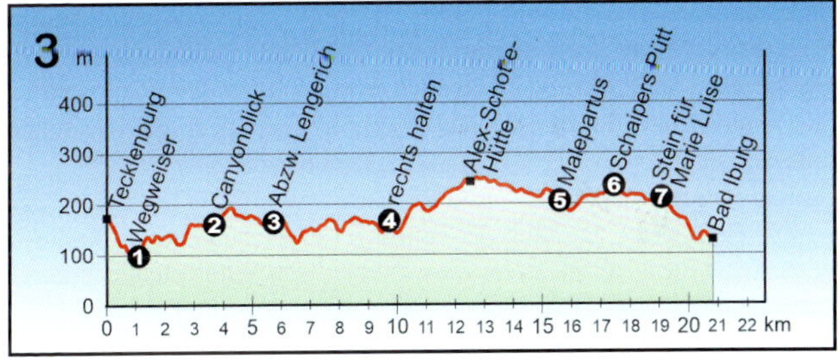


kristallklares und türkisfarbenes Wasser im aufgelassenen Kalksteinbruch ins Auge sticht.

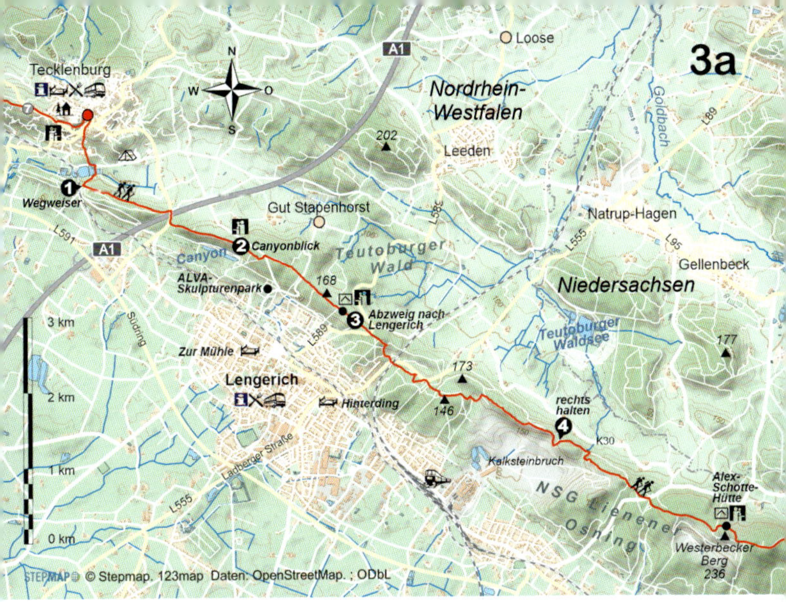

Über ein Sträßchen hinüber kommen Sie wieder an den Kamm, dem Sie auf einem schönen Waldrandweg zur Schutzhütte an einer noch jungen Obstwiese mit Blick auf Lengerich folgen.

↳ 200 m weiter zweigt rechts der Weg der Jakobspilger Richtung Lengerich ab (auch Friedensweg X1648) ❸. Er ermöglicht einen Abstecher in das 1,4 km entfernte Zentrum der Stadt.

## Lengerich 22.200 Einw.

**Touristinfo**, Kulturtreff im Alten Rathaus, Rathausplatz 1, 49525 Lengerich, 054 81/33 91 10, tourist-information@lengerich.de, www.lengerich.de, Di-Do 9:30-13:00 und 13:30-17:00, Fr 9:30-13:00, Sa 10:00-12:00, 1,2 km

**Hotel Zur Mühle**, Tecklenburger Straße 29, 49525 Lengerich, 054 81/944 70, info@hotel-lengerich.de, www.lengerich-hotel.de, ÜF EZ € 72, DZ € 105, DBZ € 130, 1,7 km

♦ **Hotel Hinterding**, Bahnhofstraße 72, 49525 Lengerich, 054 81/942 40, mail@hinterding-lengerich.de, www.hinterding-lengerich.de, ÜF EZ € 74, DZ € 118, 1,8 km

Tecklenburg, zentrale Haltestelle ist „Feuerwehrhaus"

Lengerich hat einen Bahnhof an der Regionalbahnstrecke Münster – Osnabrück. Die Fernverkehrszüge halten hier nicht. Der Bahnhof liegt 2,4 km vom Stadtzentrum entfernt.

**Taxi Birkenkamp**, 054 81/939 20

Die Internetseite der Stadt Lengerich weist insbesondere auf folgende Sehenswürdigkeiten hin: den ALVA-Skulpturenpark, den Römer, die Friedhofskapelle nebst Friedhof, die Gempthalle mit Schornstein und die evangelische Stadtkirche.

Von den innerstädtischen Sehenswürdigkeiten ist der „Römer" die älteste. Sein Kern, ein gotisches Torhaus am Kirchplatz, stammt wahrscheinlich aus dem 13. bis 15. Jahrhundert. In den folgenden Jahrhunderten wurde an- und umgebaut. Der Komplex bzw. Teile davon wurden als Rathaus, Lagerhaus, Gefängnis, Schule und Wohnung genutzt. Seit 1980, seit einem umfassenden Umbau, ist eine Gaststätte darin untergebracht.

Die Gempthalle am Rand der Fußgängerzone, die heute als Kultur- und Bürgerzentrum dient, ist mit ihrem wasserturmartigen Schornstein daneben ein Relikt einer Drahtseilfabrik. Die Halle wurde Anfang des 20. Jahrhunderts in Betrieb genommen und beherbergte Glühöfen, in denen der Rohdraht zum Glühen gebracht wurde, bevor man ihn dann in einem Wasserbad härtete. Das Kühlwasser wurde im 150.000 l fassenden Kühlwasserbehälter am Schornstein gespeichert.

Der ALVA-Skulpturenpark ist die jüngste Sehenswürdigkeit. Ab 2001 wurden im Bereich der Lengericher Krankenhäuser verschiedene Skulpturen unter dem Thema „Ars longa, vita aeterna" („Die Kunst ist lang, das Leben ewig") versammelt. Auch die restaurierte Friedhofskapelle ist in dieses Ensemble einbezogen.

Ihr Weg führt geradeaus über eine Straße (L589) hinweg bis vor die Kante eines Kalksteinbruchs. Sie gehen rechts herunter, überqueren wieder eine Straße (L555) geradeaus und erreichen nach kurzem Waldweg den **Galgenknapp**. An einem Bienenstandort werden Sie auch über die hier vorkommenden Orchideenarten informiert.

An der Bushaltestelle „Galgenknapp“ wird die Straße wieder erreicht. Sie gehen nach rechts und verlassen sie gleich wieder nach rechts. Nach 800 m auf einem Waldweg durchqueren Sie ein Steinbruchgelände und steigen steiler zur Egge Finkenberge hoch. Ihr Weg führt eng an der Steinbruchkante entlang, vorbei an Aussichtspunkten mit Sitzbänken. Auffällig ist nun auch die Markierung „blaues U auf weißem Grund“, die zum Rundweg um den aktiven Kalksteinbruch am **Dykerhoff-Zementwerk** gehört. An einem versperrten Weg gehen Sie links wieder in den Wald zu einem Wegdreieck.

Hier erreichte früher eine Variante über Leeden diesen Weg. Im Frühjahr 2022 war der Wegweiser mit dem Symbol für die Hermannshöhen, der Richtung Leeden und Tecklenburg weist, an dieser Stelle noch nicht entfernt. Geben Sie also acht und halten sich an dieser Stelle rechts ❹.

## NSG Lienener Osning

Sie wandern nun bis Bad Iburg durch ein Gebiet, das auf nationaler Ebene als Naturschutzgebiet und auf europäischer Ebene als Flora-Fauna-Habitat-Gebiet (in NRW als NSG „Lienener Osning“ und als FFH-Gebiet „Nördliche Teile des Teutoburger Waldes mit Intruper Berg“) geschützt ist. Unter Schutz gestellt wurde das Gebiet „zur Erhaltung, Förderung und Entwicklung eines großflächigen, strukturreichen, naturnahen, kraut- und geophytenreichen Waldmeister-Buchen-Waldes der basenreichen Standorte“ sowie wegen seiner „stark gefährdeten oder vom Aussterben bedrohten, wild lebenden Pflanzen- und Tierarten, insbesondere [der] kalkliebenden Pflanzen, Fledermäuse, Vögel, Amphibien und Wirbellosen und deren Lebensstätten“ (Zitat aus der NSG-Beschreibung Kreis Lienen, Objekt ST-114). Als Brutvögel von besonderer Bedeutung sind Schwarzspecht und Uhu genannt, als Fledermausarten von hohem Gesamtwert werden Großes Mausohr und Bechsteinfledermaus aufgeführt.

Sie gehen halb rechts Richtung Iburg zunächst im Hang, dann wieder rechts zur Höhe an die Steinbruchkante und steil, bei schönem Blick nach Sudenfeld, zur Sudenfelder Straße hinab. Sie gehen nach links und gleich wieder rechts über einen Wanderparkplatz bis an den Zaun des hier erweiterten Steinbruchgeländes. Ein neuer Pfad führt links in ein Rodungsgebiet, steigt zur Höhe hinauf und erreicht, wieder nahe am Zaun zum Steinbruch, den alten Kammweg, dem Sie folgen. Nach 450 m biegen Sie an einem Abzweig links vom weiter geradeaus führenden Kammweg ab. Ein Wegweiser zeigt noch einmal nach links und dann sind Sie auf einem Weg, der im Rechtsbogen zur **Alex-Schotte-Hütte am höchsten Punkt des Münsterlands** führt. Die Aussicht geht nach Norden über einen aufgelassenen Kalksteinbruch in das Osnabrücker Hügelland.

Sowohl das Aussichtspanorama als auch die einstige Bedeutung des unterhalb sich ausdehnenden Steinbruchs werden auf Tafeln erklärt. Von 1937 bis 1968 wurde der hiesige Kalkstein mithilfe einer Seilbahn auf die Nordseite des Hüggels transportiert und dort zusammen mit dem Eisenerz des Hüggels auf die Hüggelbahn verladen und zur Georgsmarienhütte transportiert. Der Hüggel entstammt zusammen mit der Schafbergplatte bei Ibbenbüren und dem Osnabrücker Piesberg einem rund 100 Millionen Jahre älteren Abschnitt des Erdzeitalters. Ein Vulkan, der nie zum Ausbruch kam, hat hier die Kohle und das Erz des Karbons durch die Sandsteinplatte gedrückt.

Von diesem kleinen Abstecher führt der Weg im Bogen wieder zurück an den Kammweg und dort links weiter zu einem Wanderparkplatz. Zweimal überqueren Sie bei **Holperdorp** eine Straße und wenig später gehen Sie an einer Kreuzung rechts (historische Wegweiser) Richtung Iburg. (Der Wegweiser zeigt links nach Holperdorp. Dort finden Sie in 1 km Entfernung einen Campingplatz, ☞ Lienen.) Sie erreichen die Zufahrt zur Gaststätte Malepartus ❺.

**Waldwirtschaft Malepartus**, Malepartusweg 6, 49536 Lienen, ☎ 054 83/83 37, info@waldwirtschaft-malepartus.de, www.waldwirtschaft-malepartus.de, tägl. 11:00-22:00

Von der Gaststätte führt ein Wanderweg nach Lienen (Wegweiser).

## Lienen

8.500 Einw.

**Touristinfo**, Haus des Gastes, Diekesdamm 1, 49536 Lienen, ☎ 054 83/73 96 50, touristik@lienen.de, www.lienen.de, Mo, Do 14:00-16:30, Fr 9:00-12:00, 2 km, Zentrum

**Hotel Waldschlößchen**, Holperdorper Straße 31, 49536 Lienen, ☎ 054 83/10 81, waldschloesschen-lienen@t-online.de, www.waldschloesschen-lienen.de, Ü EZ ab € 55, DZ ab € 70, F € 7,50, 1 km, vom Malepartus Richtung Lienen bis zum Waldrand und dort rechts

♦ **Hotel Altes Farmhaus**, Zum Teich 1, 49536 Lienen, ☎ 054 83/83 63, info@altes-farmhaus.de, www.altes-farmhaus.de, Ü EZ € 58,30, DZ ab € 79, F auf Anfrage, 2 km, Zentrum

**Euro-Camp**, Holperdorp 44, 49536 Lienen, ☎ 054 83/290, info@camping-lienen.de, camping-lienen.de, Ü € 5 p. P. plus Nebenkosten,

Zelt € 7, Ü in Miethütten EZ € 20, DZ € 25, 🐕 € 2, ✕ Restaurant am Platz, ➲ 1 km (☞ Wegbeschreibung)

Lienen ist ein ländlicher Ort mit etwas Tourismus, der als Erholungsort staatlich anerkannt ist. Sein Name soll vom Sich-Anlehnen an den Hang abgeleitet sein, obwohl Lienen sich gar nicht an den Hang schmiegt, sondern deutlich vor dem Hang im südlichen Vorland liegt.

Unterhalb der Gaststätte führt links eine Treppe hinunten, dann steigt der Weg sogleich über einen breiten Weg hinweg durch den Hochwald zur Kammhöhe an, auf der Sie als nächste Station **Schaipers Pütt** an einem historischen wie gegenwärtigen Grenzpunkt erreichen ⛩. Früher verlief hier die Grenze zwischen den Königreichen Hannover und Preußen, heute die zwischen Nordrhein-Westfalen und Niedersachsen. Wenige Meter abseits befindet sich Schaipers Pütt, eine artesische Quelle ❻.

## Schaipers Pütt

Das Besondere an dem kleinen Wasseraustritt namens Schaipers Pütt ist, dass es sich um eine artesische Quelle handelt. So ist es zu erklären, dass so weit oben am Kamm das Wasser austritt. Bei artesischen Quellen wird das Wasser durch Druck an die Oberfläche gedrückt. Da die Quelle im Sommer versiegen kann, kann man sie gleichzeitig auch noch als Hungerquelle bezeichnen.

Der Name Schaipers Pütt leitet sich vom Plattdeutschen ab und bedeutet „Schäfers Pfütze", weil hier früher – vor der heutigen Bewaldung – Schafe weideten, die den Pütt als Tränke nutzten.

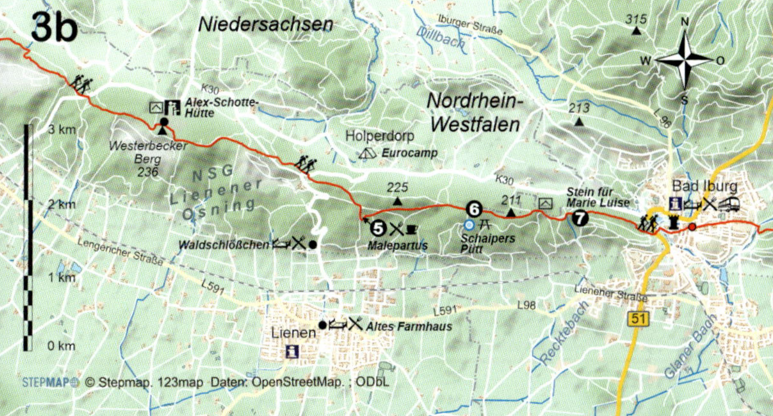

Etwa 1,5 km vor Bad Iburg wird die Herkunft der Bezeichnung „Kammweg des Teutoburger Waldes“ richtig deutlich, denn zu beiden Seiten des Weges fallen die Hänge steil ab. Sie erreichen die ⌂ Schutzhütte der Ostenfelder Bergfreunde mit mehreren Bänken. Etwa 500 m weiter landen Sie auf einem breiten Schotterweg, der stetig abwärts nach Iburg führt. Der Hermannsweg und diverse andere Wanderwege (auffälliger ist eventuell die Markierung des Terra Trails) biegen am Stein für Marie Luise ❼ links vom etwas eintönigen, breiten Weg ab und steigen noch einmal zum schmalen Kamm hinauf. Sie folgen diesem rechts, bis Sie den Parkplatz am Waldhotel Felsenkeller erreichen. Vor Ihnen thront nun das Schloss von Bad Iburg auf dem Burgberg. Überqueren Sie den Charlottenburger Ring und gehen Sie auf dem oberen Fußweg zum Schloss hoch. Am Schloss vorbei erreichen Sie die Schloßstraße. Geradeaus folgen Sie dieser Einkaufsstraße bis vor die Sparkasse am Gografenhof. Linker Hand befindet sich die Touristinformation und dahinter, an der Durchgangsstraße, die Bushaltestelle „Rathaus“.

## Bad Iburg — 11.600 Einw.

**Touristinfo Bad Iburg**, Am Gografenhof 3, 49186 Bad Iburg, ☏ 054 03/404 66, tourist-info@badiburg.de, www.badiburg.de, Mo-Fr 10:00-13:00 und Di, Do und Fr auch 14:00-16:00, ➲ 30 m

**Hotel im Park**, Philipp-Sigismund-Allee 4, 49186 Bad Iburg, ☏ 054 03/78 83 80, info@hotelimpark.de, www.hotelimpark.de, Ü EZ ab € 55, DZ ab € 75, F € 7,50, ➲ 570 m, das bunte Hochhaus in der Nähe des Baumwipfelpfades

♦ **Waldhotel Felsenkeller**, Charlottenburger Ring 46, 49186 Bad Iburg, ☏ 054 03/747 00, info@waldhotel-felsenkeller.de, www.waldhotel-felsenkeller.de, ÜF EZ € 59,50, DZ € 95, ➲ am Weg

♦ **Landidyll Gasthof zum Freden**, Zum Freden 41, 49186 Bad Iburg, ☏ 054 03/40 50, info@hotel-freden.de, www.hotel-freden.de, ÜF EZ ab € 85, DZ ab € 125, 🐕 € 15, ➲ 220 m (☞ Wegbeschreibung 4. Etappe)

**Haus Gladbeck**, Tegelerweg 5, 49186 Bad Iburg, ☏ 054 03/10 30, ÜF € 32 p. P., auch über airbnb.de buchbar, ➲ 700 m nordöstlich vom Zentrum

♦ **Haus Rohm**, Privatzimmer, Tegelheide 49, 49186 Bad Iburg, ☏ 054 03/59 48, ÜF 31 p. P., ➲ 450 m vom Weg (☞ Wegbeschreibung 4. Etappe)

**Schloss Iburg**, Schlossstraße, Museum zum Schloss und zur Stadtgeschichte: April-Okt Fr, Sa und So 14:00-17:00, Rittersaal und Ausstellung: Mai-Okt Sa und So 11:00-18:00, Schlossführungen: April-Okt Fr-So 15:00, Nov-März nur Sa und So 15:00, für Gruppen auch nach Vereinbarung in der Touristinfo, ➲ am Weg

⌘ **Uhrenmuseum**, Am Gografenhof 5, 49186 Bad Iburg, ☏ 054 03/28 88, tägl. 10:00-17:30, ➲ 60 m

♦ **Baumwipfelpfad**, spannender Waldlehrpfad in luftiger Höhe, ganzjährig, April-Okt Einlass 9:30-17:30, übrige Zeit leicht verkürzte Öffnungszeiten, ➲ 450 m

Bis zu zweimal in der Stunde fahren Busse nach Osnabrück (Hauptbahnhof), Glandorf und Bad Rothenfelde.

**Taxi Eggert**, ☏ 054 03/44 00

*Weg durch Bad Iburg*

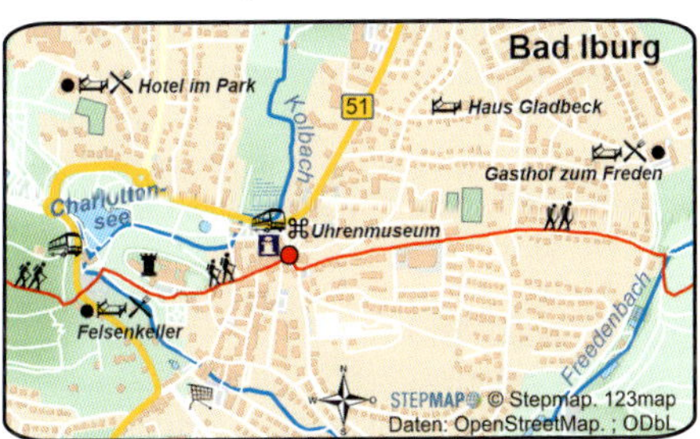


Das kleine Städtchen Iburg ist seit 1967 ein staatlich anerkanntes Heilbad, das vor allem auf das von Sebastian Kneipp (1821-1897) propagierte Heilverfahren mit Wasseranwendungen, Bewegungs- und Ernährungsberatungen spezialisiert ist.

772 verdrängte Karl der Große (747-814) zu Beginn der Sachsenkriege (772-804) den sächsischen Herzog Widukind von der Iburg. Die Iburg war zu dieser Zeit eine sächsische Fliehburg mit Ringwallanlagen. Im 11. Jahrhundert errichteten dann zwei Bischöfe namens Benno I. und Benno II. eine Nachfolgeburg und gründeten ein Kloster, in dem sie zwölf Benediktinermönche ansiedelten. Bis ins 17. Jahrhundert hinein lebten Bischöfe in dieser Doppelanlage aus Burg und Kloster. Das berühmteste Kind der Burg ist die spätere Königin von Preußen, Sophie Charlotte (1668-1705), die Tochter von dem protestantischen Fürstbischof Ernst August von Braunschweig und Hannover (1628-1698) und Sophie von der Pfalz (1630-1714). Sophie Charlottes Vater Ernst August wurde 1692 der erste Kurfürst von Hannover, ihr älterer Bruder Georg Ludwig (1660-1727) als Georg I. im Jahr 1714 König von Großbritannien und Irland. Sophie Charlotte sollte – nach dem Willen

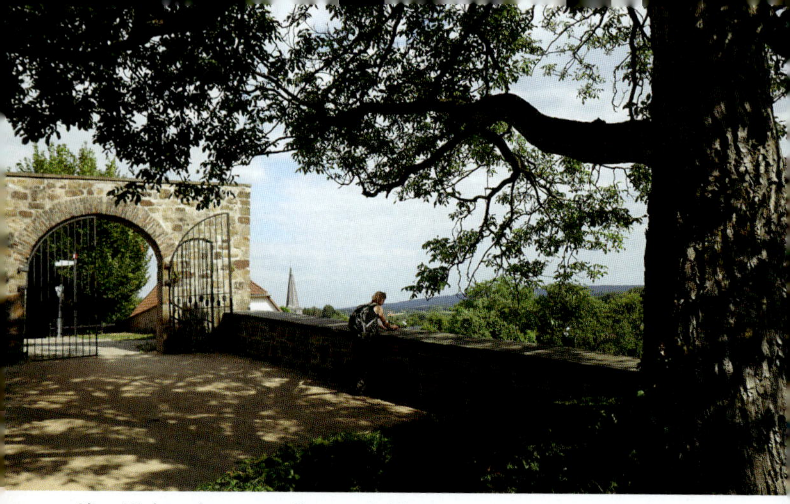

*Alter Walnussbaum am Iburger Schloss*

ihrer Mutter (einer Urenkelin von Maria Stuart) – eigentlich den Sohn des französischen Königs Ludwig XIV. heiraten, musste dann aber doch mit dem Kurprinzen von Preußen, Friedrich I. (1657-1713), vorliebnehmen. Sophie Charlottes Ehemann war zwar nicht die gewünschte ganz gute Partie, aber er wurde immerhin 1688 als Friedrich III. Kurfürst und 1701 als Friedrich I. König von Preußen.

Der kleine See am Fuße des Iburger Schlosses – Charlottensee – ist nach dieser Sophie Charlotte benannt, genauso wie das bekannte Schloss und der Stadtteil in Berlin. 2018 fand auf dem Gelände am Schloss und um den Charlottensee die Landesgartenschau Niedersachsen statt. Seitdem ist Bad Iburg um eine Attraktion, den Baumwipfelpfad, reicher.

# 4. Etappe: Bad Iburg – Borgholzhausen

*23 km, 7 Std., ↑ 622 m, ↓ 611 m, ⇧ 120-299 m*

| | | |
|---|---|---|
| 0,0 km | ⇧ 129 m | Bad Iburg (Stadthaus) |
| 7,4 km | ⇧ 247 m | Spannbrinkhütte |
| 8,8 km | ⇧ 173 m | K347, Tankstelle |
| 13,8 km | ⇧ 135 m | Noller Schlucht, L94 |
| 15,7 km | ⇧ 244 m | X5, Dissen |
| 21,6 km | ⇧ 280 m | Luisenturmhütte |
| 23,0 km | ⇧ 140 m | Borgholzhausen |

*Auf der fast 23 km langen Etappe zwischen Bad Iburg und Borgholzhausen erleben Sie ein sehr schönes und typisches Stück Teutoburger Wald. Sie folgen auf weiten Strecken den Kammwegen durch lichten Buchenwald, der im April/Mai die ganze Farbenpracht der Frühjahrsblüher zeigt. Das Schöne an den Kammwegen sind aber auch die immer wieder eingestreuten Ausblicke ins Vorland, die man sich aber, da die Kammlinie an einigen Stellen durchbrochen ist, durch mehrfaches Auf und Ab verdienen muss.*

Am Gografenhof, vor der Sparkasse, gehen Sie rechts und dann im Linksbogen die Straße Hagenberg Richtung Freedenhütte, Spannbrinkhütte und Noller Schlucht (Wegweiser). Nach ca. 1 km Siedlungsstraße erreichen Sie einen Wanderparkplatz am Waldrand mit einer Kneippanlage.

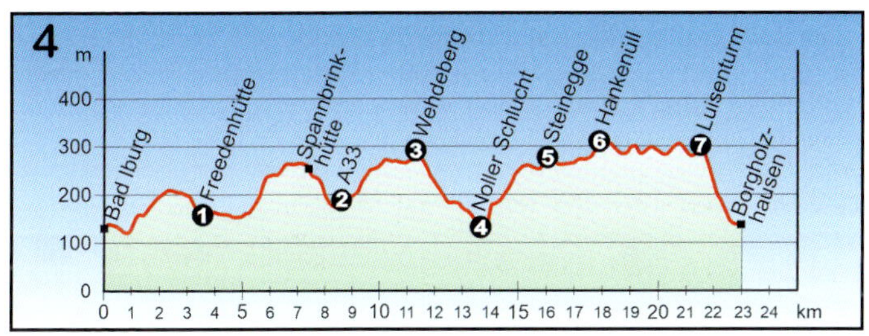

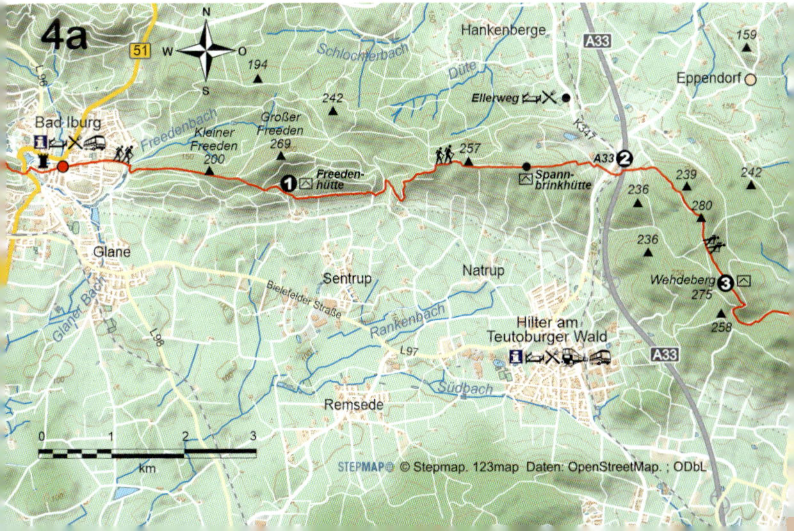

Über die Querstraße vor dem Parkplatz kämen Sie links zum Gasthof Freden (220 m) bzw. zur Tegelheide mit dem Haus Rohm (450 m) (☞ Bad Iburg).

An der Kneippanlage am Freedenbach biegt der Hermannsweg rechts ab, führt nach 70 m aber wieder links und aufwärts zum Kamm des Kleinen Freedens.

## Kalkbuchenwald

Ein Teil des FFH-Gebietes ist zusätzlich als Naturschutzgebiet Kleiner und Großer Freeden geschützt. Der Kleine und der Große Freeden sind zwei zum Teutoburger Wald gehörende Bergrücken aus Kalkstein mit wunderschönem Buchenwald. Das Gebiet ist besonders berühmt für den Hohlen Lerchensporn, der im Frühjahr die Hänge mit einem herrlichen Teppich aus Purpur und Weiß überzieht.

Im Sattel zwischen Kleinem und Großem Freeden quert ein breiter Weg, dem Sie rechts in den Hang folgen. Nach 400 m biegen Sie links in einen ebenfalls breiten Weg ab, 170 m weiter aber wieder rechts davon in einen Pfad, der zu einem Wegweiser an der **Freedenhütte** führt ❶.

*Großer Freeden – der Blick wird auf das Totholz ausgerichtet*

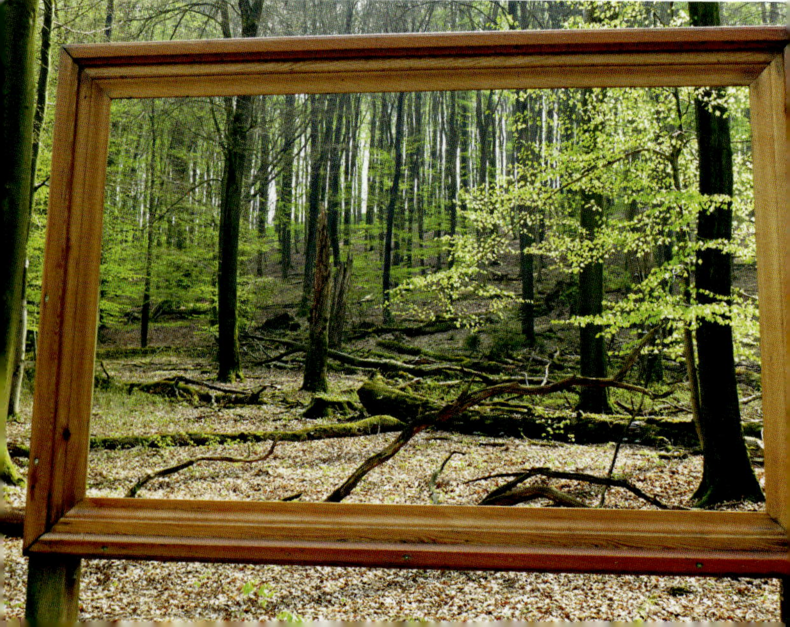

Sie gehen links Richtung Spannbrinkhütte und Borgholzhausen, überqueren einen Graben mittels Holzbrücke und kommen nun an einen aussichtsreichen Waldrandweg. Der Blick geht über die Wiesen und Felder bei Sentrup zum „Kleinen Berg", einer gar nicht so kleinen Erhebung zwischen den Kurorten Bad Laer und Bad Rothenfelde.

Sie treffen schließlich auf ein Sträßchen (Höferweg), dem Sie links wieder tiefer in den Wald folgen. Hier endet das Sträßchen. Sie folgen rechts dem Waldweg, der auch mit drei stilisierten Tannen markiert ist.

Es folgt nun ein längerer Anstieg zur **Spannbrinkhütte**.

Knapp 200 m weiter wird an einem Wegweiser ein Abzweig nach Hilter angezeigt.

## Hilter 10.300 Einw.

**Gemeinde Hilter**, Osnabrücker Straße 1, 49176 Hilter, ☏ 054 24/231 80, info@hilter.de, www.hilter.de, Mo-Fr 8:00-12:00, zusätzlich Mo 14:00-16:30, Do 14:00-18:00, 2,2 km

**Altes Gasthaus Ellerweg**, Osnabrücker Straße 45, 49176 Hilter, ☏ 054 24/321, info@gasthaus-ellerweg.de, www.altes-gasthaus-ellerweg.de, ÜF EZ € 44, DZ € 75, 1,3 km, ☞ Wegbeschreibung

**Hotel Wacker**, Münsterstraße 49, 49176 Hilter, ☏ 054 24/31 45, info@hotel-wacker.info, www.hotel-wacker.info, ÜF EZ € 50, DZ € 70, 3,6 km

Hilter hat einen Bahnhof an der Regionalbahnstrecke Osnabrück, Hbf. – Bielefeld Hbf., 3 km.

**Taxi Kuring**, ☏ 054 24/322

Laut Wikipedia bedeutet der Name Hilter so viel wie „Dorf an der grünenden Waldhöhe", was auch heute noch seine Lage sehr schön beschreibt. Früher war der Kohlebergbau der wichtigste Wirtschaftszweig, heute ist Hilter vor allem Sitz der Lebensmittelfabrik Rau, die unter anderem die Ihnen vielleicht bekannten Marken Deli Reform und Landkost vertreibt.

Geradeaus führt Ihr Weg jetzt wieder abwärts an den Waldrand und durch Wiesen an eine Steinbruchzufahrt in **Hankenberge**. Sie gehen 10 m nach links und dann rechts am Wohnhaus vorbei in den für Kfz gesperrten Privatweg. Nach 200 m überqueren Sie die K347 bei einer Tankstelle mit kleinem Laden.

Würden Sie der K347 (Osnabrücker Straße) 1,3 km nach links folgen, kämen Sie zum Alten Gasthaus Ellerweg (☞ Hilter).

Am Ortsschild gehen Sie rechts über die A33 hinüber ❷ und gehen geradeaus in die Felder hinauf. An der letzten Hofstelle wandern Sie rechts vorbei zum Waldrand und dort wieder nach rechts. Vom Waldrand führt ein Hohlweg über den Hülsberg zum **Wehdeberg** ❸ (⌂ Schutzhütte). Achten Sie kurz nach dem Wegweiser an einer Gabelung darauf, links zu gehen (drei stilisierte Tannen weisen den Weg). Vom Wehdeberg führt der Hermannsweg zu einem breiten Weg, den Sie geradeaus überschreiten. Der Wegweiser zeigt Ihnen eindeutig die Richtung nach Borgholzhausen.

Sie erreichen bald die **Noller Schlucht**, ein Wiesental, dessen Idylle etwas durch die L94 (zwischen Wellingholzhausen und Dissen) beeinträchtigt wird. Das kleine Wiesensträßchen führt Sie rechts zur Landstraße hinunter.

Hier steht der ehemalige Wandergasthof Zur Noller Schlucht, in dem 1902 der Teutoburger-Wald-Verein (☞ Seite 88) gegründet wurde. Heute beherbergt er als Lernstandort Noller Schlucht der Deutschen Bundesstiftung Umwelt (DBU) ein regionales Umweltbildungszentrum ❹.

Sie gehen auf der L94 etwa 50 m nach rechts und biegen dann links in die Rechenbergstraße ab. Nach knapp 150 m steigen Sie rechts in den Wald hinauf. Sie wandern ein Stückchen bergab, biegen danach linksherum und wandern im Hang zur 252 m hohen Schollegge hinauf. ↳ Im nachfolgenden, nur wenig tiefer gelegenen Sattel zweigt der X5 nach Dissen ab (➲ 2,5 km, zum Bahnhof 3,5 km).

Noch einmal steigt Ihr Weg etwas an und erreicht 200 m weiter den Fernseh- und Aussichtsturm Steinegge mit ⊼ Tischen und Bänken ❺. Eine Wendeltreppe führt außen am Turm herum nach oben zu einer Plattform mit grandioser Aussicht in 25 m Höhe.

Sie wandern weiter auf dem Kamm entlang bis zum 307 m hohen Hankenüll ❻. Hier weisen Grenzsteine auf die Grenze zwischen Hannover und Preußen hin.

## Königreiche Preußen und Hannover

Die Grenzsteine mit der Jahreszahl 1837 zeigen die Grenze zwischen zwei Königreichen an. Im Süden lag das Königreich Preußen, von den Hohenzollern regiert (die normalerweise Wilhelm, Friedrich, Friedrich Wilhelm oder Wilhelm Friedrich hießen), im Norden das welfische Königreich Hannover. Die Welfen bevorzugten die Namen Georg und Ernst August und waren bis 1837 in Personalunion auch gleichzeitig die Könige von Großbritannien und Irland.

Das Königreich Hannover war 1837 noch ganz jung, da es erst 1814 auf dem Wiener Kongress als Nachfolgestaat des Kurfürstentums Hannover gegründet worden war. Und es sollte nicht mehr lange existieren. Hannover gehörte zum

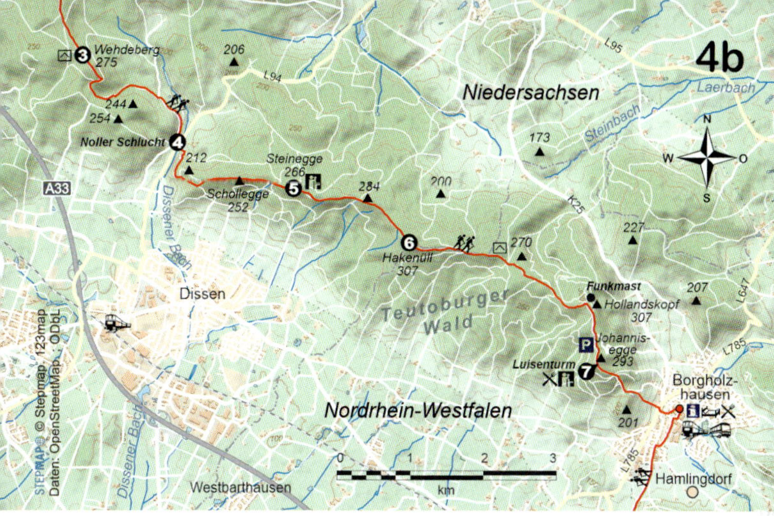


Deutschen Bund, der sich unter Führung der Österreicher 1866 im Deutschen Krieg gegen Preußen stellte und den Krieg verlor. Hannover wurde besetzt, Hannovers König Georg V. (1819-1878) floh nach Wien und aus dem Königreich Hannover wurde die preußische Provinz Hannover.

Die Grenze, an der Sie hier auf dem Kamm entlanggehen und die Sie überschreiten, war also einmal eine richtige Grenze zwischen zwei Kriegsparteien. Dieselbe Grenzlinie trennt heute nur noch Niedersachsen im Norden und Nordrhein-Westfalen im Süden.

## Schwarzspecht

Ein besonderer hier im Gebiet vorkommender Vogel ist der Schwarzspecht, der mit Abstand größte heimische Specht. Der krähengroße schwarze Vogel mit dem auffälligen roten Scheitel bevorzugt alte Rotbuchenbestände als Lebensraum. Er ernährt sich gern von holzbewohnenden Ameisen und zimmert seine Höhlen in dicke alte Buchen.

Diese Höhlen sind heiß begehrt. In Europa hat man 58 Tierarten gefunden, die die Schwarzspechthöhlen nutzen, z. B. Hohltaube, Dohle (der Vogel des Jahres 2012) und verschiedene Eulenarten. Manche Nachmieter – wie Marder, Rauhfußkauz und Waldkauz – äußern ihren Wohnungswunsch mitunter so energisch, dass der Schwarzspecht sogar frisch gezimmerte Höhlen mietfrei weitergibt.

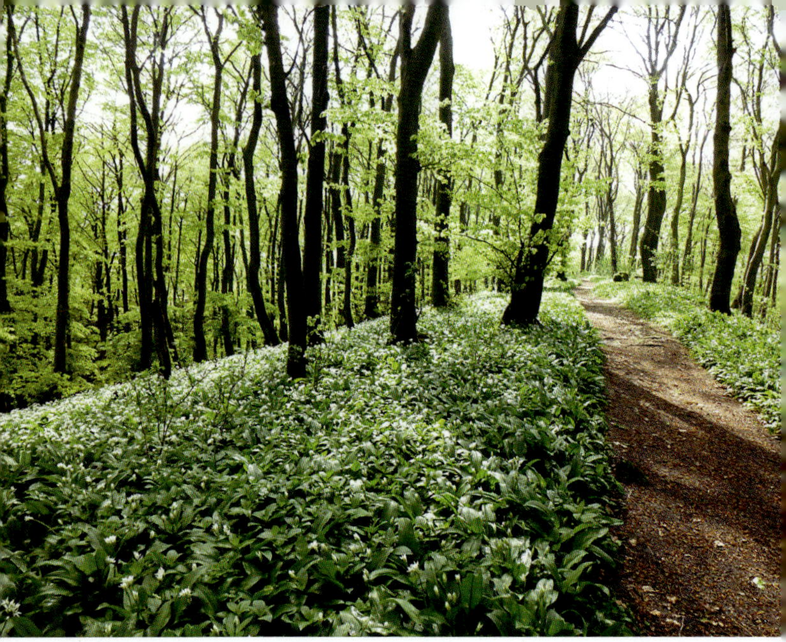

*Ein besonderes Erlebnis ist die Bärlauchblüte im Mai (Wilder Knoblauch)*

Weiter geht es auf dem Kamm entlang zu einer ⌂ Schutzhütte und schließlich erreichen Sie an einem Sendemast auf dem Hollandskopf eine geteerte Zufahrt. Sie folgen der Straße nach rechts und 400 m weiter biegen Sie rechts von der Straße in einen geteerten Nebenweg ab, der zu einem Wanderparkplatz führt. Geradeaus gehen Sie weiter zum Luisenturm auf der Johannisegge. Es gibt hier auch die Gaststätte Luisenturmhütte (www.luisenturmhuette.de, ☏ 054 25/14 66, Sa ab 14:00, So ab 10:00) und eine Schutzhütte ❼.

## Luisenturm

Als der erste Turm gebaut wurde, im Jahr 1893, befand man sich an dieser Stelle im Königreich Preußen und Wilhelm II. (1859-1941), der König von Preußen, war gleichzeitig Kaiser von Deutschland. Nach seiner Urgroßmutter, der preußischen Königin Luise (1776-1810), wurde dieser Turm benannt. Nach zweimaliger Zerstörung wurde er in seiner jetzigen Form im Jahr 1991 eröffnet. Er ist heute 21 m hoch und trägt in 16 m Höhe eine Aussichtsplattform, auf der eine Windrose die Besonderheiten der näheren und weiteren Umgebung anzeigt.

Besonders die spektakulären Sonnenuntergänge über dem Dörenberg und der Steinegge sind sehenswert.

Sie wandern nun bergab, gehen links um den Hardenberg herum und auf einem Feldweg, der zur Straße Am Hardenberg wird, nach Borgholzhausen hinunter. Der Weg führt an einem Ackerrain entlang zur Bahnhofstraße in Borgholzhausen.

Ein Einkaufszentrum und die Post finden Sie, wenn Sie 100 m nach rechts gehen. Die Bushaltestelle, die unter dem Namen „Funke" bekannt ist, heute aber „Klingenhagen" heißt, befindet sich 100 m weiter links.

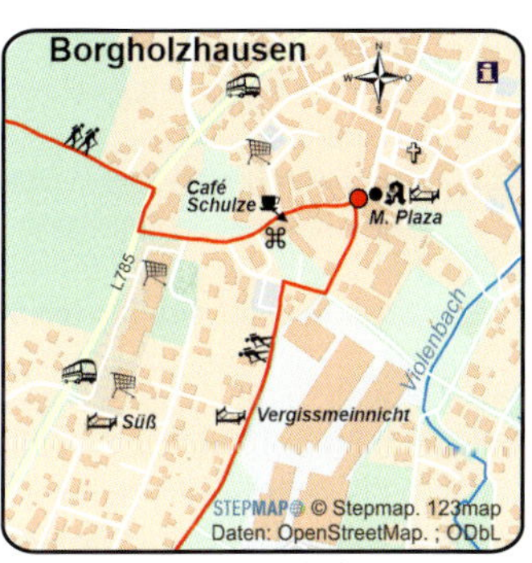

*Weg durch Borgholzhausen*

Zum Zentrum sind es noch 330 m. Wandern Sie auf der Bahnhofstraße rechts zur Tankstelle und biegen Sie dort links in die Freistraße. Geradeaus gehend passieren Sie das traufenständige Kultur- und Heimathaus von 1799. Gleich daneben steht das **Café Schulze** mit den Lebkuchenherzen im Schaufenster. Danach laufen Sie auf das ehemalige Hotel Meyer am Hermannsweg zu. Hier biegt der Hermannsweg rechts ab.

## Borgholzhausen 8.600 Einw.

**Stadt Borgholzhausen**, Rathaus, Schulstraße 5, Raum 25, 33829 Borgholzhausen, ☏ 054 25/807 62, tamara.kisker@borgholzhausen.de, www.borgholzhausen.de, Mo-Fr 8:00-12:30, Do auch 14:30-18:00, 230 m

**Landgasthof Potthoff**, Barnhauser Straße 3, 33829 Borgholzhausen, ☏ 054 25/70 12, info@landgasthof-potthoff.de, www.landgasthof-potthoff.de, ÜF EZ € 45, DZ € 69, Feb-Dez, 3 km, kostenloser Shuttle-Service zum und vom Hermannsweg bzw. Borgholzhausen Mitte

**Pension Süß**, Goethestraße 8, 33829 Borgholzhausen, ☏ 054 25/52 23, edeltraud.brokfeld-suess@web.de, Preise auf Anfrage, 220 m, neben Aldi

♦ **Pension Vergissmeinnicht,** Ravensbergerstr 20c, 33829 Borgholzhausen, ☏ 054 25/955 92 60, 01 76/55 40 59 54, indianrose87@web.de, m-elert.simplesite.com, ÜF € 40 p. P., am Weg, im Siedlungsgebiet hinter den Verbrauchermärkten

**Krystyna Plaza**, Königsberger Straße 13, 33829 Borgholzhausen, ☏ 054 25/341, hallo@mama-plaza.de, www.mama-plaza.de, ÜF € 40 p. P., ➲ 520 m, westl. der Bahnhofstraße (L785)

♦ **Monika Plaza** (Gästezimmer im Apothekerhaus), Freistraße 7, 33829 Borgholzhausen, ☏ 054 25/932 56 05, zimmer@monikaplaza.de, zimmervermietung-apotheke-pium.business.site, Preise auf Anfrage, ➲ 30 m

⌘ **Kultur- und Heimathaus,** Freistraße 25, 33829 Borgholzhausen, April-Nov Mi und So 15:00-18:00, Führungen außerhalb der Öffnungszeiten können Sie im Tourismusbüro vereinbaren, ➲ am Weg, zeigt vor Ort gefundene Kostbarkeiten, Funde aus der Erdgeschichte, die weltweit größte Sammlung von Riesen-Ammoniten und die 240 Millionen Jahre alten Saurierfährten

Von Borgholzhausen fahren Busse zu den Abfahrtszeiten der Züge zum Bahnhof. Durch den Bus 62 ist Borgholzhausen direkt mit Bielefeld (Zentrum, Hauptbahnhof) verbunden.

Der Bahnhof Borgholzhausen-Oldendorf liegt 3,2 km außerhalb des Zentrums an der Regionalbahnstrecke Osnabrück – Bielefeld (Haller Wilhelm).

Die Stadt verdankt ihre Entstehung einem wichtigen Passübergang über den Höhenzug des Teutoburger Waldes. Ausgrabungsfunde lassen auf eine Besiedlung seit etwa 1500 v. Chr. schließen. Stadtrechte erhielt der Ort 1719 durch Friedrich-Wilhelm I., was zur Ansiedlung der Leinenspinnerei und -weberei führte. Pack- und Segeltuchleinen wurden bis ins Rheinland, nach Holland und nach England exportiert. Um 1740 siedelten sich Honigkuchenbäcker aus dem benachbarten Dissen an, deren Gewerbe knapp hundert Jahre später zu Fabriken expandierte, sodass Borgholzhausen zur „Honigkuchenstadt“ wurde. Ihre Erzeugnisse findet man auf jeder deutschen Kirmes. Nach über 200-jähriger Tradition kann heute noch im Ladencafé der Lebkuchenfabrik Schulze in der Freistraße 23 der Duft von Koriander, Ingwer, Nelken und Muskat geschnuppert und Honigkuchen probiert und gekauft werden.

Aus dem im 17. Jahrhundert angelegten Salzwerk „Barthausen“ ist nach 1907 das „Solbad Ravensberg“ geworden, das heute Mineralwasser fabrikmäßig abfüllt.

Sehenswert sind sowohl das Wasserschloss Brincke im Ortsteil Barnhausen als auch das Wasserschloss Holtfeld sowie die Wassermühle Haus Brincke, die aber alle weit vom Hermannsweg entfernt liegen. Lediglich die Burg Ravensberg wird vom Hermannsweg berührt.

Die einschiffige evangelische Pfarrkirche befindet sich in der Innenstadt. Sie stammt aus dem Jahr 1340/50 und ist bereits der fünfte Kirchenbau an dieser Stelle.

# 5. Etappe: Borgholzhausen – Bielefeld

*26,4 km, 8 Std. 30 Min., 753 m, 767 m, 120-313 m*

| | | |
|---|---|---|
| 0,0 km | 140 m | Borgholzhausen (Bahnhofstraße) |
| 2,7 km | 192 m | Burg Ravensberg |
| 10,3 km | 143 m | Wertherstraße (Laibachtal), Halle |
| 10,9 km | 194 m | Kaffeemühle |
| 17,8 km | 298 m | Schwedenschanze |
| 20,2 km | 233 m | L778, Waldhotel Peter auf'm Berge |
| 24,0 km | 200 m | Tierpark Olderdissen, Restaurant Meierhof |
| 24,7 km | 186 m | Bauernhausmuseum |
| 25,6 km | 193 m | Mercure |
| 26,4 km | 120 m | Bielefeld (Kunsthalle) |

*Auch die 5. Etappe führt Sie über Kammwege, die, so wie man es von den Schichtkämmen des Teutoburger Waldes erwartet, oft zu beiden Seiten des lauschigen Weges steil abfallen. An Schneisen und Aussichtspunkten hat man wunderbare Blicke in das Teutoburger-Wald-Vorland. Wieder sind deutliche Taleinschnitte zu bewältigen. Aufgrund ihrer Länge und der zu bewältigenden Höhenmeter gehört diese Etappe zu den anspruchsvollsten des gesamten Weges. Mehr Muße und Zeit für Besichtigungen erreichen Sie mit einer Zwischenübernachtung. Dazu bieten sich nach 20,5 km die beiden Hotels an der L778 an. Die dann bis Bielefeld fehlenden 6,2 km können gut an die nachfolgende, kurze 6. Etappe angehängt werden. So hätten Sie zwei aufeinanderfolgende Etappen zu je ca. 20 km.*

An der Lebkuchenfabrik gehen Sie wieder nach rechts und biegen an der nächsten Ecke links in die Ravensberger Straße ab. Die biegt an der Schützenhalle rechts zur Barenbergstraße/Jammerpatt ab. Folgen Sie nun links der Barenbergstraße für 1,3 km und gehen Sie am Ende der Straße geradeaus mit dem beginnenden Schotterweg den Bergrücken zur Burg Ravensberg hinauf ❶.

## Burg Ravensberg

Die auf einem Sporn gelegene mittelalterliche Höhenburg wurde im 11. Jahrhundert als Wohnsitz und militärische Anlage für die Grafen von Ravensberg erbaut. Als in der Neuzeit die Höhenburgen militärisch sinnlos und das Wohnen in extremen Lagen zu beschwerlich geworden war, verfiel ein Teil der Burg. In den letzten Jahren hat die Stiftung Burg Ravensberg (💻 burg-ravensberg.de) dafür gesorgt, dass die Burg wiederaufgebaut und vor allem wiederbelebt wurde.

Heute gibt es Burgführungen, eine Burggaststätte mit Biergarten, Lesungen und Konzerte. Der Heimatverein Borgholzhausen hat sich außerdem um die Wiederherstellung der Brunnenanlage gekümmert, die mithilfe eines Laufrades Wasser aus 104 m Tiefe heraufholt.

♜ ☏ 054 25/93 35 44, April-Okt Mo-Fr 10:00-18:00, Sa, So, Fei erst ab 11:00, im Winter Di-Fr 11:00-17:00, Sa, So, Fei ab 12:00

☕🍷 ☏ 054 25/932 99 23, April-Okt Sa, So, Fei 11:00-18:00, im Winter 12:00-17:00

Der Hermannsweg biegt 200 m vor der Burg links in den Hang. Bergab erreichen Sie ein Gehöft in der **Clever Schlucht**, wo Sie auf der rechten Seite des Weges einen Baum finden, der 2006 zur Erinnerung an die Carstens-Eiche (ehem. Bundespräsident Karl Carstens) gepflanzt wurde. An der Wegkreuzung gehen Sie geradeaus wieder aus dem Weiler hinaus. Nach 300 m folgt eine Weggabelung, hier halten Sie sich links und gehen auf dem Weg leicht ansteigend durch lichten Laubwald weiter. An der etwa 500 m weiter folgenden T-Kreuzung mit einer Bank (Mittagessensplatz) nehmen Sie den rechten Abzweig, auf dem Sie nach 900 m an einer Wegkreuzung eine Schutzhütte erreichen. Geradeaus geht es weiter ins **Hesseltal**, wo Sie geradeaus eine Asphaltstraße und den zu Fischteichen aufgestauten Bach überqueren ❷.

Nach dem Bach gehen Sie rechts bis zu einem Hochspannungsmast, an dem Sie im spitzen Winkel nach links in den Hang einbiegen. Auf wechselnden Wegen steigen Sie zum Kamm hinauf. Sie passieren eine Relaisstation der Deutschen Telekom auf der höchsten Stelle der Großen Egge (⇧ 312 m).

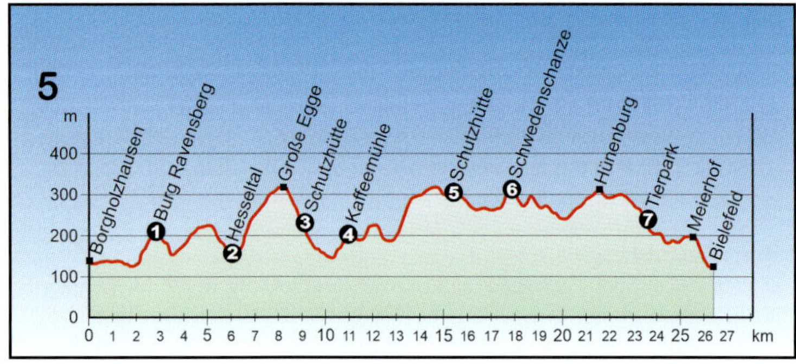

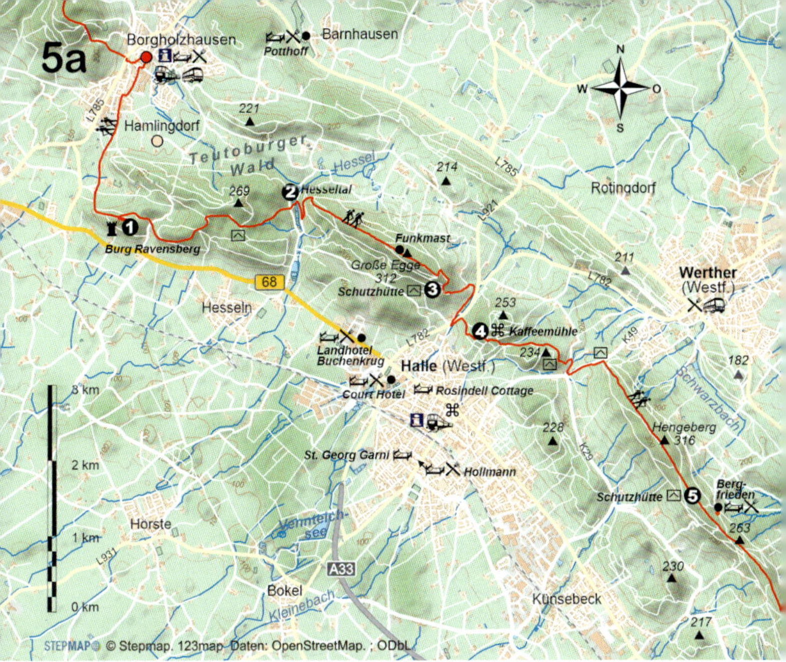


Der Hermannsweg führt bald darauf wieder abwärts, vor einem aufgelassenen Steinbruch nach links und 150 m weiter rechts auf einen Forstweg. Sie treffen auf eine ⌂ Schutzhütte ❸, an der Sie nach links am Waldrand entlanggehen, bevor Sie dann offenes Gelände am Taleinschnitt (Laibach) bei Halle/Westfalen erreichen. Kurz darauf erreichen Sie eine Asphaltstraße, die auf ein abgeschnittenes Stück der alten L782 (Wertherstraße) stößt. Ohne Richtungswechsel folgen Sie ihr bis hinter die Unterführung der neuen L782. Direkt dahinter steigen Sie links den Asphaltweg hinauf.

↳ Falls Sie nach Halle möchten, können Sie der alten L782 weiter folgen. Sie erreichen das Zentrum nach etwa 1 km.

## Halle

13.000 Einw.

**Tourismusbüro**, Rathaus, Ravensberger Straße 1, Zimmer 122, 33790 Halle, ☎ 052 01/18 31 28, annegret.prell@hallewestfalen.de, www.hallewestfalen.de, Mo-Mi 8:30-13:00 und 14:00-16:30, Do am Nachmittag bis 18:00, Fr 8:00-12:30, 1,7 km

**Hotel Hollmann,** Alleestraße 20, 33790 Halle, ☏ 052 01/811 80, Restaurant: ☏ 052 01/81 18 40, info@hotelhollmann.de, www.hotelhollmann.de, Ü EZ ab € 72, DZ ab € 104, F auf Anfrage, € 3, 2 km, 300 m südlich des Bahnhofs

♦ **Court Hotel**, Roger-Federer-Allee 6, 33790 Halle, ☏ 052 01/89 90, info@courthotel.de, www.courthotel.de, Ü EZ/DZ ab € 58 (Tagespreise nach Nachfrage und Verfügbarkeit), F auf Vorbestellung Mo-Fr möglich, 1,3 km

♦ **Landhotel Buchenkrug**, Osnabrücker Straße 52, 33790 Halle, ☏ 052 01/971 23 02, info@hotel-buchenkrug.de, www.hotel-buchenkrug.de, ÜF EZ ab € 68, DZ ab € 100, 1,5 km

**Hotel St. Georg Garni,** Winnebrockstraße 2, 33790 Halle, ☏ 052 01/810 40, sanktgeorghotel@gtelnet.net, www.sanktgeorghotel.de, ÜF EZ ab € 55, DZ ab € 88, € 4, 2 km, 300 m südlich des Bahnhofs

♦ **Rosindell Cottage,** Lange Straße 4, 33790 Halle, ☏ 052 01/66 36 04, 01 73/847 86 36, rezeption@rosindell-cottage.com, rosindell-cottage.com, ÜF EZ € 63, DZ ab € 85, 880 m, am westlichen Ortsrand an der B68

⌘ **Museum für Kindheits- und Jugendwerke bedeutender Künstler,** Am Kirchplatz 3, 33790 Halle, www.museum-halle.de, ☏ 052 01/103 33, Sa/So 14:00-17:00, für Gruppen nach Anmeldung, 1 km. Das Museum für Kindheits- und Jugendwerke bedeutender Künstlerinnen und Künstler befindet sich im ältesten Haus der Stadt, erbaut 1246 als Kloster. Es zeigt Werke u. a. von Paul und Felix Klee, Pablo Picasso, Conrad Felixmüller, August Macke, Ernst Ludwig Kirchner, Hanna Höch, Wasily Kandinsky und Friedrich Karl Gotsch.

Halle hat zwei Bahnhöfe an der Bahnstrecke Bielefeld, Hbf. – Osnabrück (Halle, Westf. und Gerry-Weber-Stadion).

Halle ist eine Kleinstadt, die organisatorisch aus mehreren getrennten Ortsteilen besteht. Der Kernbereich umfasst den Ort Halle nebst Eingemeindungen mit ca. 13.000 Einwohnerinnen und Einwohner.

Um 1600 lebten hier gerade einmal 350 Personen, aber es begann eine Phase des Kohle- und Erzbergbaus, die erst Anfang des 20. Jahrhunderts endgültig abgeschlossen wurde. Auf Hinweistafeln entlang des Hermannsweges wird auf diese Phase hingewiesen, insbesondere auf die Erzpingen (durch Bergbau entstandene Vertiefungen), die auf dem Kamm des Teutoburger Waldes angelegt wurden.

Halle gehörte zu Preußen, hatte 1719 sogar die preußischen Stadtrechte bekommen, geriet aber nach der Niederlage der Preußen gegen Napoleon unter französische Verwaltung. Nach dem Wiener Kongress 1814 übernahmen die

Preußen erneut die Stadt, Halle gehörte fortan zur Provinz Westfalen im Königreich Preußen.

Im Ortskern sind einige Fachwerkhäuser erhalten, von denen die Kirchringbebauung um die Johanneskirche, das sogenannte „Haller Herz“, am eindrucksvollsten ist.

Obwohl Halle nur ein kleines Städtchen ist, ist es doch in Tenniskreisen international bekannt, denn hier finden jedes Jahr im Juni, zwei Wochen vor Wimbledon, die Noventi Open (ehemals Gerry Weber Open) statt (💻 www.noventi-open.de). Bei diesem ATP-Turnier in der Haller OWL-Arena (vormals Gerry-Weber-Stadion) kämpfen bekannte Tennisspieler um lukrative Preisgelder. Die Veranstaltung zieht jedes Jahr über 100.000 Besucherinnen und Besucher an. Fünfmal konnte der Schweizer Roger Federer hier gewinnen, weshalb man 2012 ihm zu Ehren die Straße am Stadion Roger-Federer-Allee taufte.

Das Stadion fasst maximal 12.300 Personen, es wird als Multifunktionsarena für musikalische Aufführungen oder große Sportveranstaltungen genutzt (💻 www.owl-arena.de). Der Name der Spielstätte steht für Ostwestfalen-Lippe und wird durch ein Sponsoren-Konsortium unterstützt.

200 m nachdem Sie die Brücke unterquert haben, verlassen Sie den Asphaltweg und biegen nach rechts in den Wald ein. 100 m danach folgen Sie einem –

*Apothekergräber bei Halle*

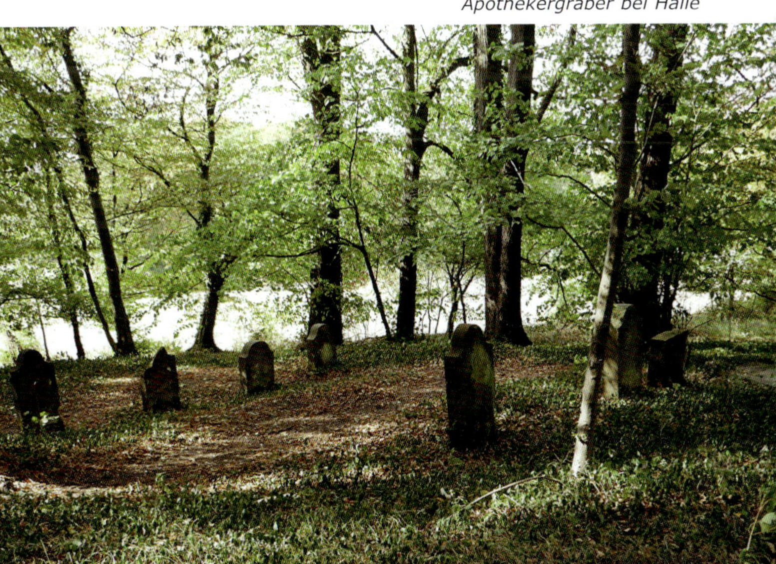

leicht zu übersehenden – Trampelpfad nach rechts und noch einmal 100 m weiter (an den **Apothekergräbern**) biegen Sie halb links leicht ansteigend ab und erreichen das **Hagedorn-Denkmal**. Vom Denkmal steigen Sie hinauf zu einem Aussichtspavillon, der wegen seines Aussehens den Spitznamen „**Kaffeemühle**" bekam. Der Geschichtspfad, der Ihren Weg kreuzt, wurde übrigens im Juli 2012 eröffnet ❹.

## Kaffeemühle

Das Hagedorn-Denkmal erinnert an den Bremer Kaufmann Hermann Hagedorn (1735-1826), der ab 1791 hier an dieser Stelle einen romantischen Park mit Pavillon anlegen ließ. Über seine Verbindung zu Halle findet man unterschiedliche Angaben. Sein Vater soll aus Halle stammen und Hermann soll seine Tante (oder Cousine) während einer Krankheit bei der Geschäftsführung des Haller Familienunternehmens unterstützt haben. Der oberhalb des Denkmals stehende Pavillon, die „Kaffeemühle", wurde wahrscheinlich zwischen 1793 und 1795 errichtet. Er sollte die Haller Bürgerinnen und Bürger zu einem gemütlichen Kaffeetrinken bei bester Fernsicht ins Münsterland animieren. Bei gutem Wetter, so heißt es, konnte man 34 Kirchtürme erkennen.

Nach 200 m bergab kreuzen Sie eine Asphaltstraße und gehen auf dem dahinter befindlichen Weg nach links.

Halle würden Sie ein weiteres Mal erreichen, wenn Sie der Asphaltstraße (Kastanienallee) rechts bergab folgen würden (ca. 1,5 km).

An einem alten, schwarz-weißen Fachwerkhaus, einem sogenannten Kotten, vorbei gehen Sie am Wald entlang.

## Heuerlingskotten

Ursprünglich wurden die Heuerlingskotten gebaut, um den nicht erbenden Bauernsöhnen eine Bleibe zu geben, die auf dem Hof arbeiteten, dem Wohlwollen des erbenden älteren Bruders ausgesetzt waren und sich durch Spinnen ein karges Zubrot verdienen wollten.

1853 beschrieb ein Regierungsrat Bitter der Kreisregierung in Minden einen Kotten folgendermaßen: „Man trete in die Hütten hinein! In kleinen elenden Gemächern von Rauch geschwärzt, ohne Hausrat und irgendwelche Zeichen eines Besitzes (...) erblickt man einen Kreis blasser Menschen (...) am Spinnrad sitzen. Ein Blick in die Kammer vermehrt die traurige Einsicht in die Lage dieser Unglücklichen. Kein Bett (...), auf bloßer Erde nur ein Lager voll Stroh (...) ohne

Decke, ohne Schutz vor der Kälte, die feucht aus der offenen Erde des Bodens aufsteigt. Wovon die bleiche Schar hohläugiger Kinder von den blassen Eltern ernährt wird (...), man begreift es nicht. Brot und Fleisch sind hier unbekannte Genüsse. Kartoffeln, soweit sie gewachsen sind und sich vor der Krankheit erhalten haben, Steckrüben und Wurzeln, das sind die Lebenselemente dieser Bevölkerung, die in Lumpen gehüllt, ohne Gegenwart und Zukunft, von einem Tage zum anderen sich durchzuarbeiten sucht."

Nach 100 m erreichen Sie ein Denkmal für Walther von der Vogelweide (ungefähr 1170-1230), an dem auch zwei ⩫ Bänke stehen.

## Walther von der Vogelweide

Wahrscheinlich gibt es keinen direkten Bezug zur Region, denn man nimmt an, dass Walther niemals hier in der Gegend war. Allerdings fühlte sich der Sängerkreis Ravensberg trotzdem zu Walther und seinen Minneliedern hingezogen und ehrte ihn anlässlich seines 700. Todestages. Im 12./13. Jahrhundert besonders neu und aufregend und auch heute noch bekannt sind Walthers Mädchenlieder, in denen er – im Gegensatz zur Hohen Minne, in dem ein selbstverständlich adliger Ritter eine ebenfalls adlige Dame anschmachtet – Liebe zwischen unterschiedlichen Schichten und sogar zwischen zwei Personen niederen Standes besingt.

50 m weiter folgen Sie rechts der abfallenden, schmalen Buchenallee zu einer 5-Wege-Kreuzung. Einen Weg lassen Sie links und zwei Wege rechts liegen und steigen geradeaus bergan. Sie treffen auf eine ⌂ Schutzhütte, von der Sie den nun zu durchquerenden Taleinschnitt gut überblicken können. Gehen Sie zu dem Kreisverkehr hinunter und wandern Sie links auf dem Fuß- und Radweg entlang der Straße zu dem Parkplatz mit Tischen, Bänken und einer kleinen ⌂ Schutzhütte hinauf. Hier biegen Sie nach rechts in den Wald hinein ab.

↳ Würden Sie auf der Straße geradeaus weitergehen, erreichten Sie nach 1,5 km das Zentrum von Werther.

## Werther (Westfalen)

✕ ☕ 🛒 BANK ⚕ 🚌 11.500 Einw.

🚌 In Werther hält der Regiobus 62 zwischen Bielefeld und Borgholzhausen.

Die 1973 gegründete Kleinstadt Werther besteht aus einigen Ortschaften nördlich des Teutoburger Waldes, darunter der Ort Werther, der 2009 sein 1.000-jähriges Jubiläum feierte. Obwohl Werther 1719 die Stadtrechte bekam, blieben Ort und Region lange Zeit landwirtschaftlich geprägt. Flachsanbau, Leinengarngewinnung, Weberei und Zigarrenherstellung bildeten die wirtschaftliche Grundlage. Der Bau einer 14 km langen Kleinbahnlinie nach Bielefeld, betrieben zwischen 1901 und 1954, brachte einen gewissen Aufschwung.

Sie steigen hinauf und erreichen über einen typischen Kammweg einen Rastplatz mit Tisch und Bank auf dem Hengeberg. 900 m weiter, kurz nachdem Sie zum zweiten Mal auf dieser Etappe eine Höhe von mehr als 300 m erreicht haben, finden Sie eine Flugschneise für Gleitschirmflieger mit sehr schöner Aussicht und einer neuen Schutzhütte ❺.

## Hangaufwinde

Auf der 2. Etappe haben Sie durch den Gedenkstein für Robert Kronfeld (☞ Seite 84) einen der Entdecker der Thermik kennengelernt. Hier an dieser Schneise werden Sie die Thermik selbst in Form eines deutlichen Hangaufwindes spüren können. Vor allem an sonnigen Nachmittagen, wenn die Sonne den Hang bescheint, wird der Boden der Schneise stark erwärmt. Er erwärmt seinerseits die bodennahe Luft, die aufsteigt und neue Luft von unten nachzieht. Das führt zu einem kontinuierlichen Luftstrom bergauf, einem sogenannten Thermikschlauch. Da die Waldbereiche ringsum mehr Wasser verdunsten und dadurch kühler sind als der Schneisenbereich und die Bäume außerdem die Windgeschwindigkeit am

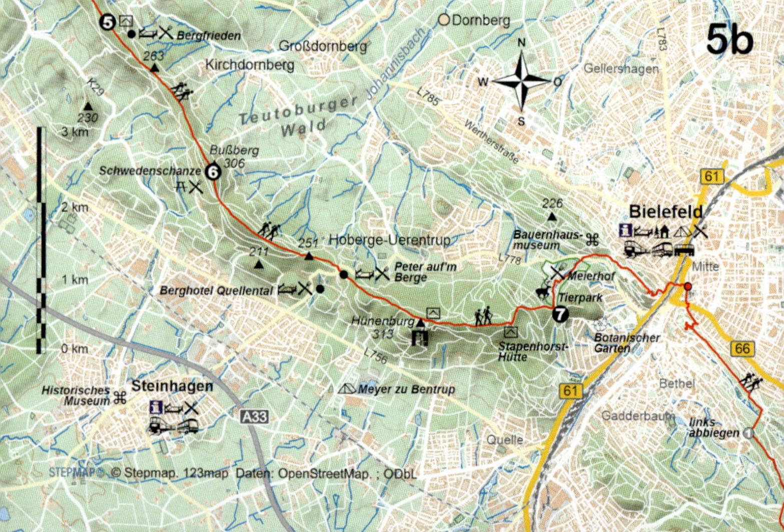

Boden bremsen, ist der Hangaufwind in der Schneise deutlich stärker als einige Meter links oder rechts davon.

200 m weiter an der Wegkreuzung könnten Sie ↰ links zum Hotel Bergfrieden abbiegen. Der Hermannsweg führt geradeaus weiter.

🛏 ✕ **Hotel Bergfrieden**, Isingdorfer Weg 33, 33824 Werther, ☏ 052 03/972 20, ✉ info@bergfrieden-werther.de, 💻 bergfrieden-werther.de, ÜF EZ € 60, DZ € 96, 🐕 € 5, ➲ 300 m

Sie folgen weiter dem Kamm und passieren einen mit Wacholderheide bewachsenen Bereich rechts des Weges sowie ein Hinweisschild dazu auf der linken Wegseite.

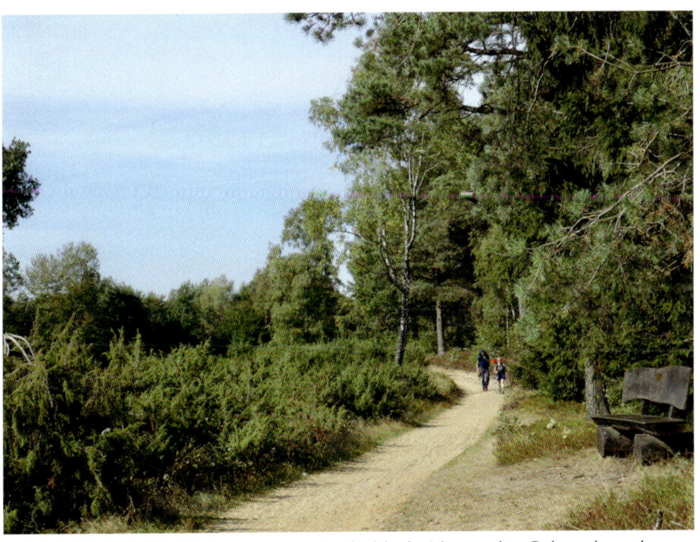

*Wacholderheide an der Schwedenschanze*

## Wacholderheide

Diese Wacholderheiden findet man heute nur noch selten auf dem Kamm, früher waren sie auf den Hängen des Teutoburger Waldes weitverbreitet. Obwohl es sich eigentlich um eine durch Beweidung erzeugte, also letztlich menschengemachte

Verwüstungsform der ursprünglichen Vegetation handelt, wird sie wegen ihrer Seltenheit und ihrer kulturhistorischen Aussagekraft geschützt. Kulturhistorisch bedeutsam ist auch der Schnaps, den bereits die Urväter der Steinhäger aus den Wacholderbeeren herstellten. Früher galt der wohlschmeckende Stoff als Medizin, der unspezifisch als Mittel gegen sehr viele Krankheiten eingeschenkt wurde und dabei noch jedem Kranken ein Lächeln ins Gesicht zauberte. Heute wird er meist prophylaktisch eingesetzt.

500 m weiter erreichen Sie nach einem kurzen, steilen Anstieg die Berghütte Schwedenschanze mit einem sehr schönen Blick in das nördliche Teutovorland ❻.

✕ **Schwedenschanze**, So und Fei 10:00-17:00 (Rast auch außerhalb der Öffnungszeiten auf teilweise überdachten Bänken und Tischen möglich)

Nach etwa 500 m bergab erreichen Sie eine große Kreuzung mit Bank und es geht wieder etwas bergan.

Nach etwas über 1 km auf dem Kammweg zweigt nach rechts ein Weg nach Steinhagen ab, dessen Zentrum gut 3,5 km entfernt ist.

## Steinhagen 20.600 Einw.

**Gemeinde Steinhagen**, Am Pulverbach 25, ☏ 052 04/99 70, 33803 Steinhagen, info@steinhagen.de, www.steinhagen.de, Mo-Fr 8:00-12:30, Do 14:00-17:00, 3,5 km

**Berghotel Quellental,** Abstecher am weiteren Weg

⌘ **Historisches Museum**, Am Kirchplatz 26 (im Innenhof der ehemaligen Brennerei Schlichte), 33803 Steinhagen, ☏ 052 04/77 55, info@historisches-museum-steinhagen.de, www.historisches-museum-steinhagen.de, Do und Sa 15:00-17:00, April-Okt 1. So im Monat 15:00-17:00, 3,6 km

**Taxi Weber**, ☏ 052 04/65 55

Steinhagen hat zwei Bahnhöfe an der Bahnstrecke Bielefeld, Hbf. – Osnabrück (Steinhagen, Westf. und Bielefelder Straße).

Im Namen Steinhagen steckt das alte Wort „Hag“, das einen von einer Hecke eingefriedeten (eingehegten) Hof bezeichnet. Als Heckenpflanzen verwendete man häufig Hagedorn (= Weißdorn) oder Hagebutte, die so zu ihrem Namen kamen. Solche Hagenhöfe waren oft sehr ärmlich, da sie in späteren Rodungsphasen dort angelegt wurden, wo die bisherigen Bewohnerinnen und Bewohner auf eine Bewirtschaftung verzichtet hatten. Steinhagen entstand z. B. erst im 13. Jahrhundert und die Vorsilbe „Stein" lässt vermuten, dass es mit der landwirtschaftlichen Rendite nicht allzu gut stand. Daher war man darauf angewiesen, die unwirtlichen Hänge des Teutoburger Waldes als Kleinviehweide zu nutzen. Holzverbrauch und Weidenutzung ließen dort die Wacholderheiden entstehen, deren Reste Sie bereits gesehen haben. Und die brachten dem Ort seit dem 15. Jahrhundert eine interessante zusätzliche Einnahmequelle, den Wacholderschnaps.

Heinrich Wilhelm Schlichte begann 1766 als Erster mit dem gewerbsmäßigen Brennen des „heilsamen Klaren", der in großen Holzfässern oder in Tonkrügen mit Henkel verkauft wurde. 1840 folgten dann industriell gefertigte längliche Flaschen aus Ton, sogenannte Kruken, und schließlich gesprenkelte grüne Glasflaschen. Der aktuelle Werbeslogan – „Trinke ihn mäßig, aber regelmäßig" – verbindet auf ideale Weise den mittelalterlich-medizinischen Hintergrund des Trankes mit dem modernen, gewinnorientierten Wunsch nach einem dauerhaft hohen Absatz.

Mitten im Zentrum der Stadt befindet sich das Historische Museum, unweit der alten Dorfkirche und einiger schmucker Fachwerkhäuser aus dem 15./16. Jahrhundert direkt unter dem Steinhäger-Wahrzeichen, einem 5 m hohen grünen Steinhäger-Krug. In den Fabrikräumen der ehemaligen Brennerei Schlichte ist eine sorgfältig zusammengetragene Sammlung von historischen Brenngeräten, alten Fotos, Urkunden, Trachten, Transportmitteln sowie Utensilien zur Herstellung und zum Vertrieb des weltberühmten Wacholderschnapses zu besichtigen.

Der Hermannsweg führt geradeaus weiter zur L778. Hier finden Sie einen großen Parkplatz und das Hotel Peter auf'm Berge.

**Waldhotel Peter auf'm Berge,** Bergstraße 45, 33619 Bielefeld, ☏ 05 21/91 12 60, info@peter-aufm-berge.de, www.peter-aufm-berge.de, Ü EZ ab € 39, DZ ab € 49, F auf Anfrage, am Weg

Ein weiteres Hotel erreichen Sie, wenn Sie auf der Straße nach rechts gehen und nach der ersten Kurve den anfangs parallelen Waldweg wählen.

**Berghotel Quellental**, Quellental 10, 33803 Steinhagen, ☏ 052 04/30 37 oder -38, mail@berghotel-quellental.de, www.berghotel-quellental.de, Ü EZ € 37, DZ € 65, F € 5, 400 m

Der Hermannsweg führt rechts am Haus vorbei durch den Biergarten des Hotels Peter auf'm Berge und wieder in den Wald hinein. Sie steigen auf dem Rücken bergan, stoßen auf die Hünenbergstraße und erreichen einen 165 m hohen Fernmeldeturm. Der Turm beherbergt ein Café und eine Aussichtsplattform (meist nur an Wochenenden geöffnet), von der Sie bei gutem Wetter einen wunderbaren Blick auf die lang gestreckten Kämme des Teutoburger Waldes haben. Die uralten Fragen der Menschheit (Woher komme ich? Wohin gehe ich?) werden hier auf denkbar einfache und optische Weise geklärt.

Etwas weiter steht die wenig attraktive ⌂ Hünenburg-Schutzhütte. Sie folgen weiter dem Kamm, biegen rechts ab und treffen auf die ⌂ Stapenhorst-Schutzhütte mit Bänken, an der Sie wieder nach links gehen.

## Teutoburger-Wald-Verein

Die Schutzhütte wurde nach Dr. Rudolf Stapenhorst (1865-1944) benannt, der lange Jahre Bürgermeister von Bielefeld war (1910-1932). Von 1933 bis zu seinem Tod 1944 war er Vorsitzender des Teutoburger-Wald-Vereins. Dieser Verein wurde 1902 als „Teutoburger Gebirgsverein" gegründet. Bis heute fördert er das Wandern für alle Menschen, den Natur- und Umweltschutz, den Denkmalschutz und die regionale Kultur. Dem Einsatz des Teutoburger-Wald-Vereins verdanken Sie u. a. die Wegführung und die hervorragende Ausschilderung des Hermannsweges (💻 www.teutoburgerwaldverein.de).

Nach etwa 300 m erreichen Sie eine große Wegkreuzung mit einem Gedenkstein des Teutoburger-Wald-Vereins. Der Hermannsweg führt den zweiten Weg rechts hinauf und nach 500 m zu zwei sehenswerten verwachsenen Rotbuchen.

Nach weiteren 100 m erreichen Sie den oberen Rand des Tierparks Olderdissen ⛼ ❼. Der Weg führt Sie nach links quer durch den Park hindurch. Markiert ist der gepflasterte Weg. Sie können sich aber auch treiben lassen. In jedem Fall landen Sie am Meierhof wieder auf dem Weg.

## Heimat-Tierpark Olderdissen

Gegründet wurde der Park 1930. Der Tierpark sollte damals und soll noch heute den Bielefeldern die heimische Natur nahebringen. Der Schwerpunkt liegt daher auch ganz eindeutig auf den heimischen Tierarten (Luchse, Bären, Eulen, Wildschweine, Marder, Biber ...). Und die Bielefelderinnen und Bielefelder kommen sehr gern in den Tierpark, der von 8:00-20:00 geöffnet ist und keinen Eintritt kostet. 400.000 Besucherinnen und Besucher pro Jahr sind es im Schnitt. Ungefähr in der Mitte des Parks liegt das Restaurant Meierhof mit Kiosk, Biergarten und öffentlichen Toiletten.

**Heimat-Tierpark Olderdissen**, Dornberger Straße 149a, 33619 Bielefeld,
☏ 05 21/51 29 58, ✉ umweltbetrieb@bielefeld.de,
💻 www.heimat-tierpark-olderdissen.de, 🕒 8:00-20:00

**Restaurant Meierhof**, erster So im April bis letzter So im Sep tägl. 10:00-20:00, sonst 10:00-18:00, www.meierhof-olderdissen.eu

Vor dem Restaurant biegen Sie rechts ab, gehen am Ententeich vorbei und stoßen geradewegs auf ein Gehege mit Alpensteinböcken und Murmeltieren. Hier biegen Sie links ab, passieren ein Wolfs- und ein Hirschgehege, erreichen einen Teich mit Bibern und spazieren am rechten Ufer entlang. Sie überqueren eine Straße und gehen an der Stadtbushaltestelle „Bauernhausmuseum" geradeaus wieder in den Wald hinein. (Die Linie 24 fährt Richtung Sieker über Stadtmitte Bielefeld, Jahnplatz.)

Nach 100 m stoßen Sie auf eine weitere Straße.

Hier können Sie einen lohnenden Abstecher hinauf zum Bauernhausmuseum machen, 170 m.

## Bauernhausmuseum

Das mit dem „European Museum of the Year Award 2001" ausgezeichnete Museum zeigt originale ländliche Gebäude aus dem 16. bis 19. Jahrhundert. Neben den eindrucksvollen Gebäuden, darunter eine Bockwindmühle von 1686, widmet sich das Museum dem ländlichen Leben und dem Sozialgefüge aus der Mitte des 19. Jahrhunderts. Ein Café sorgt dafür, dass Sie die Besichtigung sitzend, mit schönem Blick auf die alten Gebäude, unterbrechen bzw. weiterführen können.

**Bauernhausmuseum**, Dornberger Straße 82, 33617 Bielefeld, 05 21/521 85 50, bauernhausmuseum@owl-online.de, www.bielefelder-bauernhausmuseum.de, Feb-Dez Mi-Fr 10:00-18:00, Sa, So, Fei 11:00-18:00, Außenbesichtigung auch außerhalb der Zeiten möglich.

Sie folgen der Straße auf dem Fußweg auf der rechten Seite. An einem Spielplatz biegen Sie rechts in den Parkweg, kommen zu einem Parkplatz mit Wohnmobilstellplatz, biegen wenig weiter in den Park links der Straße ab und erreichen geradeaus das sehr schön auf dem Johannisberg gelegene Mercure-Hotel.

**Mercure**, Am Johannisberg 5, 33615 Bielefeld, 05 21/923 80, HB0Q9@accor.com, www.mercure-hotel-bielefeld-johannisberg.com, Tagespreise ab € 98 für EZ und DZ, € 10, modernes und sehr beliebtes Vier-Sterne-Tagungshotel in Traumlage

Hinter dem Hotel gehen Sie mit schönem Blick auf die doppeltürmige Neustädter Marienkirche und die Sparrenburg einen Weg in Serpentinen hinab. Sie gelangen schließlich über Treppen hinunter zur Hochstraße, der Sie weiter bergab folgen. An ihrem Ende gehen Sie nach rechts durch eine Unterführung und erreichen über den Albrecht-Delius-Weg eine mehrspurige Straße, die Sie an einer Ampelanlage überqueren. Sie halten sich rechts und durchqueren den Skulpturenpark der Kunsthalle Bielefeld (☞ unten), der sich am Ende der Tagesetappe vom Café der Kunsthalle aus ganz besonders entspannt betrachten lässt.

## Bielefeld

323.000 Einw.

**Touristinfo im Neuen Rathaus**, Niederwall 23, 33597 Bielefeld, ☏ 05 21/51 69 99, touristinfo@bielefeld-marketing.de, www.bielefeld.de, Mo-Fr 10:00-18:00, Sa 10:00-14:00, 160 m

**Waldhotel Brand's Busch**, Furtwängler Straße 52, 33604 Bielefeld, ☏ 05 21/921 14 44, post@brands-busch.de, www.brands-busch.de, Ü EZ ab € 70, DZ ab € 88, Fr-So abzüglich € 10, F ab € 9,90, 50 m, 4,5 km vom Bahnhof, ☞ Wegbeschreibung

**Hotel Lindenhof**, Quellenhofweg 125, 33617 Bielefeld, ☏ 05 21/144 61 00, zimmer@lindenhof-bielefeld.de, www.lindenhof-bielefeld.de, ÜF EZ ab € 64, DZ ab € 96,50, 600 m, im OT Bethel, 4,5 km vom Bahnhof, ☞ Wegbeschreibung

**aappartel Boarding House**, Friedrich-Verleger-Straße 1, 33602 Bielefeld, ☏ 05 21/39 95 24 55, info@aappartel.de, www.aappartel.de, EZ € 60, DZ € 75, DBZ € 85, VBZ ab € 95, 870 m, 170 m östlich vom Jahnplatz

♦ **Altstadt-Hotel**, Ritterstraße 15, 33602 Bielefeld, ☏ 05 21/96 72 50, info@altstadt-hotel-bielefeld.de, www.altstadt-hotel-bielefeld.de, Ü EZ ab € 69, DZ ab € 94, F € 10, 420 m, in der Altstadt

**Comfort Garni Hotel**, Bahnhofstraße 32, 33602 Bielefeld, ☏ 05 21/52 19 80, hotel@comfort-garni.de, www.comfort-garni.de, Ü EZ ab € 61, F € 10, 930 m, Nähe Bahnhof

♦ **Hotel Bartsch**, Viktoriastraße 54, 33602 Bielefeld, ☏ 05 21/ 652 76, info@hotel-restaurant-bartsch.de, www.hotel-restaurant-bartsch.de, Ü EZ ab € 39, DZ ab € 49 (Gemeinschaftsbad), F € 5, 1,1 km, östlich der Altstadt

**Jugendgästehaus**, Hermann-Kleinewächter-Straße 1, 33602 Bielefeld, ☏ 05 21/52 20 50, jgh-bielefeld@djh-wl.de, www.jugendherberge.de → Schnellsuche, ÜF ab € 36,50, 1 km, östlich der Altstadt

**Meyer zu Bentrup**, Campingplatz GmbH, Vogelweide 2, 33649 Bielefeld, ☏ 05 21/459 22 33, bielefeld@meyer-zu-bentrup.de, camping-bielefeld.de, Ü € 6 p. P., Zelt € 5, € 3, Dusche € 0,30/Min., 1,4 km, in Bielefeld-Quelle

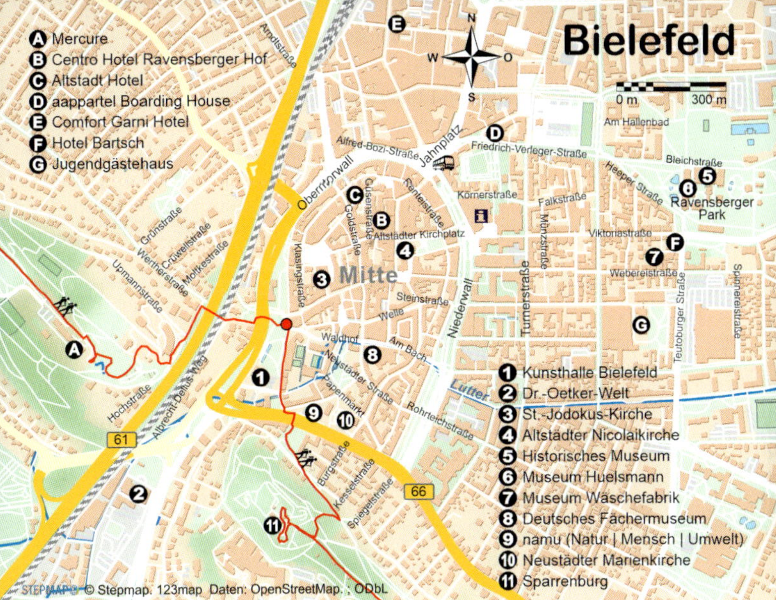


(400 m vor dem Fernmeldeturm Hünenburg rechts an die Zufahrt und hinunter zur Talstraße, geradeaus darüber hinweg sind es noch 300 m zum Campingplatz)

⌘ **Historisches Museum**, Ravensberger Park 2, 33607 Bielefeld, ☏ 05 21/51 36 30, ✉ historisches.museum@bielefeld.de, 💻 www.historisches-museum-bielefeld.de, 🚪 Mi-Fr 10:00-17:00, Sa-So 11:00-18:00, Führungen So 11:30, ➲ 1,3 km. Das Museum präsentiert die Geschichte Bielefelds und seiner Umgebung. Ein Schwerpunkt wurde auf das 19. Jahrhundert gesetzt, mit Produkten der Bielefelder Industriebetriebe (Nähmaschinen, Fahrräder) und Exponaten zum Leben der städtischen Bevölkerung.

♦ **Museum Huelsmann**, Ravensberger Park 3, 33607 Bielefeld, ☏ 05 21/51 37 67, ✉ info@museumhuelsmann.de, 💻 www.museumhuelsmann.de, 🚪 Di-Sa 14:00-18:00, So 11:00-18:00, Führungen So 11:30, ➲ 1,3 km. Kunsthandwerk aus Renaissance, Barock und Klassizismus ist das Thema im Museum Huelsmann. Die Sammlung umfasst Tafelsilber, Porzellan, Glas, Möbel, Uhren und wissenschaftliche Instrumente sowie eine Abteilung mit asiatischer Kunst.

♦ **namu (Natur | Mensch | Umwelt)** (Naturkundemuseum mit Dauer- und Sonderausstellungen), Kreuzstraße 20, 33602 Bielefeld, ☏ 05 21/51 67 34, ✉ naturkundemuseum@bielefeld.de, 💻 www.namu-ev.de, 🚪 Mi-So 10:00-17:00, ➲ 50 m

⌘ **Dr. Oetker Welt**, Lutterstraße 14, 33617 Bielefeld, ☏ 008 00/71 72 73 74, ✉ service@oetker.de, 💻 www.oetker.de/dr-oetker-welt, 🚪 Mo-Sa 9:30-19:45, Start der Programme um 9:30, 13:30, 17:00, ➲ 450 m. An den Rundgängen kann man nur nach vorheriger Anmeldung und Terminbestätigung teilnehmen. Das Familienunternehmen und seine Geschichte, seine Produkte und Marken sind die Themen, die in der Dr. Oetker Welt in Form von geführten Rundgängen präsentiert werden.

♦ **Deutsches Fächermuseum**, Am Bach 19, 33602 Bielefeld, ☏ 05 21/641 86, 💻 www.faechermuseum.de, 🚪 Mi-Do 14:30-17:30 und nach Vereinbarung, ➲ 280 m. Das kleine Museum in der Bielefelder Altstadt präsentiert Fächer aus verschiedenen Jahrhunderten.

♦ **Museum Wäschefabrik**, Viktoriastraße 48 a, 33602 Bielefeld, ☏ 05 21/604 64, ✉ info@museum-waeschefabrik.de, 💻 www.museum-waeschefabrik.de, 🚪 So 11:00-18:00, ➲ 1,1 km. Aus einer Fabrik für Tisch- und Bettwäsche, Damenwäsche und Herrenhemden, die bis 1980 betrieben wurde, wurde ein Museum gemacht. Die Betriebsräume sind original erhalten.

♦ **Kunsthalle Bielefeld**, Artur-Ladenbeck-Straße 5, 33602 Bielefeld, ☏ 05 21/32 99 95 00, ✉ info@kunsthalle-bielefeld.de, 💻 www.kunsthalle-bielefeld.de, 🚪 Di-Fr und So 11:00-18:00, Mi bis 21:00, Sa 10:00-18:00, Führungen So 11:30 und 15:30 sowie Mi 19:00, ➲ am Weg. Die Kunsthalle zeigt deutsche und internationale Kunst des 20. und 21. Jahrhunderts. Ein Schwerpunkt der Sammlung ist dem deutschen Expressionismus gewidmet. Auch das Gebäude selbst, erbaut zwischen 1966 und 1968, ist ein interessantes Architekturkunstwerk.

✞ **Altstädter Nicolaikirche**, Niedernstraße 4, 🚪 tägl. 10:00-18:00, ➲ 550 m. Die gotische Hallenkirche von 1340 ist die älteste Bielefelder Kirche, da sie auf eine bereits 1236 bestehende Pfarrkirche zurückgeht. Die Nicolaikirche liegt in unmittelbarer Nachbarschaft zum Alten Markt. Sie beherbergt einen Antwerpener Schnitzaltar aus dem beginnenden 16. Jahrhundert, in dem mit 250 Figuren Geschichten aus der Bibel dargestellt werden.

♦ **Neustädter Marienkirche**, Papenmarkt 10a, 🚪 tägl. 10:00-18:00, ➲ 150 m. Die Hallenkirche mit dem Doppelturm wurde als Stiftskirche im späten 13. Jahrhundert erbaut. Nach der Auflösung des Marienstifts 1810 wurde sie zur evangelischen Pfarrkirche. Sie beherbergt als größten Schatz den Bielefelder Marienaltar von 1400, ein gemaltes Triptychon mit 30 kleinen Szenen.

♦ **St.-Jodokus-Kirche**, Klosterplatz 1, 🚪 tägl. 9:00-19:00, ➲ 200 m. Die St.-Jodokus-Kirche wurde 1511 als Klosterkirche geweiht. Eine Statue, entstanden um 1480, zeigt den Namenspatron mit Pilgermantel und -hut, Muschel und Stab. Darunter befinden sich in einer Eichenkassette die Reliquien des Heiligen. Die Schwarze Madonna, ein

Bildnis der Maria mit dem auf ihrem Knie sitzenden Jesuskind, entstanden um 1240, wird als der bedeutendste kunsthistorische Schatz des Hochmittelalters in Bielefeld bezeichnet.

**Botanischer Garten**, Am Kahlenberg (südlich des Hermannsweges), ➲ 1,1 km. Besonders reizvoll ist die Rhododendron- und Azaleensammlung. Außerdem laden vielfältige Lebensräume wie Steingarten, Alpinum und Heidegarten und ein Arznei- und Gewürzgarten zum Spazierengehen ein.

Der Bahnhof von Bielefeld ist sowohl Nah- als auch Fernverkehrsbahnhof. Zwischen Oerlinghausen, dem Ziel der 6. Etappe, und Bielefeld verkehrt im Stundentakt ein Zug der Eurobahn. Der Bahnhof Oerlinghausen liegt zwar 2 km nördlich vom Ortskern in der Ortschaft Asemissen, trotzdem ergibt sich die Möglichkeit, zwei Nächte in Bielefeld zu buchen und mit reduziertem Gepäck zu laufen (☞ Oerlinghausen).

Die Etappenorte Borgholzhausen (☞ Borgholzhausen) und Oerlinghausen sind von Bielefeld aus (auch) mit dem Bus zu erreichen. Von der Stadtbahnendhaltestelle „Sieker" fährt der Bus 34 nach Oerlinghausen Rathaus (500 m vom Weg). Der Regiobus 62 fährt von Bielefeld Hbf. nach Borgholzhausen, Zentrum.

Bielefeld hat ein in großen Teilen unterirdisch verkehrendes Stadtbahnnetz.
www.mobiel.de

**Bielefelder Funk-Taxi-Zentrale**, ☏ 05 21/971 11
♦ **Funk-Taxi-Zentrale Hansa e. G.**, ☏ 05 21/44 43 66

Bielefeld wurde im Jahr 1214 als „Biliuelde" vom Ravensberger Grafen Hermann II. an einer Kreuzung alter Handelswege an einem Pass über den Teutoburger Wald gegründet. Wie im Mittelalter üblich wurde die Stadt mit Mauern, Wällen und Wassergräben gesichert und der Zugang war nur tagsüber durch die Stadttore möglich. Relikte dieser alten Stadtbebauung sind der Alte Markt, die Altstädter Nicolaikirche und das Rathaus, die aber im Laufe der Zeit mehrfach umgestaltet wurden. Mit dem Bau der Sparrenburg wurde um 1240 begonnen, sie sah damals allerdings ganz anders aus als heute.

In der Stadt siedelten sich vorwiegend Handwerker und Kaufleute an. Obwohl sie seit dem 15. Jahrhundert der Hanse angehörte, hatte sie keine hervorgehobene Stellung innerhalb des Kaufmannsbundes inne. Ende des 16. Jahrhunderts entwickelten sich die Spinnerei und Weberei langsam zum Gewerbe: Leinen wurde der Exportschlager. Leinen aus Bielefeld wurde zum Qualitätsbegriff und der Export reichte bis nach England, Holland, Skandinavien und ins Baltikum. Auch auf dem nordamerikanischen Markt war Bielefelder Leinen ein begehrter Artikel. Nach 1830 wurde die Konkurrenz durch Baumwolle immer größer und das Bielefelder Leinen konnte schon bald nicht mehr mit den preisgünstigeren Garnen und Stoffen konkurrieren, die vornehmlich in Irland produziert wurden.

1854 wurde die Ravensberger Spinnerei gegründet und schon bald zur größten Maschinenspinnerei auf dem europäischen Kontinent. Konsequenterweise wurde 1862 die erste „mechanische Weberei" in Bielefeld gegründet, in der die Garne zu Stoffen weiterverarbeitet werden konnten. Noch heute prägen bedeutende Firmen der Wäsche- und Bekleidungsindustrie die Wirtschaft der Stadt. Im Laufe der Jahre wurden zudem immer mehr Metall verarbeitende Fabriken gegründet, sodass die Maschinen nicht mehr importiert werden mussten. Heute ist Bielefeld fünftgrößter Maschinenbaustandort Deutschlands. Beispielhaft für die Entwicklung der Industrie sind die Dürkopp-Werke, die zunächst Nähmaschinen und später Fahrräder, Motorräder, Pkw, Lkw und sogar Busse produzierten.

Eine Erfindung machte die Firma des Apothekers Dr. August Oetker weltbekannt, das Backpulver. Heute agiert das Unternehmen weltweit mit rund 400 Firmen, über 34.000 Mitarbeiterinnen und Mitarbeiter und einem Umsatz von 7,4 Mrd. Euro (2019). Die drei größten Bereiche sind Nahrungsmittel (umsatzstärkstes Produkt ist Tiefkühlpizza), Bier und alkoholfreie Getränke sowie die Schifffahrt.

1848 zählte Bielefeld 8.150 Einwohnerinnen und Einwohner, 1914 lebten bereits 82.580 Menschen in der Stadt. Durch Eingemeindungen vergrößerte sich das Stadtgebiet, die Fabriken konnten sich mehr ausdehnen und zogen Beschäftigte an, sodass 1930 fast 130.000 Einwohnerinnen und Einwohner gezählt wurden.

Am 4. April 1945 wehte vom Bielefelder Rathaus die weiße Fahne. Die Amerikaner nahmen an diesem Tag die Stadt ein, ohne auf Widerstand zu stoßen. Beim Wiederaufbau entschied man sich für eine moderne Neugestaltung, nur wenige historische Gebäude blieben erhalten. In der Nachkriegszeit musste die Wohnungsnot schnell bekämpft werden. Vor den Toren Bielefelds fand man in der Senne genügend Platz zur Bebauung, und so entstand ab 1956 die Sennestadt, ein modernes Wohngebiet. Inzwischen ist auch sie eingemeindet worden. So hat Bielefeld heute über 335.000 Einwohnerinnen und Einwohner und liegt damit auf Platz 18 der größten Städte Deutschlands.

Sehenswert ist die Altstadt mit einigen Patrizierhäusern sowie das Alte Rathaus mit dem Stadttheater daneben. Beide Gebäude wurden 1904 erbaut. Die doppeltürmige Marienkirche (um 1400) ist das kunstgeschichtlich bedeutendste Bauwerk der Stadt im Rang eines europäischen Kulturerbes. Aber auch die Nicolaikirche von 1340 und die Klosterkirche St.-Jodokus-Kirche (1511) sind einen Besuch wert.

# 6. Etappe: Bielefeld – Oerlinghausen

*15,2 km, 4 Std. 30 Min., 443 m, 319 m, 120-316 m*

| | | |
|---|---|---|
| 0,0 km | 120 m | Bielefeld (Kunsthalle) |
| 0,5 km | 178 m | Sparrenburg |
| 2,2 km | 202 m | Hotel Brand's Busch |
| 3,7 km | 222 m | Habichtshöhe |
| 6,1 km | 269 m | Hotel Eiserner Anton |
| 9,6 km | 309 m | Aussichtsturm Eiserner Anton |
| 9,4 km | 234 m | Gasthaus Deppe |
| 15,2 km | 248 m | Oerlinghausen, Alexanderkirche |

*Vom Bielefelder Stadtzentrum steigen Sie zunächst hinauf auf die Sparrenburg und genießen dort und vom anschließenden Promenadenweg die schönen Ausblicke auf Bielefeld und das nordöstliche Teutovorland. Die ersten 9 km verläuft der Hermannsweg als Kammweg, danach wandern Sie am Hang entlang und durch die Senken, die zwischen den Kämmen des Teutoburger Waldes liegen. Die Großstadt Bielefeld lassen Sie hinter sich und erreichen das beschaulich kleine Bergstädtchen Oerlinghausen.*

*Die kurze Etappe stellt geringe Anforderungen an die Körperkräfte und hat somit einen gewissen Erholungswert. Sie könnten aber auch noch bis Hörste weiterwandern, um so die stärker fordernde 7. Etappe zu entschärfen (☞ 7. Etappe).*

Sie durchqueren den Skulpturenpark der Kunsthalle Bielefeld in Richtung Sparrenburg und erreichen die mehrspurige Kreuzstraße. Gegenüber, am Rand einer Grünfläche, steigen Sie bergan und stoßen auf die Wohnstraße Am Sparrenberg, auf der Sie nach links gehen. Am Ende der Kopfsteinpflasterung zweigt ein Weg schräg rechts steil nach oben ab und wird zur Treppe. Schließlich erreichen Sie die Brücke zum Burgtor der Sparrenburg. Im Burghof finden Sie ein Restaurant mit Biergarten und einen Kiosk und können einen wunderschönen Blick über Bielefeld genießen.

## Sparrenburg

Die heute vorhandene Festungsanlage wurde Mitte des 16. Jahrhunderts errichtet. Die Befestigung besteht aus vier mächtigen Eckrondellen mit einem System von Verbindungsmauern, Kasematten und unterirdischen Verbindungsgängen sowie einem nach Westen hin gelegenen spitzen Vorbau, der Scherpentiner genannt wird. Der ungewöhnliche Name des Vorbaus leitet sich von dem besonderen Typus der Kanonen ab, die auf ihm postiert waren. Die hier aufgestellten Kanonen nannte man „Feldschlangen" oder nach dem französischen Wort für Schlangen „Serpentinen". Die Burg überstand die Wirren des Dreißigjährigen Krieges unbeschadet. Sie wurde zwar mehrfach belagert, aber nie erobert. In der zweiten Hälfte des 18. Jahrhunderts setzte der Verfall ein, da die immer stärkeren Kanonen die Anlage militärisch überflüssig machten. Schließlich kaufte die Stadt Bielefeld die Burganlage 1879 für 8.934,90 Mark vom preußischen Staat. Nach umfangreichen Restaurierungsarbeiten präsentiert sich die Burg in ihrem heutigen, imponierenden Aussehen.

**Sparrenburg**, ☏ 05 21/51 67 89, Burgturm: April-Okt tägl. 10:00-18:00, Nov-März Sa, So und Fei 11:00-18:00, Besichtigung der Kasematten nur im Rahmen einer Führung: April-Okt tägl. 12:00 und 14:30, So auch 16:00

**Restaurant Sparrenburg**, www.restaurant-sparrenburg.de, Mi-Fr 12:00-14:30 und 18:00-22:00, Sa, So ab 12:00 durchgehend

Von der Brücke aus gehen Sie über den Parkplatz und weiter eine schnurgerade, leicht ansteigende und von Eschen gesäumte Allee entlang, die Promenade heißt, und passieren das Café Schöne Aussicht, das nur noch für angemeldete Gruppen öffnet (Eventhaus).

700 m hinter dem Lokal zweigt der Hermannsweg nach rechts vom geraden Hauptweg ab. Der markierte Weg verläuft nur 30 m parallel zur Promenade am Rand des begleitenden Wiesentals entlang, führt vor dem Parkplatz des Waldhotels Brand's Busch (☞ Bielefeld) nach rechts, durchquert das flache Tal und biegt auf der Höhe gegenüber angekommen wieder nach links ❶.

☺ Wenn Sie im Lindenhof (☞ Bielefeld) übernachten wollen, können Sie hier, statt links in den breiten Höhenweg zu biegen, geradeaus steiler abwärts zum Remterweg in Bethel gelangen. Diesem folgen Sie links an der psychiatrischen Klinik Gilead4 vorbei bis zum kleinen Bohnenbach. Davor nehmen Sie rechts den Fußweg am Bach entlang und gehen nach 150 m über die Brücke mit dem Torbogen, der auf den Biergarten am Lindenhof hinweist, ➲ 600 m.

Sie erreichen die Promenade noch einmal, gehen hier nach rechts und passieren gleich danach einen Gedenkstein und eine steinerne Bodenlinie, welche den **52. Breitengrad** anzeigen, an dem auch Cambridge, Warschau und der Baikalsee liegen. Wenig weiter folgt das Otto-Riethmüller-Haus, eine Einrichtung der

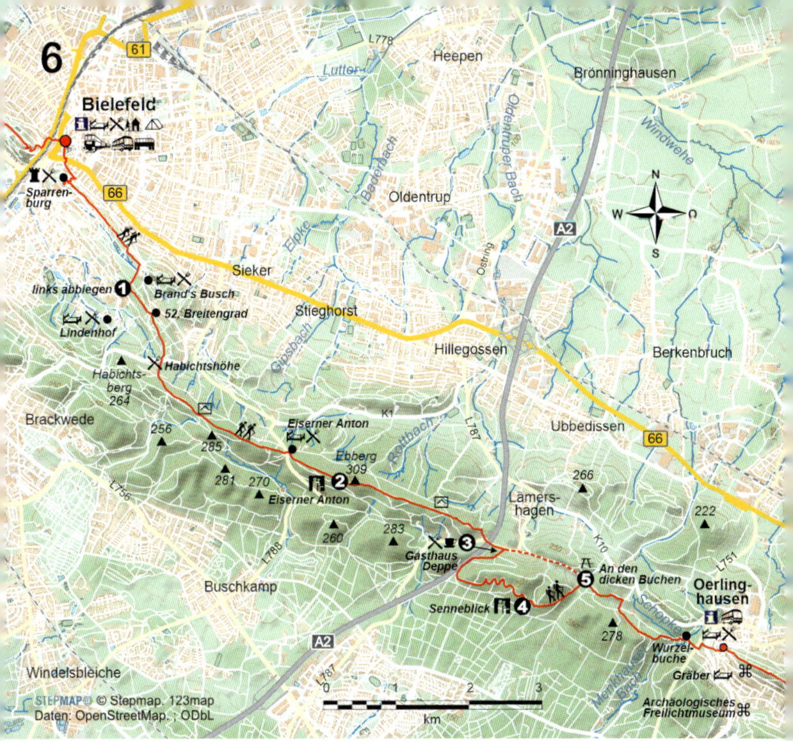

Jugendhilfe Bethel. 200 m weiter überqueren Sie die Bodelschwinghstraße und kommen am ✕ ☕ Restaurant Habichtshöhe vorbei (🚪 Mo-Fr 12:00-22:00, Sa/So 12:00-23:00, italienische Küche).

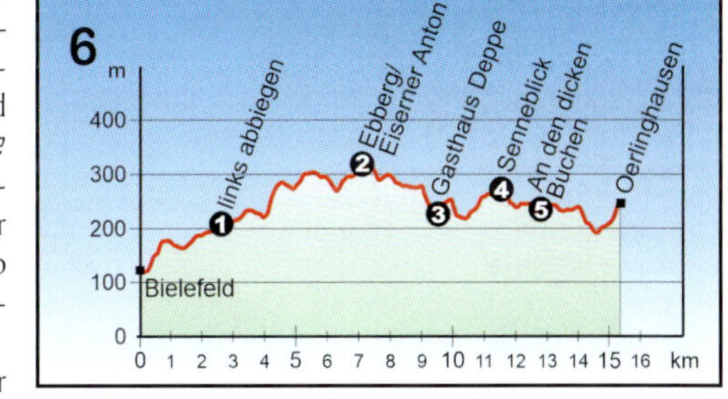


Kurz hinter der Gaststätte teilt sich der Weg. Sie halten sich links, biegen dann aber halb rechts in den Waldweg ab, steigen auf den Kamm hinauf, gehen links, an der Gabelung weiter links und erreichen eine ⌂ Schutzhütte. Sie wandern weiter auf dem Kamm entlang und steigen dann hinab zur L788 und zum Hotel Eiserner Anton.

**Hotel-Restaurant Eiserner Anton**, Osningstraße 281, 33605 Bielefeld, ☏ 05 21/210 92, hotel-eiserneranton@hotmail.de, restaurant-eiserneranton.jimdo.com, Ü EZ € 55, DZ € 75, F € 7,50

Vom Hotel aus geht es auf gepflastertem Weg wieder deutlich bergan auf den Kamm hinauf, wo Sie den Aussichtsturm Eiserner Anton auf dem 309 m hohen Ebberg erreichen ❷.

## Aussichtsturm Eiserner Anton

Der Turm wurde 1895 als Bismarckturm vom Bielefelder Maschinenfabrikanten Heinrich Fricke gestiftet und 2003 originalgetreu restauriert. 1895 war der Berg noch weitgehend kahl und die Plattform in 8 m Höhe, die man über 42 Stufen erreicht, bot eine sehr schöne Aussicht. Am Geländer ist das rot-weiße Sparrenwappen der Grafschaft Ravensberg mit dem Baujahr angebracht. In diesem Jahr fand in Berlin auch die erste öffentliche Filmvorführung statt, Konrad Röntgen

*Aussichtsturm Eiserner Anton von 1895*

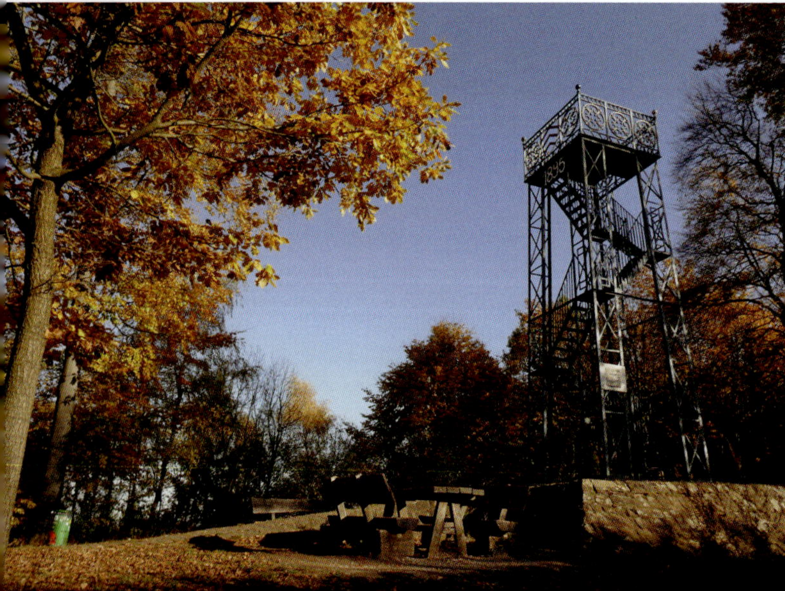

entdeckte die nach ihm benannten Strahlen und das seit 1871 bestehende Deutsche Reich wurde von Kaiser Wilhelm II. regiert, nachdem er Otto von Bismarck 1890 aus seinem Amt als Kanzler entlassen hatte.

200 m darauf passieren Sie eine Relaisstation der britischen Armee, mit 311 m die höchste Stelle dieser Etappe, und erreichen eine Schutzhütte mit Bänken und einem Tisch ⛩. Sie bleiben noch etwas auf dem Kamm, steigen über eine Treppe aus Eisenbahnschwellen hinunter und unterqueren eine Hochspannungsleitung. Noch einmal führt der Weg über Holzbohlenstufen steil bergab. Sie stoßen auf eine Asphaltstraße, gehen nach links über eine Autobahnbrücke (A2) und erreichen danach das Gasthaus Deppe mit Biergarten ❸.

✕ ☕ **Gasthaus Deppe**, ☏ 052 02/61 21, Lämershagener Straße 280, 33699 Bielefeld, 💻 www.gasthaus-deppe.de, Sa-Mi ab 11:00, Fr ab 16:30.

➪ Sie könnten hier 2 km Wegstrecke sparen, wenn Sie auf der Straße geradeaus weitergehen. Der Weg ist zusätzlich sogar ausgeschildert, bei Weitem aber nicht so schön wie der Waldweg, der nicht nur durch herrlichen, sehr abwechslungsreichen Buchenwald führt, sondern auch weite Sicht in die Senne ermöglicht und dabei recht bequem ist und ohne großartige Steigungen auskommt.

Die zertifizierte Route biegt hinter dem Gasthof rechts von der Straße ab. Am Biergarten vorbei nehmen Sie einen Schotterweg bergan zu einer Lichtung (Holzplatz) und hier den rechten der drei Wege, der Sie ganz nah an die Autobahn heranführt. Es geht 230 m daran entlang zur Südseite des Höhenzugs. Dann biegt Ihr Weg von der Autobahn weg in den Südhang. Im weiteren Verlauf schlängelt sich der Hermannsweg im leichten Auf und Ab durch den Hang. Bei gutem Wetter ist ein grandioser Blick in die Senne möglich ❹.

## Senne

Die Senne liegt zwischen Bielefeld und Paderborn. Sie ist direkt dem Teutoburger Wald vorgelagert und reicht weit in die Westfälische Tieflandsbucht. In einer Urkunde Kaiser Ottos I. (912-973) wird erstmals das Gebiet der Senne als „Desertum sinedi“, als die Wüste Senne bezeichnet (💻 jakobusfreunde-paderborn.com/senne). Vom Wanderweg aus gesehen wirkt sie wie ein riesiges, flaches Waldgebiet. Tatsächlich aber ist das 350 km² große Gelände ein vom Menschen relativ wenig zersiedelter, naturnah erhaltener Bereich aus Heiden, Mooren, Bächen und Stillgewässern, Trockentälern, Dünen und Moränenhöhen, Auen und Wald. Die Ems, an der Sie in Rheine gestartet sind, hat hier ihren Ursprung.

Die Senne ist mit ihren Sanden das nährstoffärmste Gebiet Nordrhein-Westfalens und hat zudem extrem saure Böden, die sich selbst nach dem Aufkommen des Kunstdüngers nicht für die Landwirtschaft eigneten. Viele seltene, an die schwierigen Lebensbedingungen angepasste Pflanzen und Tierarten sind in der Senne zu finden. Etwa ein Drittel der Fläche wird seit dem 19. Jahrhundert als Truppenübungsplatz genutzt.

Sie stoßen schließlich auf die Straße mit mehreren Wohnhäusern, die als Abkürzung markiert ist, und zwei ⩫ Pausenbänken (An den dicken Buchen) ❺. Sie wenden sich nach rechts, gehen nach 100 m an der Kreuzung geradeaus weiter und erreichen eine weitere ⩫ Pausenbank mit Blick auf Oerlinghausen. Hinter einigen Häusern biegen Sie rechts ab und queren auf einer Privatstraße ein Wiesengelände. Am Waldrand wandern Sie links weiter. An der folgenden Weggabelung nehmen Sie den linken Weg. Es geht wieder abwärts zu einem Querweg, dort links an einer Wiese entlang, über eine Kreuzung hinweg (⩫ Pausenbank) und dann durch einen wunderschönen Hohlweg in das Schopkebachtal hinab und an einen Parkplatz. Schopke- und Menkhauser Bach bilden hier die **Grenze von Westfalen und Lipper Land** bzw. der Stadt Bielefeld und dem Kreis Lippe.

Sie gehen links auf der Parkplatzzufahrt zur **Wurzelbuche** ⩫.

## Wurzelbuche

Eine verzweigte Buche mit mehreren Stämmen wächst hier am Wegrand auf einem Damm. Das Besondere ist das in großen Bereichen freigelegte Wurzelwerk. Sicher trug der besondere Standort dazu bei, dass Niederschlag und Wind über viele Jahre hinweg immer wieder Sand aus dem Wurzelgewirr herausspülen konnten und so dieses „Naturwunder" schaffen konnten.

Danach biegen Sie halb rechts Richtung Oerlinghausen ab. Im Wald biegt der Weg noch einmal rechts und steigt durch einen besonders tief ausgeprägten Hohlweg bergan zu einem Straßentunnel.

Es ist die sogenannte **Tunnelstraße**, die Sie nun unterqueren. Den Namen hat sie erhalten, da sie nur wenig weiter den Menkhauser Berg in einem Tunnel durchquert.

Gleich nach der Straßenunterführung, biegen Sie links ein und steigen bis auf Straßenhöhe an, gehen im Rechtsbogen über eine Wiese zu einer anderen Straße und geradeaus darüber hinweg einen geteerten Weg hinauf. Weiter führt eine Pflasterstraße hoch zum Brunnenplatz mit Kirche und Pfarrhaus.

Oberhalb verläuft die Hauptstraße, auf der es ⮱ links zum Gasthaus Nagel und rechts Richtung Pension Gräber geht.

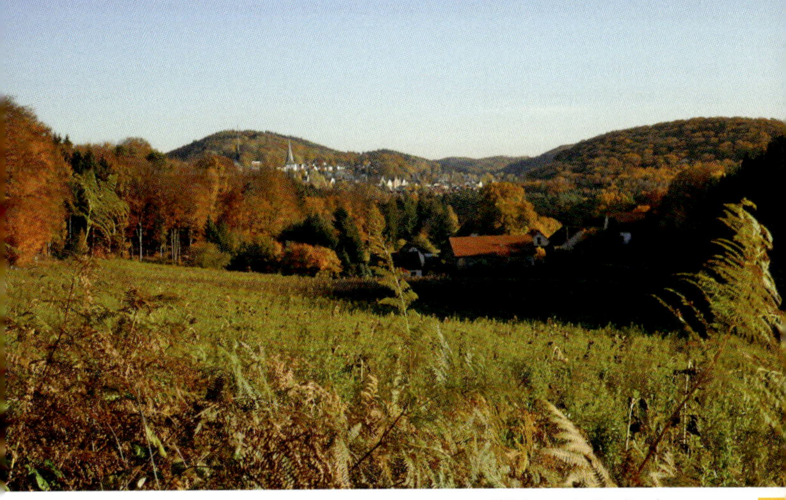

*Blick nach Oerlinghausen*

## Oerlinghausen 16.600 Einw.

**Stadt Oerlinghausen**, Rathausplatz 1, 33813 Oerlinghausen, ☏ 052 02/493 12, info@oerlinghausen.de, www.oerlinghausen.de, Mo, Mi und Fr 8:00-12:00, Di und Do 8:00-17:30, ➲ 330 m

**Hotel-Restaurant Altes Gasthaus Nagel**, Hauptstraße 43, 33813 Oerlinghausen, ☏ 052 02/993 63, kontakt@altes-gasthaus-nagel.de, www.altes-gasthaus-nagel.de, Ü EZ € 65, DZ € 95, F € 8,90, ➲ 70 m

Hotel-Pension Gräber, Friedrichstraße 3, 33813 Oerlinghausen, ☏ 052 02/42 95, info@pension-graeber.de, www.pension-graeber.de, Ü EZ € 27, DZ € 54, F € 7, Gepäcktransport zum nächsten Ziel für € 25, ➲ ca. 400 m

♦ **Villa Welschen**, Am Lehmstich 15, 33813 Oerlinghausen, ☏ 052 02/92 39 80, info@villawelschen.de, www.villawelschen.de, ÜF EZ ab € 50, DZ ab € 90, ➲ 360 m, 200 m nach dem ehemaligen Gasthof Tönsberg rechts den Hang hinunter

⌘ **Archäologisches Freilichtmuseum**, Am Barkhauser Berg 2-6, 33813 Oerlinghausen, ☏ 052 02/22 20, www.afm-oerlinghausen.de, April-Sep Mo-Fr 9:00-18:00, Sa, So und Fei erst ab 10:00, Okt Mo-Fr 9:00-16:00, Sa und So 10:00-17:00, Nov-März nur für angemeldete Gruppen, ➲ 1,1 km. Das Museum verschafft Einblicke in menschliches Wohnen und Leben in der Zeit von 10.000 vor bis 1.000 n. Chr.

Von Oerlinghausen fahren zweimal stündlich Busse zur Stadtbahnhaltestelle „Bielefeld-Sieker", stündlich fährt ein Bus Richtung Lage (Lippe) auch zum Bahnhof Oerlinghausen, Asemissen.

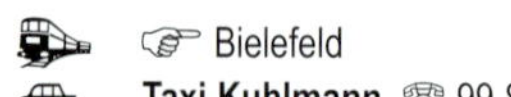
☞ Bielefeld
**Taxi Kuhlmann**, ☏ 99 81 17

Oerlinghausen zieht sich hufeisenförmig um den Hang des westlich zum Schopketal und Menkhauser Bachtal abfallenden Tönsbergs. An der Hufeisenspitze stehen die Alexanderkirche, leicht nach Süden versetzt und das alte Gasthaus Nagel. Die meisten Geschäfte und Gaststätten, das Rathaus und die zentrale Bushaltestelle befinden sich auf der Nordseite des Berges. An der Südseite liegen die Pension Gräber, die Villa Welschen und das Freilichtmuseum.

Oerlinghausen besitzt viele bauliche Denkmäler. Dazu gehört auch die kleine, 1894 aus Bruchsteinen errichtete Synagoge, die der Zerstörung durch die Nazis nur deshalb entgangen ist, da sie noch vor den Novemberpogromen 1938 verkauft wurde und weltlichen Zecken zugeführt wurde. Die Altstadt durchziehen verwinkelte und verträumte Stiegen, die in Nordrhein-Westfalen „Tweten" genannt werden. Ein Spaziergang durch die Gassen lohnt sich also am Abend.

Weithin bekannt ist Oerlinghausen als Standort eines der größten Segelflughäfen der Welt. Den regen Flugbetrieb, insbesondere an Wochenenden bekommen Sie mit, wenn Sie zum Auftakt der folgenden Etappe über den Tönsberg wandern.

# 7. Etappe: Oerlinghausen – Holzhausen-Externsteine

*25,5 km, 8 Std. 30 Min., ↑ 719 m, ↓ 705 m, ⇧ 168-387 m*

|  |  |  |
|---|---|---|
| 0,0 km | ⇧ 248 m | Oerlinghausen |
| 2,9 km | ⇧ 262 m | Hünenkapelle |
| 6,0 km | ⇧ 237 m | Gastwirtschaft Bienenschmidt |
| 7,3 km | ⇧ 236 m | Abzweig nach Hörste |
| 12,3 km | ⇧ 172 m | Kiosk an der L944, Donoper Teich |
| 16,3 km | ⇧ 317 m | Zusammentreffen mit E1, Detmold |
| 17,2 km | ⇧ 385 m | Hermannsdenkmal |
| 20,5 km | ⇧ 289 m | Haus Hangstein |
| 21,6 km | ⇧ 210 m | Adlerwarte Berlebeck |
| 25,5 km | ⇧ 263 m | Holzhausen-Externsteine (Pension Waldesruh) |

*Mit dem Hermannsdenkmal steht heute die neben den Externsteinen mit Abstand größte Sehenswürdigkeit der Hermannshöhen auf dem Programm. Da der Weg außerdem mit den Rethlager Quellen, den Krebs- und den Donoper Teichen, dem Hangmoor Hiddeser Bent sowie vielen schönen Aussichtspunkten, weiteren Schutzgebieten und besonders abwechslungsreichen Wäldern einen nicht abreißenden Erlebnisgehalt bietet, kann man diesen Abschnitt mit Fug und Recht als die Königsetappe bezeichnen. Die Externsteine selbst sparen Sie sich, falls Sie meinem Etappenvorschlag folgen, für den nachfolgenden Morgen auf. Bis dorthin wären noch einmal 1,6 km zu gehen. Dann kann es gut sein, dass Sie auch in der Hauptsaison und an Wochenenden die Attraktion für sich alleine haben.*

*Ähnlich wie die 5. Etappe stellt diese 7. Etappe aufgrund der Länge und der zu bewältigenden Höhenmeter auch wieder hohe Anforderungen an die Kondition. Mit einer Verlängerung der ☞ 6. Etappe nach Hörste oder einer Übernachtung bereits in Berlebeck können Sie die Anforderungen entschärfen. Auch mit einem Abstecher nach Detmold lässt sich die Etappe sinnvoll teilen.*

Am historischen Brunnen vor der Alexanderkirche führt Ihr Weg halb rechts die Treppe hoch zur Straße, dort rechts und dann links die Stufen des Schmiedebrinks aufwärts.

Sie treffen auf die Pflasterstraße Auf dem Berge und gehen links und dann im Rechtsbogen aufwärts.

Über die sofort links abzweigende Tönsbergstraße haben Sie einen Blick zur ehemaligen Synagoge.

Dann passieren Sie den kleinen jüdischen Friedhof und kommen im Folgenden zur Kumsttonne. Hier führt auch die sogenannte Himmelsleiter in vielen Stufen vom Marktplatz hinauf (auch als Lönsweg (X10) markiert).

## Kumsttonne

Bei dem Gebäude mit dem seltsamen Namen handelt es sich um den Torso einer Windmühle, die 1753 erbaut wurde. 1843 verlor sie bei einem heftigen Sturm ihre Flügel und wurde nicht mehr instand gesetzt. Ihr Name spielt auf ihr Aussehen an, da sie einer mit Sauerkraut gefüllten Tonne ähnelt. Der Begriff „Kumst“ ist eine regionale Bezeichnung von Sauerkraut, die sich vom lateinischen „compositum“ ableitet und daher auch mit „Kompost“ eng verwandt ist.

Danach kommen Sie am Ehrenmal des 6. Lothringischen Königs-Infanterie-Regiments Nr. 145 vorbei. Es befand sich von 1890 bis 1914 in Metz (das zu der Zeit zum Deutschen Reich gehörte) und hat nun seine neue Heimat hier in Oerlinghausen gefunden.

Gleich danach zeigt eine Sandsteinsäule den zweithöchsten Punkt am Tönsberg an. Er dient der Landvermessung.

## Oerlinghauser Meditationsweg

Knapp 200 m weiter beginnt der Oerlinghauser Meditationsweg, der zu mehreren Metalltafeln auf Steinen führt, die 1996 anlässlich des 40-jährigen Bestehens der Heim-Volkshochschule St. Hedwigshaus e. V. aufgestellt wurden. Die Metalltafeln repräsentieren die vier weltlichen und die drei christlichen Tugenden. Die weltlichen Tugenden stammen schon aus der Antike, es sind Weisheit, Gerechtigkeit, Tapferkeit und Mäßigung. Die ihnen zur Seite gestellten christlichen Tugenden sind Glaube, Liebe und Hoffnung.

Nur noch sanft steigt der Weg fast unmerklich über den flachen Gipfel und kommt dabei an einer ⌂ Schutzhütte vorbei. Wenig weiter befindet sich das Löns-Denkmal mit Senneaussicht ❶. An klaren Tagen schauen Sie bis zu den Windrädern auf der Paderborner Hochfläche.

## Hermann-Löns-Denkmal

Hermann Löns (1866-1914) wanderte diesen Weg entlang zum Hermannsdenkmal und löste mit seinen Beschreibungen damals einen Tourismusboom aus. In seiner Geschichte „Frau Einsamkeit" schreibt er:

„So wanderte ich von Bielefeld über sonnige Höhen nach Oerlinghausen, dort stieg ich bergan, ging an der Hünenkapelle auf dem Tönsberg vorüber, wanderte durch Buchenwald, enkeltiefen Treibsand, bis sie vor mir lag, die herbe Senne."

Das Denkmal wurde ihm 1928 gesetzt.

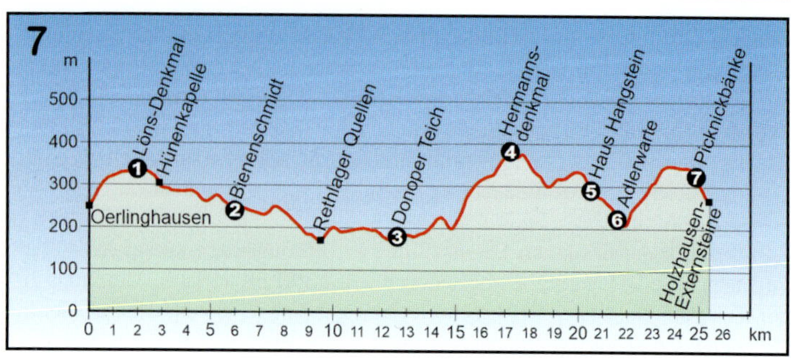

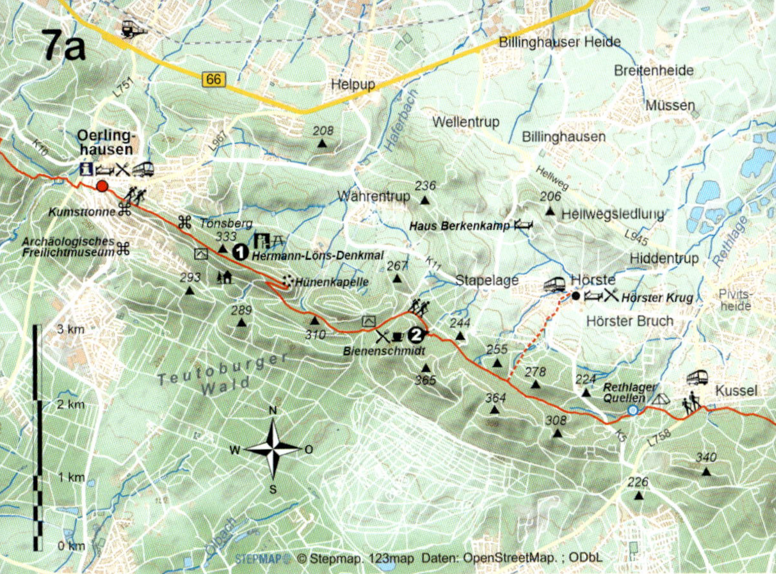


Etwas weiter befindet sich eine interessante Station mit Informationen zum Naturpark Teutoburger Wald und Eggegebirge. Der Weg beginnt nun zu fallen. Es heißt Obacht geben, denn die Markierung zeigt links vom Hauptweg ab Richtung Hünenkapelle (200 m). Sie passieren einen Befestigungsgraben einer cheruskischen Volksburg (Infotafel) und erreichen die Ruine der Hünenkapelle, die mitten in dem Areal der ehemaligen Wohnanlage aus dem 4. Jahrhundert v. Chr. liegt.

## Ruine der Hünen- oder Antoniuskapelle

Der einschiffige Bau, der auf eine mittelalterliche Klause zurückgeht, wurde wahrscheinlich im 15. Jahrhundert errichtet und dem heiligen Antonius dem Großen (251-356 n. Chr.) geweiht. Aus den Paderborner Annalen ist ersichtlich, dass bis 1548 Wallfahrten zum Tönsberg durchgeführt wurden.

Der heilige Antonius gilt als Vater der Mönche. Er wurde der Überlieferung nach über 100 Jahre alt. Zur Zeit der Christenverfolgung hatte er sich unter Diokletian in eine Einsiedelei zurückgezogen. In der Abgeschiedenheit der Wüste soll er, obwohl der Teufel ihn in Form von Knaben und schönen Frauen verleiten wollte, der Verführung widerstanden haben. Antonius der Große wird oft mit Schweinen dargestellt, die die Versuchungen symbolisieren. Er ist u. a. der Schutzpatron der Bäuerinnen und Bauern sowie Haustiere.

Der Tönsberg – Antonius ist auf Niederdeutsch Tönies – soll seinen Namen von diesem Heiligen erhalten haben.

Die Kapellenruine liegt an einer besonders aussichtsreichen Stelle. Dazu tragen die gerodeten Fichten, aber auch der hier steil in die Wistinghauser Schlucht abfallende Osthang des Tönsbergs bei. Gehen Sie geradeaus an der Kapelle vorbei und klettern Sie den Hang hinab, bis Sie auf einen Querweg stoßen. Hier gehen Sie rechts zurück zum Hauptweg, in den Sie links einbiegen.

In der Senke quert ein breiter Forstweg. Weitere Wege zweigen ab. Ein Wegweiser zeigt die Richtungen an.

↳ Rechts ist ein Weg zum Naturfreundehaus vorbei an einem Wassertretbecken angegeben.

**Naturfreundehaus Bielefeld**, Welschenweg 111, 33813 Oerlinghausen, ☎ 05 21/23 94, 💻 www.naturfreunde-bielefeld.de, Selbstversorgerhaus für Gruppen, Preise auf Anfrage, ➲ 630 m

Sie folgen dem breiten Forstweg nach links. Nach etwa 400 m biegen Sie in einer scharfen Linkskurve rechts davon ab und wandern wieder aufwärts an eine schnell erreichte Höhe. Hier folgen Sie geradeaus dem Hauptweg. An der nachfolgenden, markanten Gabelung gehen Sie links. Wieder stoßen Sie auf einen Querweg. Diesem folgen Sie links zu einem Schutzdach innerhalb eines Rodungsgebiets.

Leicht aufwärts gehend erreichen Sie eine Dreifachverzweigung, an der Sie dem Weg rechts folgen. Wieder kommen Sie an einen Querweg, gehen links und gleich wieder rechts davon ab und erreichen das Ausflugslokal Bienenschmidt mit großem Biergarten, Grill und Kiosk ❷.

**Gastwirtschaft Bienenschmidt**, Kalkreute 100, 32791 Stapelage, ☎ 052 31/99 02 02, kontakt@bienenschmidt.de, 💻 bienenschmidt.de, Sa/So/Fei ab 11:00, aktuelle, zusätzliche Öffnungszeiten entnehmen Sie bitte der Homepage.

Der Hermannsweg führt rechts oberhalb um den Biergarten herum. Er ist bis Hörste gleichzeitig ein literarischer Wanderweg, der mit etwa 20 Lesestationen die Wandergeschwindigkeit herabsetzt.

Sie erreichen die Zufahrt zum Gasthof, gehen rechts, und wenn diese links biegt und eine Teerdecke bekommt, geradeaus davon ab.

1,3 km hinter der Gastwirtschaft zweigt nach links ein Weg nach Hörste ab (Wegweiser). Bis zum Ortszentrum sind es ca. 1,5 km, sofern Sie am Abzweig Ilkenkamp weiter geradeaus in das Zentrum laufen. Der markierte Zuweg zu den Hermannshöhen biegt am Siedlungsrand links in die Siedlungsstraße Ilkenkamp, die nach 330 m rechts Richtung Zentrum einbiegt. Sie könnten so ein Stück Fahrstraße meiden, laufen aber 500 m mehr.

## Hörste

3.000 Einw.

**Hörster Krug**, Teutoburger-Wald-Straße 1, 32791 Hörste, 052 32/889 45, info@hoersterkrug.de, www.hoersterkrug.de, ÜF EZ € 55, DZ € 95, , € 5, € 8, 1,5 km, Zentrum

**Haus Berkenkamp**, Im Heßkamp 50, 32791 Hörste, 052 32/961 00, pension@haus-berkenkamp.de, www.haus-berkenkamp.de, ÜF Preise auf Anfrage, Abendessen für Gäste auf Vorbestellung möglich, ca. 2,2 km

Von „Hörste, Markt“ (Lage) fährt der Bus 951 von Mo bis So im Stundentakt zum Bahnhof Lage (Lippe). Sonntags oder am späten Abend muss der Bus wenigstens 1 Std. vor der Abfahrtszeit unter 052 61/667 39 50 angemeldet werden (Rufbus). Ein weiterer Bus fährt ebenfalls im Stundentakt zum Bahnhof Detmold.

**Taxi Shaikh**, 052 32/26 26

Der am nördlichen Fuß des Teutoburger Waldes gelegene, staatlich anerkannte Luftkurort Hörste ist ein Stadtteil von Lage, dessen Zentrum 5,5 km nördlich von Hörste liegt.

Der Hermannsweg führt am Abzweig nach Hörste (Wegweiser) weiter geradeaus, an der nächsten Verzweigung aber links. Sie wandern immer am Nordrand des FFH-Gebietes „Östlicher Teutoburger Wald“ entlang und überqueren die K5. 200 m dahinter zweigt der Hermannsweg schräg rechts ab und Sie wandern zu den Rethlager Quellen.

### Rethlager Quellen und Dörenschlucht

Bei den Rethlager Quellen handelt es sich um Karstquellen, d. h., sie gehören zu einem unterirdischen Karst- und Höhlensystem, das sich in dem hier vorkommenden Kalkgestein gebildet hat. Die Quellen sind als Naturdenkmal (also aufgrund ihrer Seltenheit, Eigenart oder Schönheit) und als Naturschutzgebiet zusammen mit dem hier entspringenden Rethlager Bach und der Dörenschlucht, in der sie sich befinden, geschützt.

In der Nähe sind Ausgrabungen gemacht worden. Die dabei entdeckten mittelsteinzeitlichen Hüttengrundrisse gehören zu den bisher ältesten entdeckten

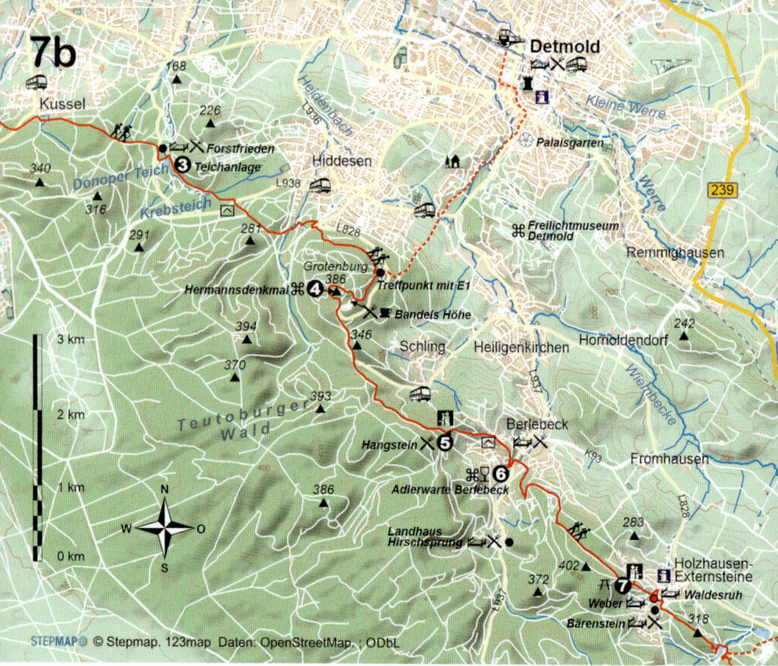


Siedlungen im Landkreis Lippe. Des Weiteren befinden sich in dem Areal einige Hügelgräber aus der Bronzezeit. Es wird angenommen, dass es sich bei der Dörenschlucht um den Teil einer sehr alten Handelsstraße handelt. Im Mittelalter trug die Straße den Namen Frankfurter Weg. Er verlief von Bremen über Minden kommend durch die Dörenschlucht und Senne nach Paderborn und Frankfurt.

Unterhalb der Quellen biegt der Weg nach rechts, passiert einen Campingplatz und führt an einem Querweg geradeaus wieder in den Wald hinein.

**Campingplatz Quellental**, Quellenstraße 55, 32758 Detmold, OT Kussel, ☏ 052 31/364 40 43, 01 51/55 90 34 99 (Petra), 01 76/22 15 73 08 (Bernd), www.campingplatz-quellental.net, Ü Zelt inkl. 1 Pers. € 12, Ü p. P. € 5, Buchung von Miethütten mit Feldbetten möglich, Ü 2 Pers. € 45, 4 Pers. € 90, warmer Schlafsack erforderlich, € 2

Sie kreuzen schließlich die viel befahrene L758. 350 m weiter, am Rand einer Wohnsiedlung von Pivitsheide, erreichen Sie einen breiten Weg vorm Freibad.

Wenn Sie hier (bei km 10,3) links zur L758 (Augustdorfer Straße) hinuntergehen und dort rechts weiterwandern, kommen Sie zur Bushaltestelle „Sandstraße“ (380 m). Da es sich beim Ortsteil Pivitsheide bereits um Detmolder Stadtgebiet handelt, haben Sie hier komfortablen Busanschluss Richtung Detmold, Bahnhof durch zwei Linien (4x in der Stunde, an Wochenenden bis zu 2x).

Ihr Weg führt am Freibad rechts zu einem Parkplatz und dort links am Siedlungsrand entlang. Nach ca. 150 m biegen Sie schräg rechts ab in den Wald hinein, gehen nach 200 m an einem Querweg geradeaus und bleiben 150 m darauf rechts auf dem Pfad. Nach etwas mehr als 1 km überqueren Sie die L944 am Hotel und Gasthof Forstfrieden.

**Hotel-Restaurant Forstfrieden**, Stoddartstraße 336, 32760 Detmold, 052 31/303 20 88, restaurant-forstfrieden@gmx.de, www.forstfrieden.de, ÜF EZ € 68, DZ € 95, ab € 8

Sie gehen nach rechts und biegen gleich wieder links in einen Weg ab, der zu einem Parkplatz mit Kiosk (tägl. ab 11:00, aber nur an schönen Tagen) am Donoper Teich führt. Hier gehen Sie links noch ein paar Schritte zur Teichanlage ❸.

*Herbstsonne tanken am Donoper Teich*

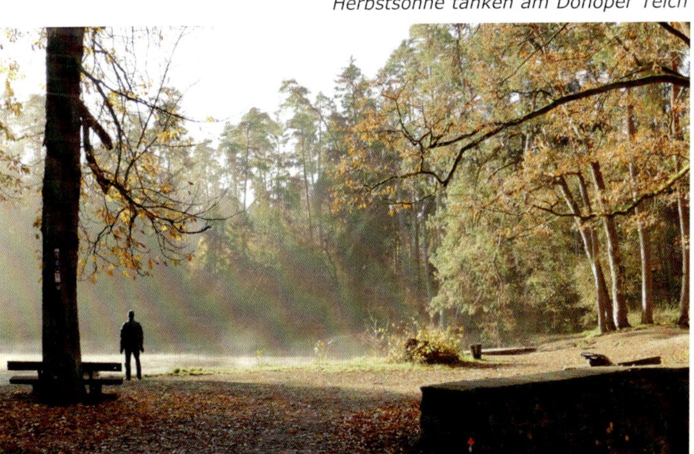

## Donoper Teich/Krebsteich

Der 50 m breite und 150 m lange Donoper Teich wurde 1625 als Fischteich angelegt, in dem man den Hasselbach aufstaute. Eine wasserundurchlässige Schicht aus Mergel, einem Kalk-Ton-Gemisch, macht die Anlage von Teichen im Hasselbachtal möglich. Benannt wurde der Teich nach einem Herrn von Donop, wahrscheinlich Levin von Donop (1567-1641). Der Teich und das vor Ihnen liegende Hangmoor Hiddeser Bent sind heute als Naturschutzgebiet geschützt.

Der Krebsteich, den Sie kurz darauf erreichen, ist genauso entstanden wie der Donoper Teich, aber er wurde – wie sein Name schon sagt – nicht zur Fischzucht, sondern zur Krebszucht verwendet.

Sie überqueren den Ablauf des Teiches und wandern rechts am Ufer und dann am Hasselbach entlang zum Krebsteich. Hier folgen Sie geradeaus dem bequemen Weg durch ein besonders ansprechendes Waldgebiet mit alten Laubbäumen bis zur L938, die Sie ein bisschen nach rechts versetzt überqueren. Kurz darauf treffen Sie auf die ⌂ Birkenweghütte.

Geradeaus führt Ihr Weg bis an eine Höhe. Dahinter biegen Sie an der Verzweigung links in einen schmalen Weg ab, überqueren ein Sträßchen und laufen nun im **Kurwald Hiddesen** zu einer Waldwiese hinab, überqueren rechts den Bach und steigen wieder leicht aufwärts an einen Querweg.

Der Wegweiser zeigt hier nach links und nach 30 m wieder rechts die Stufen zur Kneippanlage hinauf. Oberhalb, noch bevor ein Querweg erreicht ist, führt der Hermannsweg links in den Hang.

☺ ↳ Wer 200 m abkürzen will steigt (etwas steiler) mit dem Querweg direkt zu einem Parkplatz hinauf.

Der markierte Weg führt zunächst zum Wegweiser **Kurpark Hiddesen**, der gegenüber dem Haus des Gastes Hiddesen steht. Die ehemalige Gaststätte ist Sitz des Heimatvereins Hiddesen.

↳ 🚌 Wenn Sie hier links der Straße Hülsenweg folgen würden, kämen Sie zur gleichnamigen Stadtbushaltestelle an der querenden Friedrich-Ebert-Straße. Zwei Linien fahren nach Detmold Bahnhof (➲ 500 m). Schräg unterhalb vom Haus des Gastes (Hiddesen-Freibad) halten die Busse der Touristiklinie 792 (☞ Detmold) auf dem Weg zum Hermannsdenkmal (➲ 200 m).

Sie gehen rechts aufwärts zur Straße und wieder rechts bis in die Haarnadelkurve und dort geradeaus von der Straße ab zu einem Parkplatz. Hier biegen Sie links in den Grillplatz gegenüber ein und folgen gleich links den Stufen zu einem Waldweg hinauf. Sie erreichen die Straße oberhalb der Haarnadelkurve (fast) wieder, biegen aber vorher rechts in den steiler aufwärtsführenden Weg.

Dieser erreicht einen Querweg, der nun bequemer links in den Hang führt. (An einer gleich folgenden Gabelung halten Sie sich rechts.) Am Ende treffen Sie auf einen breiten Schotterweg, auf dem es links 50 m abwärts weitergeht. Jetzt biegen Sie rechts auf den von Detmold heraufführenden Europäischen Fernwanderweg E1 ein.

Der gut markierte E1 führt bergabwärts an der Bushaltestelle Friedrichstal (➲ 1,3) vorbei und am Friedrichtaler Kanal entlang bis an den Schlossgraben. Zum Bahnhof biegen Sie hier vom E1 ab und wandern links entlang von Bruch- und Gerichtsstraße zur Herrmannstraße. Diese ist rechts genau auf den Bahnhof gerichtet (➲ 4,2).

## Detmold 74.000 Einw.

**Tourist-Information**, Rathaus am Markt, 32754 Detmold, ☎ 052 31/97 73 28, tourist.info@detmold.de, www.detmold.de, April-Okt Mo-Fr 10:00-18:00, Sa 10:00-14:00, im Winter wochentags nur bis 17:00, ➲ 3,4 km

**Hotel Lippischer Hof**, Willy-Brandt-Platz 1, 32756 Detmold, ☎ 052 31/93 60, info@lippischerhof-detmold.de, lippischerhof-detmold.de, ÜF Tagespreise auf Anfrage, ➲ 3,2 km, südlicher Altstadtrand

♦ **Altstadt Hotel**, Exterstraße 5, 32756 Detmold, ☎ 052 31/96 20 50, info@altstadthotel-detmold.de, www.altstadthotel-detmold.de, ÜF EZ € 55, DZ € 90, ➲ 3,4 km, südliche Altstadt

♦ **H&S Residenzhotel Detmold**, Paulinenstraße 19, 32756 Detmold, ☎ 052 31/93 70, info.detmold@hs-hotels.de, www.residenz-detmold.de, ÜF EZ ab € 89, DZ ab € 109, inkl. Nutzung von Schwimmbad und Sauna, Bademantel, € 9, ➲ 3,5 km, westlicher Altstadtring

**Pension am Palaisgarten**, Papenbergweg 2, 32756 Detmold, ☎ 052 31/324 35, mausabine@yahoo.de, www.pensiondetmold.de, Ü EZ € 44, DZ € 64, (Tee, Kaffee, Gebäck inkl.), ➲ 3,5 km, östlich direkt am Palaisgarten angrenzend

**Jugendherberge Detmold**, Schirrmannstraße 49, 32756 Detmold, ☎ 052 31/247 39, jh-detmold@djh-wl.de, www.jugendherberge.de → Schnellsuche, ÜF ab € 28,90, ➲ 2,2 km, 1,2 km südwestlich der Altstadt

⌘ **LWL-Freilichtmuseum**, Krummes Haus, 32760 Detmold, ☎ 052 31/70 60, lwl-freilichtmuseum-detmold@lwl.org, www.lwl-freilichtmuseum-detmold.de, 1. April-31. Okt Di-Fr 10:00-18:00, Sa, So 11:00-18:00, ➲ 2 km, größtes Freilichtmuseum Deutschlands

⌘ **Lippisches Landesmuseum Detmold**, Ameide 4, 32756 Detmold, ☏ 052 31/992 50, ✉ mail@lippisches-landesmuseum.de, 💻 lippisches-landesmuseum.de, 🚪 Di-Fr 10:00-18:00, Sa, So 11:00-18:00, ➲ 3,5 km, Landesgeschichte, Archäologie, Kunst und Kultur, Mythos Varusschlacht, Exponate zum Thema

♦ **Fürstliches Residenzschloss Detmold**, Schlossplatz 1, 32756 Detmold, ☏ 052 31/700 20, ✉ verwaltung@schloss-detmold.de, 💻 www.schloss-detmold.de, 🚪 Di-So 11:00, 12:00, 14:00, 15:00, 16:00, im Sommerhalbjahr auch 17:00 und an Wochenenden um 13:00, ➲ 3,4 km. Etwa ein Viertel der Fläche der Detmolder Altstadt wird durch das Residenzschloss der Herren zu Lippe ausgefüllt, es gilt als ein herausragendes Zeugnis der Weserrenaissance. Da es bis heute bewohnt wird, können nur Teile des Schlosses (allerdings wesentliche) innerhalb einer äußerst kurzweiligen Führung besichtigt werden.

🚌 Alle Linien des Detmolder Stadtverkehrs starten am Bahnhofsvorplatz. Der Hermannsweg verläuft entlang der südlichen Siedlungsgrenze der Stadt. Es gibt außer in Hörste (gehört bereits zu Lage, hat aber auch Stadtbusanbindung nach Detmold) zwei weitere, im Text hervorgehobene Stellen am Weg in relativer Nähe zu den Haltestellen. An Wochenenden (Sa/So) und Feiertagen fahren von Mai bis Oktober Busse der Touristiklinie 792 (auch Lippemobil oder Naturparklinie genannt) im Stundentakt direkt zu den Sehenswürdigkeiten am Weg (Hermannsdenkmal, Adlerwarte, Externsteine). 💻 www.stadtverkehr-detmold.de

🚆 Detmold hat einen Bahnhof an der Bahnstrecke Paderborn – Herford. Es gibt auch Direkt- und Umsteigeverbindungen nach Oerlinghausen und Bielefeld.

🚕 **Deta Taxi**, ☏ 052 31/280 66

♦ **Residenz Taxi**, ☏ 052 31/277 47

♦ **Taxi Limberg**, ☏ 052 31/43 45

Das Hermannsdenkmal auf der Grotenburg liegt etwa 240 Höhenmeter über der Altstadt von Detmold. Für geübte Berggängerinnen und Berggänger sind das nur Kleinigkeiten, für die eher flaches Land gewohnten Wanderinnen und Wanderer aus Norddeutschland, Westfalen, den Niederlanden oder Belgien, welche in einer großen Anzahl den Hermannsweg erwandern, ist das schon eine ernst zu nehmende Hürde und verführt vielleicht nicht so leicht, vom Denkmal aus oder vom Treffpunkt mit dem Europäischen Fernwanderweg E1, an dem immerhin schon ein Gutteil des Anstiegs geschafft ist, zur Übernachtung abzusteigen. Und doch möchte ich Ihnen, sofern Sie einen Abstecher nach Detmold planen, gerade diesen Weg, über den gut markierten E1 nahelegen.

Detmold gehört zu den hübschesten Orten Westfalens, es handelt sich um eine gut zu überschauende Kleinstadt, es ist aber gleichzeitig die größte Stadt im

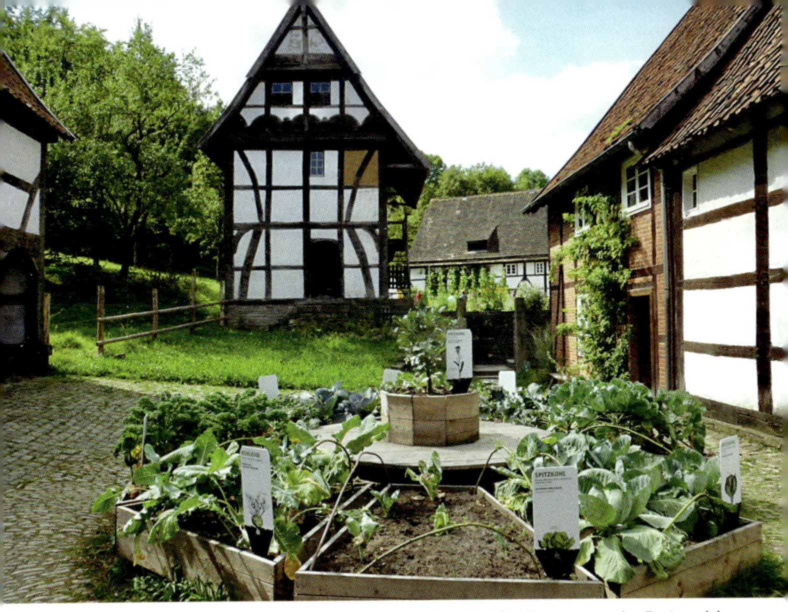


*Im Freilichtmuseum in Detmold*

Landkreis Lippe. Detmold ist mit dem Sitz der Bezirksregierung und des Kreises Verwaltungsstadt, aufgrund der viel beachteten Musikhochschule und der Technischen Universität aber auch eine Stadt der Jugend. Historisch gesehen war Detmold von 1468-1918 Residenzstadt der Grafen, Fürsten und Herren zur Lippe.

Einige der Sehenswürdigkeiten Detmolds liegen direkt am Wanderweg (Hermannsdenkmal, Adlerwarte), andere sind bereits oben aufgezählt. Dazu ist die historische Altstadt mit rund **350 Fachwerkbauten** erwähnenswert. ☺ Besuchen Sie auch die am östlichen Rand gelegene Adolfstraße.

Kommen Sie auf dem E1 in die Stadt, laufen Sie direkt am über 200 Jahre alten **Palaisgarten** vorbei, der sich hinter der Musikhochschule über einen Hügel erstreckt. Mit der Öffnung der Stadtmauer nach Süden und dem Bau der Detmolder Neustadt war auch das Fürstliche Residenzschloss in der Altstadt nicht mehr gut genug. Es entstand eine zweite Niederlassung, das neue Palais (heute Musikhochschule) als Teil des Gesamtprojekts Friedrichstal. Der Palaisgarten wurde zunächst als Barockgarten konzipiert, erhielt aber um 1850 eine Erweiterung im Stil eines englischen Landschaftsparks durch keinen Geringeren als Peter Joseph Lenné. Beachtenswert ist der alte Baumbestand, die Kaskaden und die Wasserspiele.

Zum Ausbau der Stadt nach Süden gehörte der **Friedrichstaler Kanal**, der in der ersten Dekade des 18. Jh. entstand. Er diente dem einzigen Zweck, die hohe Gesellschaft mit Gondeln bequem zum Palaisgarten und einem heute nicht mehr existenten Lustschloss zu führen. Der Kanal existiert bis heute, allerdings ohne die alten Schleusenkammern, die benötigt wurden, den Höhenunterschied zu überwinden. Das Wasser wird wie vor 300 Jahren dem Bach Berlebecke entnommen. Entlang des Grabens führt eine breite und viel besuchte Promenade für jedermann bis in die Altstadt am Schloss. So manches Privatschlösschen am Weg konnten sich allerdings nur wenige leisten.

Sie folgen dem Weg zum Besucherzentrum am Hermannsdenkmal hinauf ⌘ ❹.

Zum Hermannsdenkmal gehen Sie rechts am Besucherzentrum vorbei auf der breiten Allee weiter zur Höhe. Bevor das Denkmal ganz erreicht ist, führt Ihr Weg an einem Wegweiser rechts in den Hang.

## Hermannsdenkmal

(Seite 31)

Das Hermannsdenkmal ist eines der bekanntesten Denkmäler Deutschlands. Es erinnert an die Schlacht im Teutoburger Wald, auch Varusschlacht genannt, in der im Jahr 9 n. Chr. der Cheruskerfürst Arminius (18/17 v. Chr.-21 n. Chr.), genannt Hermann, mit seinen Mannen die Römer unter Publius Quinctilius Varus (47/46 v. Chr.-9 n. Chr.) vernichtend schlug. Die Nachricht über einen regionalen Aufstand soll Varus veranlasst haben, mit seinem gesamten Heer (bei einer Heeresstärke von mindestens 15.000 Soldaten und über 4.000 Tieren war der Zug 15 bis 20 km lang!) einen Umweg durch unbekanntes Gelände zu nehmen. Beim heutigen Kalkriese am Wiehengebirge in der Nähe von Osnabrück soll er dann in den Hinterhalt der Cherusker geraten sein. Die 17., 18. und 19. Legion gingen unter. Inklusive der Hilfstruppen kam bei der Schlacht ein Achtel des gesamten römischen Heeres um.

Die Niederlage veranlasste die Römer, sich kurzfristig etwas zurückzuziehen, aber bereits im Jahr 14 begann Germanicus (15 v. Chr.-19 n. Chr.) mit Vergeltungsfeldzügen. Er kam auch zum Schlachtfeld der Varusschlacht. Tacitus beschreibt den Anblick in seinen Annalen wie folgt (zitiert nach Wikipedia, Artikel „Varusschlacht"):

„Mitten auf dem Felde lagen bleichende Knochen, zerstreut oder in Haufen, je nachdem ob sie von Flüchtigen oder von einer noch Widerstand leistenden Truppe stammten. Daneben lagen zerbrochene Waffen und Pferdegerippe, an Baumstämmen waren Schädel befestigt. In Hainen in der Nähe standen die Altäre der Barbaren, an denen sie die Tribunen und Zenturionen ersten Ranges geschlachtet hatten."

Allerdings lohnte sich das Vorgehen der Römer nicht, sodass sie letztendlich auf eine direkte Unterwerfung der Germanen verzichteten. Auf jeden Fall wurde die Romanisierung, ob direkt oder indirekt durch Hermann beeinflusst, gestoppt.

Eine ähnliche Fremdsteuerung konnte durch die Völkerschlacht bei Leipzig 1813 abgewendet werden, als Napoleons Heer gegen die verbündeten Österreicher, Preußen, Russen und Schweden verlor. Diese identitätsstiftende Schlacht, die zum Sinnbild nationaler Einheit wurde, lag gerade fünf Jahre zurück, als Ernst von Brandel (1800-1876), zu der Zeit ein Lehrling der Münchner Bauschule der Akademie und von der Völkerschlacht inspiriert, erste Zeichnungen für ein Hermannsdenkmal anfertigte. Die Idee, ein Hermannsdenkmal zu schaffen, wurde für Brandel zum Lebenswerk, das tatsächlich durch den Bau dieses Denkmals auf dem Teutberg (Grotenburg) in den Jahren zwischen 1838 und 1875 gekrönt wurde.

Otto Höfler (1901-1987), ein Mediävist, hat Arminius als Vorbild für die Nibelungensage und Siegfried gesehen. Den „Lindwurm", der von Siegfried getötet wird, sieht er als Bild für den langen Heerzug der Römer. Dass die Geschehnisse der Schlacht, die über die Jahrhunderte von fahrenden Sängern mündlich weitergegeben wurden, ausgeschmückt, übertrieben und mit Symbolen aufgeladen wurden, ist wahrscheinlich. Es ist also gut möglich, dass auf dem Sockel nicht nur Arminius selbst steht, sondern auch sein künstlerisches Alter Ego Siegfried. Unwidersprochen ist diese These allerdings nicht.

Bei so viel geballter Geschichte ist es nicht verwunderlich, wenn jährlich mehrere Hunderttausend Besucherinnen und Besucher zum Denkmal kommen.

Das Hermannsdenkmal in Zahlen:

**Schwert:** 7 m/550 kg
**Schild:** 10 m/1.150 kg
**Standbild bis zur Schwertspitze:** 26,57 m/42.800 kg
**Gesamthöhe:** 53,46 m

⌘ **Hermannsdenkmal**, ☏ 052 31/62 11 65 (Touristinfo), 💻 www.hermannsdenkmal.de (Seite der Denkmalstiftung des Landesverbands Lippe mit allgemeinen Infos), 🚪 April-3. Nov täglich 9:00-18:30, 4. Nov-März Sa/So 11:00-15:00 (witterungsabhängig), Eintritt € 4 für die Besteigung des Denkmals, Karten am Ticketautomaten und in der Touristinfo am Denkmal (Öffnungszeiten wie die des Denkmals), auch als Kombiticket mit Besteigung der Externsteine € 6, Außenbesichtigung jederzeit auch ohne Ticket

🍴☕ **Restauration Bandels Höhe**, Grotenburg 50, ☏ 052 31/880 38, ✉ info@hermannsdenkmal-detmold.de, 🚪 ab 11:00

 Bus nach Detmold: Sa, So und Fei fährt die Touristiklinie 792 vom Parkplatz Hermannsdenkmal nach Detmold. Weitere Möglichkeiten ☞ Detmold

Der Weg vollführt eine Runde um die Grotenburg. Aus verschiedenen Perspektiven ist der Bronze-Herrmann noch einmal zu sehen. Alternativ könnten Sie auch (weniger schön) am Besucherzentrum über den großen Parkplatz laufen und an der Ausfahrtschranke an die Straße kommen. Links führt diese nach Detmold, rechts nach Heiligenkirchen. Auch über den markierten Rundweg erreichen Sie die Straße über das Gelände der Waldbühne hinweg.

Der Hermannsweg führt an der Straße rechts entlang, überquert sie, verläuft rechts oberhalb parallel zu ihr und trifft wieder auf sie. Bei dem Parkplatz gehen Sie wieder in den Wald hinein. Sie folgen dem Weg am Hang entlang und erreichen steil bergab wandernd das Haus Hangstein. Ein schöner Blick zurück zum Hermannsdenkmal ist hier möglich ❺.

**Café-Restaurant Hangstein**, Hangsteinstraße 60, 32760 Detmold, ☏ 052 31/46 93 99, tbeck01@hangstein.de, Mi-So 12:00-19:00

Am Haus Hangstein biegen Sie rechts in die Zufahrt, aber gleich wieder links davon in einen Hangweg ab, der sich bei bester Aussicht oberhalb der Siedlung entlangzieht. Über den Pulverweg kommen Sie zu einer Wegkreuzung an der Gedächtnisbank. Eine freistehende Esche überragt diesen schönen Platz mit Spielplatz und Pausenbänken und Schutzdach. Sie folgen rechts der Adlerstraße und weiter dem Schild „Fußweg zur Adlerwarte" zur Attraktion von Berlebeck ❻.

## Berlebeck

⌘ 2.500 Einw.

**Landhaus Hirschsprung**, Familie Kohlmann, Paderborner Straße 212, 32769 Berlebeck, ☏ 052 31/878 50 00, info@landhaus-hirschsprung.de, www.landhaus-hirschsprung.de, ÜF EZ € 74, DZ € 107, auf Anfrage, auf Anfrage, 1,1 km (in die L937 rechts einbiegen)

**Hotel am Wasserfall**, Schlehenweg 3a, 32769 Berlebeck, ☏ 052 31/942 40, info@haus-am-wasserfall.de, www.haus-am-wasserfall.de, ÜF EZ € 45-49, DZ € 69-89, € 7, 650 m, nördlich der Adlerwarte (der L937 am Abzweig zur evangelischen Kirche geradeaus noch 540 m folgen und dann rechts in den Schlehenweg abbiegen)

**Gästehaus Berg-Café**, Hangsteinstraße 1, 32769 Berlebeck, ☏ 052 31/475 63, berg-cafe-berlebeck@t-online.de, ÜF EZ € 42, DZ € 70, Café nur sonntags geöffnet, am Weg, wenige Meter unterhalb der Adlerwarte

⌘ 🍸 **Adlerwarte Berlebeck**, Adlerweg 13-15, 32769 Berlebeck, ☏ 052 31/471 71, info@adlerwarte-berlebeck.de, www.adlerwarte-berlebeck.de, März-Nov, Tierpark: 9:30-17:30, Freiflugvorführungen: 11:00 und 15:00 (an Sonn- und Feiertagen auch 13:00), am Weg

🚌 Der Detmolder Stadtbus 701 fährt im Stundentakt zur Haltestelle „Adlerwarte Berlebeck".

Der kleine Luftkurort mit der Adlerwarte gehört seit 1970 als südlichste Eingemeindung zur Stadt Detmold.

Von der Adlerwarte führen Stufen abwärts. Am Fuß des Berghangs erreichen Sie das Berg-Café und kurz darauf einen Bach an der Straße, dem Sie auf schmalem Pfad links folgen. 100 m weiter überqueren Sie die Paderborner Straße und gehen gegenüber in den Kindergartenweg. Sie laufen an der evangelischen Kirche vorbei bergan und oberhalb in einem Zickzack-Pfad zum Waldrand und in den Wald hinein.

Auf breitem Forstweg steigen Sie bergan und folgen der Linkskurve weiter aufwärts, bis Sie schließlich oben ankommen und nach links auf einen Forstweg abbiegen. Im weiteren Verlauf führt der Hermannsweg am Hang des Stembergs entlang und bietet Ihnen an einigen Stellen einen weiten Blick ins Land. An seinem abfallenden Bergrücken führt Ihr Weg nun halb links abwärts. Sogleich finden Sie einen Gedenkstein zur **Vogeltaufe** und eine Bank mit schönem Blick ins Tal. Auf einer Texttafel wird von einem Ereignis aus dem 8. Jahrhundert berichtet, als der Abt Anastasius die sächsischen Heiden des Lipperlandes, darunter auch einen Freund und Waffengefährten Widukinds, taufen wollte. Die Gruppe der Paderborner Mönche, die mit ihrem Gesang die Zeremonie verschönern sollten, waren in Kohlstätt überfallen und auseinandergejagt worden. Der Abt begann trotzdem mit der Taufe und auf einmal rauschte es in der Luft und Hunderte von kleinen braunen Vögeln ließen sich nieder und sangen so schön, wie es nie zuvor jemand gehört hatte.

Der Hermannsweg führt bald etwas flacher über eine offene Fläche, die mit Heidekraut, Blaubeeren und einzelnen, frei stehenden Bäumen bewachsen ist. Es sind Picknickbänke und Entspannungsliegen aufgestellt. Aus Eisenplatten sind die Silhouetten einiger Schafe ausgesägt und aufgestellt. Sie deuten symbolhaft auf die Entstehung der Flächen hin (Heideflächen Holzhausen) ⛩ ❼. Ein kurzer Abstecher führt zu einer besonderen Aussicht mit einer Informationstafel zur Geschichte dieser durch Beweidung entstandenen Landschaft. Bergab erreichen Sie die Ortschaft Holzhausen-Externsteine (ein Ortsteil von Horn-Bad Meinberg). An der Siedlungsstraße biegen Sie rechts ab und passieren das Wanderhotel Waldesruh.

## Holzhausen-Externsteine

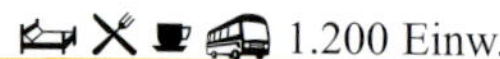
1.200 Einw.

**Waldhotel Bärenstein**, Am Bärenstein 44, 32805 Holzhausen-Externsteine, 052 34/20 90, info@hotel-baerenstein.de, www.hotel-baerenstein.de, Ü EZ ab € 75 (Wandererzimmer), DZ ab € 99, F € 10,50, Wellnesseinrichtungen, am Weg

♦ **Waldesruh**, Wanderhotel Externsteine, Ruheweg 8, 32805 Holzhausen-Externsteine, 052 34/24 16, oberjasper-waldesruh@t-online.de, waldesruh-externsteine.de, ÜF EZ € 50, DZ € 92, € 3, am Weg

**Landhotel Weber**, Hasenwinkel 4, 32805 Holzhausen-Externsteine, 052 34/849 30, info@landhotel-haus-weber.de, www.kur-pension-haus-weber.de, ÜF EZ € 58, DZ € 102, nach Absprache, 180 m

Der Regiobus 782 fährt zwischen dem Bahnhof Horn-Bad Meinberg und dem Bahnhof Detmold auch über Holzhausen (Stundentakt).

# 8. Etappe: Holzhausen-Externsteine – Bad Driburg

*26,5 km, 8 Std. 30 Min., 535 m, 563 m, 228-468 m*

| | | |
|---|---|---|
| 0,0 km | 263 m | Holzhausen (Pension Waldesruh) |
| 1,6 km | 262 m | Externsteine (Oberer Teich) ⌘ |
| | | : Horn-Bad Meinberg BANK |
| 5,2 km | 270 m | Hotel-Restaurant Silbermühle |
| 9,5 km | 441 m | Lippischer Velmerstot |
| | | Leopoldstal |
| 10,4 km | 468 m | Preußischer Velmerstot (höchster Punkt der Hermannshöhen), Schutzhütte |
| 16,2 km | 420 m | Schwarzes Kreuz, Schutzhütte, |
| | | Abzweig nach Altenbeken BANK |
| 17,9 km | 385 m | Rehberghütte/L755, |
| | | Abzweig nach Altenbeken BANK |
| 21,3 km | 412 m | Heinrich-Heine-Hütte, Abzweig nach Bad Driburg |
| 24,7 km | 380 m | Sachsenklause |
| 26,5 km | 228 m | Bad Driburg BANK ⌘ |

*Zum Auftakt spazieren Sie heute durch eines der faszinierendsten Waldstücke am gesamten Weg (Bärenstein) in etwa einer halben Stunde bis zu den Externsteinen. Von diesen mystisch verklärten, bizarren Felsen aus Osningsandstein geht es zu*

*den topografischen Höhepunkten des Fernwanderweges, dem Lippischen und dem Preußischen Velmerstot. Im Sattel zwischen diesem Doppelgipfel verlassen Sie den Hermannsweg. Der führt noch bis zum Bahnhof Leopoldstal hinunter. Sie wechseln nun auf den Eggeweg, der mit weißem X auf schwarzem Grund als zweiter Teil der Hermannshöhen ins hübsche Bad Driburg oder – wenn Sie wollen – heute für Sie auch nur bis Altenbeken führt. Offiziell beginnt der Eggeweg bereits bei den Externsteinen.*

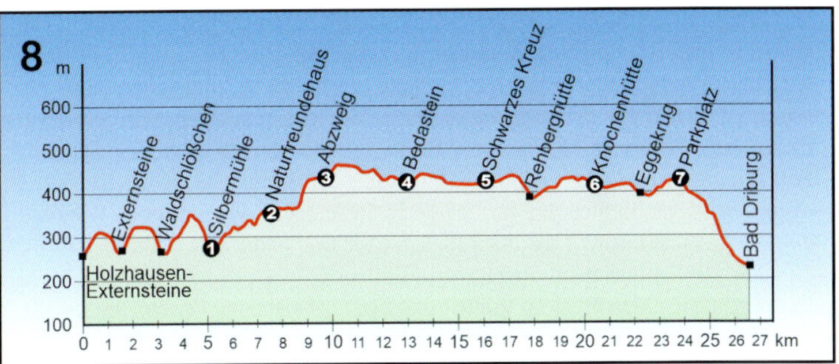


Kurz nach der Waldesruh kommen Sie an eine Dreiwegekreuzung, an der Sie sich nach links wenden. Rechts ist zum Landhotel Weber ausgeschildert.

Sie biegen an zwei Pausenbänken wieder rechts und erreichen das Hotel Bärenstein. Direkt gegenüber biegen Sie links in den Wald ab und steigen nun noch einmal gemächlich bergan durch das wohl faszinierendste Waldgebiet am gesamten Hermannsweg, dem

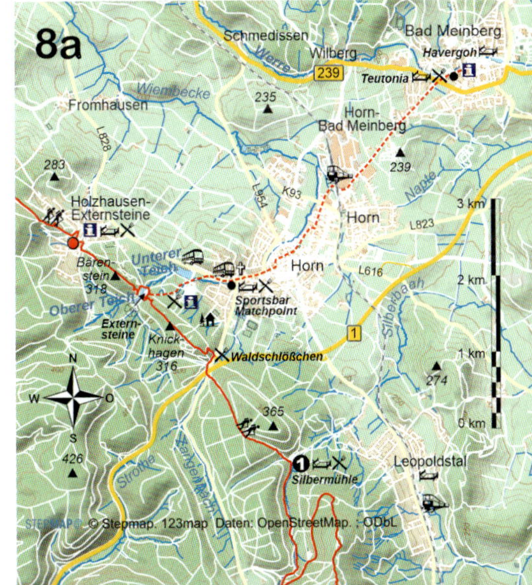

**Bärenstein**, und zuletzt, teils über Stufen, bergab zum Oberen Teich vor den **Externsteinen**. Links gehend erreichen Sie das parkartige Gelände vor dem Felsmassiv, biegen hier nach rechts und kommen zum Wegweiserbaum in der Nähe des Kassenhäuschens (für die Besteigung der Felsen wird ein kleiner Eintrittspreis erhoben).

## Externsteine

In der unteren Kreidezeit, vor etwa 120 Mio. Jahren, wurden sandige Sedimente am Rand des Meeres abgelagert, das damals Mitteleuropa bedeckte. Die zunächst lockeren Sedimente wurden im Laufe der Zeit zu festem Sandstein. Gleichzeitig wanderte die afrikanische Platte nach Norden und schob dabei die Alpen auf. Der Druck der afrikanischen Platte führte aber auch nördlich der Alpen dazu, dass die inzwischen festen Gesteine gestaucht und in großen Schollen gegeneinander geschoben wurden. Einige Schollen wurden so gequetscht, dass sie sich senkrecht stellten, wie hier an dieser Stelle der Osningsandstein. Während die weicheren Schichten, die ursprünglich über und unter dem Sandstein lagen, im Laufe der Jahrmillionen abgetragen wurden, widerstand der besonders harte Osningsandstein den erosiven Kräften und blieb als markante Felsenreihe stehen, die sich heute rund 47 m hoch über die Oberfläche des Wiembecketeichs erhebt.

Der Name Externsteine leitet sich wahrscheinlich von „Egerstein" ab, was wiederum vom mittelniederdeutschen „Egge" stammt. Dieser Begriff beschreibt einen lang gestreckten Hügelkamm.

Die Felsen locken jährlich bis zu eine Million Besucherinnen und Besucher an. Dabei sind die Felsen nicht nur wegen ihrer markanten Schönheit anziehend, sondern auch wegen der Geschichten, die sich um sie ranken. Waren es frühgermanische Kultstätten? Wurden sie zu astronomischen Beobachtungen benutzt? Stand hier die (oder eine?) Irminsul, das bedeutendste sächsische Heiligtum (☞ Marsberg und Iburg)? (Das gebückte Y unter dem Kreuz des Kreuzabnahmereliefs könnte vielleicht die Irminsul darstellen.) Wenig lässt sich beweisen und noch weniger lässt sich ausschließen.

Zur Zeit des Nationalsozialismus wurden an den Felsen umfangreiche archäologische Untersuchungen durchgeführt, um ihre Bedeutung als germanische Kultstätten zu beweisen, was allerdings nicht gelang. Eindeutige Aktivitäten lassen sich erst für das Hochmittelalter belegen. Das prägnante Kreuzabnahmerelief auf der Nordseite stammt wahrscheinlich aus der Mitte des 12. Jahrhunderts. Es ist damit die älteste und größte Plastik nördlich der Alpen, die direkt aus dem Fels gehauen wurde. Auch das Felsengrab am Fuß des ersten Felsens (vom Teich aus gesehen) ist wahrscheinlich mittelalterlich, die Grotte in seinem Innern ist deutlich älter.

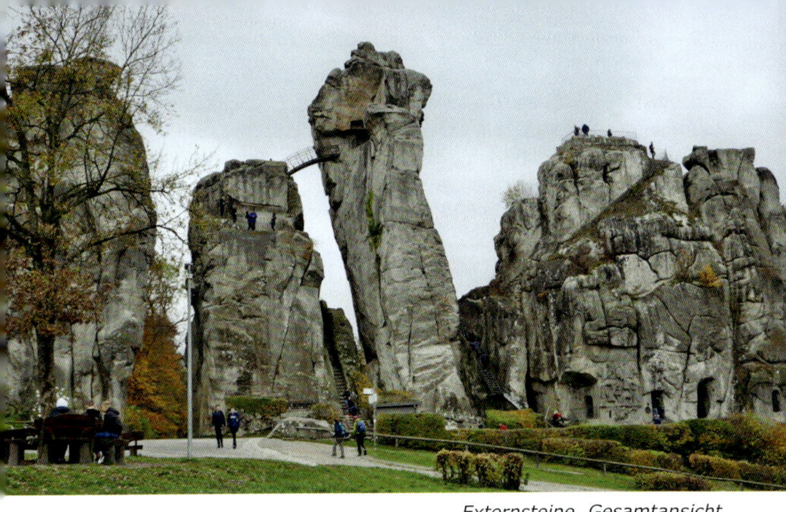

*Externsteine, Gesamtansicht*

Esoterikerinnen und Esoteriker halten trotz fehlender Beweise die Externsteine für einen Ort mit besonderen geomantischen und spirituellen Eigenschaften. Die privat und dezentral organisierten Festivals zur Walpurgisnacht am 30. April und zur Sommersonnenwende am 21. Juni sind allerdings nicht als rein esoterische Treffen zu bewerten. Vor allem Einzelpersonen und Gruppen, die Lust auf Feiern und Trommeln in romantischer Kulisse haben, entspannen so in Gemeinschaft. Immer wieder mal umwehen auch an stillen Wochentagen verhaltene, meditative Trommelklänge die Kulisse. Kursteilnehmerinnen und Kursteilnehmer vom Yoga Vidya Seminarhaus in Bad Meinberg sollen dafür verantwortlich sein.

**Infozentrum Externsteine**, Externsteiner Straße 35, ☏ 052 34/202 97 96, info@externsteine.de, April-Okt 10:00-18:00, Besteigung der Felsen ist zu diesen Zeiten ab Kassenhäuschen Externsteine möglich, Führungen April-Okt. So, Fei 11:00 (Anmeldung im Infozentrum), ➲ 400 m

**Gaststätte Felsenwirt**, Externsteiner Straße 35, ☏ 052 34/23 10, kontakt@felsenwirt.de, www.felsenwirt.de, Marz-Okt Di-So ab etwa 11:00, ➲ 400 m.

Vom Wegweiserbaum führt links ein höhengleicher Weg Richtung Infocenter und Gaststätte. Die meisten Besucherinnen und Besucher kommen vom großen Parkplatz auf diesem Weg zu den Steinen. Es ist auch die kürzeste Verbindung **nach Horn** bzw. zu den Bushaltestellen an der L828 (nur der Naturparkbus hält auch am großen Parkplatz). Der Weg teilt sich kurz vor dem Infocenter und der Gaststätte (am Baumstammmonster) noch einmal. Sie nehmen hier halb links den Waldweg zum Unteren Teich und erreichen die Parkplatzzufahrt. Links kämen Sie zur L828 mit der Bushaltestelle „Abzweig Externsteine" und geradeaus, über die Parkplatzzufahrt hinweg, setzt sich der Waldweg nach Horn fort. Der erreichten L828 folgen Sie rechts nach Horn. Gegenüber der katholischen Kirche finden Sie eine weitere Bushaltestelle und die Sportsbar direkt am Weg.

Zur Bushaltestelle „Abzweig Externsteine" sind es 820 m, zur Sportsbar und zur Bushaltestelle „Katholische Kirche" 1,3 km. In die Ortsmitte von Horn sind es 2 km und zum Bahnhof 3,3 km. Zum Ortsteil Bad Meinberg sind es rund 6 km.

Wer zum Bahnhof weitergeht, folgt geradeaus der Mittelstraße bis in die Innenstadt von Horn und biegt gleich nach der ev. Kirche, gegenüber dem Rathaus, links in die Burgstraße. Die vollzieht einen Rechtsbogen und führt als Pfuhlstraße an den nordöstlichen Stadtwall.

Leicht nach links versetzt überqueren Sie die Wallstraße und folgen einem Fußweg durch Parkanlagen und dann der weiterführenden Wiesenstraße, bis diese rechts an die Kampstraße stößt. Hier gehen Sie links durch Gewerbegebiet bis zum Bahnhof.

## Horn-Bad Meinberg

17.600 Einw.

**GesUndTourismus Horn-Bad Meinberg GmbH**, Parkstraße 10, 32805 Horn-Bad Meinberg, 052 34/20 59 70, info@hornbadmeinberg.de, www.horn-badmeinberg.de, Mo-Fr 9:00-17:00, Sa 9:00-13:00, im Ortsteil Bad Meinberg, hat den Überblick über das umfangreiche Bettenangebot in Bad Meinberg, über 5 km

**Teutonia Hotel**, Allee 19, 32805 Horn-Bad Meinberg, 052 34/87 94 00, info@teutonia-hotel.de, www.teutonia-hotel.de, ÜF EZ € 45, DZ € 90, über 5 km entfernt, im Ortsteil Bad Meinberg

♦ **Sportsbar Matchpoint**, Externsteiner Straße 1, 32805 Horn-Bad Meinberg, 01 57/88 35 62 46, info@sportsbar-matchpoint.de, sportsbar-matchpoint.com, Ü EZ € 44, DZ € 59, F € 7, 1,3 km, am nordwestlichen Ortsrand von Horn

**Gästehaus Havergoh**, Wander- und Fahrradhotel, Brunnenstraße 67, 32805 Horn-Bad Meinberg, 052 34/97 54, info@havergoh.de, www.havergoh.de, ÜF EZ € 46, DZ € 92, € 3, über 5 km entfernt, im Ortsteil Bad Meinberg

**Jugendherberge**, Jahnstraße 36, 32805 Horn-Bad Meinberg, 052 34/25 34, jh-horn.bad.meinberg@djh-wl.de, www.jugendherberge.de → Schnellsuche,

ÜF im MBZ ab € 27,30, ➲ 650 m, am Ortsrand von Horn, ca. 1,2 km zu den Externsteinen (☞Wegbeschreibung)

🚌 Bushaltestelle „Horn, Abzweig Externsteine", Linie 782, stündlich nach Horn-Bad Meinberg oder Detmold, Fahrplanauskünfte unter 💻 www.vgl.de oder www.stadtverkehr-detmold.de (☞ Wegbeschreibung)

🚆 Der Bahnhof von Horn-Bad Meinberg befindet sich in Horn, ➲ 3,3 km. Es handelt sich um die Bahnstrecke Herford – Paderborn.

🚕 **Taxi Brandl**, ☏ 052 34/988 05

♦ **Blomberger**, ☏ 052 34/95 55

Die Stadt Horn-Bad Meinberg besteht aus einem Zusammenschluss von Ortschaften mit so klangvollen Namen wie Belle, Billerbeck und Fissenknick, die sich 1970 im Zuge der Gemeindereform gebildet hat. Zunächst hieß die neu gegründete Stadt Bad Meinberg-Horn. Aber Bad Meinberg vorn und hinten Horn, das war ein Dorn im Fleisch von Horn! Denn Horn (eine Stadt!) war schließlich wichtiger als Bad Meinberg (bloß eine Gemeinde!). Der Protest der Städterinnen und Städter führte schließlich dazu, dass Bad Meinberg-Horn in Horn-Bad Meinberg umbenannt wurde. Meinbergerinnen und Meinberger können sich damit trösten, dass ihr Ortsteil der ältere ist. Meinberg wurde bereits 978 schriftlich erwähnt, Horn dagegen erst 1248. Und Meinberg ist seit 1767 Heilbad und darf sich seit 1903 Bad Meinberg nennen.

Sie gehen am Kassenhäuschen vorbei, zwischen den Externsteinen hindurch und biegen knapp 50 m weiter links ab.

↳ Wenn Sie dem breiten Weg nur 150 m weiter folgen würden, kämen Sie zu einer Wegkreuzung, an der ein massives **europäisches Kreuz** aufgestellt wurde. Auf der dazugehörigen Informationstafel befinden sich die Erläuterungen. Das europäische Kreuz markiert die Stelle, an der sich der 3.600 km lange europäische Radfernweg vom französischen Bourlogne-sur-Mer nach Sankt Petersburg und der rund 7.000 km lange europäische Fernwanderweg E1 (Nordkap – Salerno) kreuzen – jedenfalls fast, denn genau genommen müsste das Kreuz an der Stelle stehen, an der der E1 zusammen mit dem Hermannsweg vom Radfernweg abbiegt. Aber was bedeuten schon 150 m bei diesen für viele Wanderinnen und Wanderer wohl kaum vorstellbaren Dimensionen. Schade jedenfalls, wenn die E1-Wanderinnen und -Wanderer knapp am Kreuz vorbeilaufen.

Über Stufen geht es steiler bergauf. Sie kommen dabei noch einmal nahe an die beeindruckenden Steine heran. Oben auf dem Bergrücken im Schutzgebiet

**Knickenhagen** laden zwei schöne Entspannungsliegen zum Verweilen ein. Wenn Sie den Bergrücken überquert haben, geht es wieder bergab. Noch nicht unten nehmen Sie an einer Abzweigung links einen schmalen Pfad, der am Lönsstein vorbei etwas sanfter bergab führt. Sie stoßen auf einen Querweg und biegen rechts ab.

Von links stößt hier der Eggeweg auf den Hermannsweg (er kommt auch von den Externsteinen) und von hier aus verlaufen die Wege gemeinsam bis zum Velmerstot.

Weiter unten erreichen Sie die L828 an der Zufahrt zur B1. Das ✕ Restaurant Philoxenia im Haus Waldschlößchen liegt gegenüber (Di-Sa ab 17:30, So 12:00-14:30 und ab 17:30). Noch bevor die Straße erreicht ist, zweigt links ein Fußweg zur Jugendherberge ab (➲ 650 m, ☞ Horn-Bad Meinberg).

Zur Fortsetzung des Hermannsweges betreten Sie die Straße ebenfalls nicht. Sie gehen vorher nach rechts zu einen Wanderparkplatz. Hinter dem Schutzdach wenden Sie sich nach links Richtung Bad Driburg. Sie unterqueren die B1 und wandern über die L828 hinweg den Hang hinauf bis zu einer Kreuzung am Scheitelpunkt des Weges. Dort gehen Sie geradeaus nun abwärts. Vom breiten Weg biegen Sie nach weiteren 500 m halb rechts in einen anfangs steinigen Pfad ab und erreichen das Hotel-Restaurant Silbermühle (ehemalige Wassermühle) ❶.

✕ **Hotel-Restaurant Silbermühle**, Neuer Teich 57, 32805 Horn-Bad Meinberg, ☏ 052 34/22 22, silbermuehle@gmx.de, www.silbermuehle.de, Ü EZ/DZ ab € 89, F € 12, ➲ am Weg

Vor dem Mühlenteich biegen Sie nach rechts ab und wandern zunächst auf der rechten Seite des Silberbaches dem Lauf entgegen (orografisch links). Eine Deutung des wohlklingenden Namens für Bach und Mühle ist bisher nicht eindeutig gelungen. So sind der Fantasie keine Grenzen gesetzt und die geht so weit, dass der Bach in seiner Eitelkeit ihn vielleicht selbst schuf und so aus der Kattenbeke, wie er im Oberlauf noch heißt, ein Silberbach wurde. Als Silberquelle – und auch darin könnte der Namensursprung zu finden sein – soll er nie ergiebig gewesen sein (Quelle: Eggegebirgsverein).

Sie erreichen eine Furt, die Sie aber nicht durchqueren. Jedenfalls sieht die Markierung das nicht vor. Sie bleiben bis zur Brücke auf derselben Seite und wechseln dort erst die Bachseite. 200 m weiter erreichen Sie eine weitere Brücke, die Sie aber nicht benutzen, sodass Sie weiterhin den Bach zu Ihrer Rechten haben. Sie passieren einen alten Steinbruch und gehen kurz darauf hinunter zum Bach zu einer Brücke, die Sie aber wieder nicht überqueren. Stattdessen nehmen Sie kurz davor einen Weg nach links, der Sie nun aus dem Kerbtal hinaus zu einem breiten Forstweg führt. Hier biegen Sie scharf links ein und wandern zu einer Waldsiedlung, zu der auch das Naturfreundehaus gehört ❷.

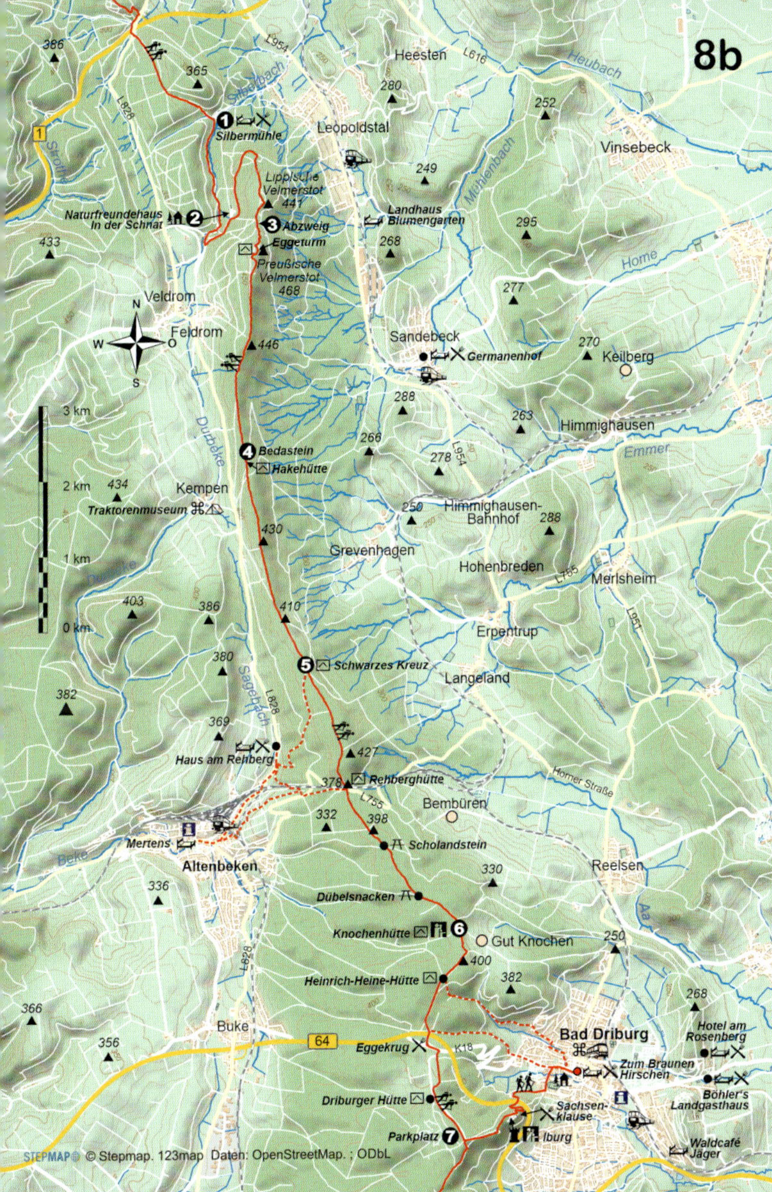
8b
Heesten
Leopoldstal
Vinsebeck
Silbermühle
Naturfreundehaus in der Schnat
Lippische Velmerstot 441
Abzweig
Eggeturm
Preußische Velmerstot 468
Landhaus Blumengarten
Veldrom
Feldrom
Sandebeck
Germanenhof
Keilberg
Himmighausen
Emmer
Bedastein
Hakehütte
Kempen
Traktorenmuseum
Himmighausen-Bahnhof
Grevenhagen
Hohenbreden
Merlsheim
Erpentrup
Langeland
Schwarzes Kreuz
Haus am Rehberg
Rehberghütte
Bembüren
Mertens
Altenbeken
Scholandstein
Reelsen
Dübelsnacken
Knochenhütte
Gut Knochen
Heinrich-Heine-Hütte
Buke
Bad Driburg
Hotel am Rosenberg
Eggekrug
Zum Braunen Hirschen
Böhler's Landgasthaus
Driburger Hütte
Sachsenklause
Parkplatz
Iburg
Waldcafé Jäger
Heubach
Mühlenbach
Home
Dubbeke
Sagebach
Beke
Aa
Silberbach
Strothe
Homer Straße
L954
L616
L828
L755
L951
K18
64
1
3 km
2 km
1 km
0 km
N
S
W
O
STEPMAP © Stepmap. 123map Daten: OpenStreetMap. ; ODbL

**Naturfreundehaus In der Schnat**, Schnatweg 51, 32805 Horn-Bad Meinberg, ☏ 052 31/477 75 (Gerhard Engstfeld), ve@engstfeld.de, www.naturfreunde.de/haus/naturfreundehaus-der-schnat, 35 Betten, Ü € 17,50, 50 m, nur nach Voranmeldung, Selbstversorgerhaus, an Wochenenden wird hier Café und Kuchen gereicht.

Vor den Häusern biegt Ihr Weg nach rechts und führt oberhalb entlang bis in die Nordflanke des Velmerstot. Hier beginnt rechts der Anstieg zum Lippischen Velmerstot auf schmalem Pfad, dem Sie folgen. Der breite Weg führt weiter nach Leopoldstal hinab.

Heidelbeerflächen, einzelne Birken und Kiefern, aus denen der Gipfelfels mit einem markanten Obelisken hinausragt, bestimmen die bald erreichte Höhe des Lippischen Velmerstot (⇧ 441 m). Bei passendem Wetter eröffnet sich hier eine weite Sicht in die Bergwelt ringsum. In den Stein eingehauene Richtungsweiser helfen bei der Orientierung. Picknickbänke und Entspannungsliegen laden zum Verweilen ein.

## Velmerstot

Mit der Besteigung des 441 m hohen Lippischen Velmerstot haben Sie den Teutoburger Wald hinter sich gelassen und stehen nun auf dem ersten Gipfel des Eggegebirges. Der Name soll sich vom Ortsnamen „Veldrom“ (= Felder zu Drohme) und „Stot“ (= Steilhang) ableiten. Ganz sicher ist das aber nicht.

Der Lippische Velmerstot lag im Fürstentum Lippe, der 468 m hohe Preußische Velmerstot im Fürstbistum Paderborn, das 1802 von Preußen annektiert worden war. Die Grenze zwischen den Gebieten verlief über den Sattel, der die beiden Gipfel voneinander trennt.

Auf dem Preußischen Velmerstot steht der 17 m hohe Eggeturm, von dessen Plattform in 9 m Höhe Sie einen wunderschönen Panoramablick genießen können. Das Gelände ringsum wurde nach dem Zweiten Weltkrieg als NATO-Raketenbasis betrieben. Sie wurde inzwischen abgerissen. Der Aussichtsturm stammt aus dem Jahr 2004.

## Haselhuhn

Haselhühner sind scheue, rebhuhngroße, monogame Bodenbrüter, die in Deutschland an der Grenze ihres Verbreitungsgebiets leben und daher sehr selten sind. Es gibt kleine Bestände im Bayrischen Wald, Harz, Schwarzwald und im Rheinischen Schiefergebirge – und hier am Velmerstot!

Das Haselhuhn ist eigentlich ein Bewohner der Taiga, der nach der Eiszeit nach Mitteleuropa eingewandert ist. Neben Nadelwäldern bewohnt es auch Laubwälder, vor allem, wenn die Laubwälder als Niederwälder genutzt werden. Da diese Nutzungsform kaum noch vorkommt, wird auch das Haselhuhn in Deutschland immer seltener. Weil das Kronendach im Hochwald zu wenig Licht zum Boden durchlässt, fehlen die Pflanzen- und Tierarten, von denen es sich ernährt. Aber hier am Velmerstot sehen Sie eine strukturreiche Vegetation aus Heideflächen, Einzelbäumen, Gebüschen, Nadel- und Laubwald vor sich, die den Ansprüchen des Haselhuhns gerecht wird.

Da die Haselhühner sehr standorttreue Tiere sind und auch über Generationen hinweg ihre Reviere nur um wenige Kilometer verlagern, können einmal verlorene Habitate nur sehr schwer wiederbesiedelt werden. Aus diesem Grund ist das Vorkommen am Velmerstot von besonderer Bedeutung.

Der Weg führt weiter in den Sattel des Doppelgipfels ❸ auf den bereits sichtbaren Aussichtsturm zu.

Der Hermannsweg biegt im Sattel links vom Kamm und von den Hermannshöhen ab und führt noch bis zum Bahnhof Leopoldstal, wo er endet. Ihr Weg führt am Kamm nun auf dem Eggeweg geradeaus wieder aufwärts.

*Eggeturm am Preußischen Velmerstot*

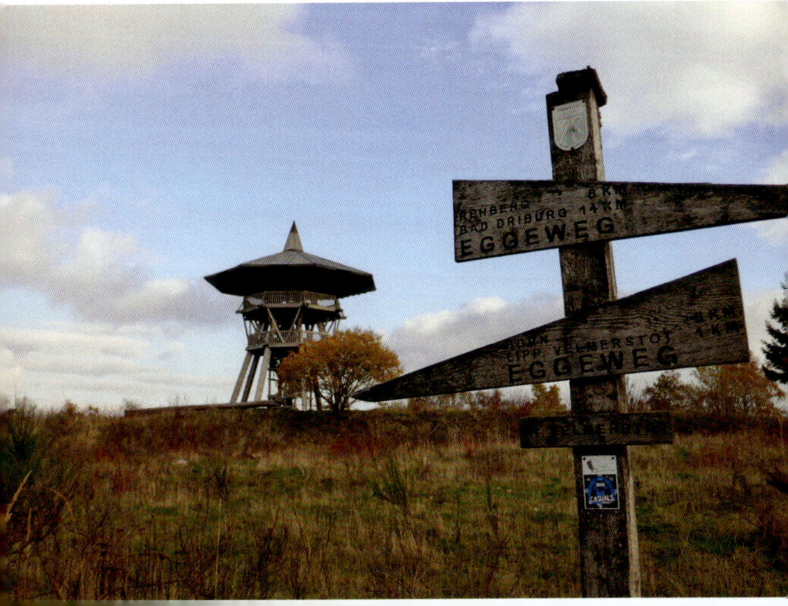

## Leopoldstal

2.000 Einw.

**Landhaus Blumengarten**, Bangern 17+20, 32805 Horn-Bad Meinberg, 052 34/31 86, info@landhaus-blumengarten.de, www.landhaus-blumengarten.de, ÜF Preise auf Anfrage, 2,2 km, 1 km südlich vom Bahnhof

Leopoldstal hat einen Bahnhof an der Regionalbahnstrecke Herford – Paderborn, 1,5 km.

Ab hier finden Sie auf dem gesamten Eggeweg neben den modernen metallenen Wegweisern auch ältere, spitz zulaufende hölzerne Hinweisschilder, die Ihnen den Weg weisen und Abstiegsmöglichkeiten anzeigen.

Unterhalb des Eggeturms passieren Sie die Landschützhütte. Danach biegt der Weg kurz nach links und wieder rechts in den schmalen Pfad, der über die Höhe führt. Er verläuft für 1,7 km parallel zu einem geteerten, schmalen Forstweg über den Bergrücken.

Kurz nachdem Sie an einem Wegkreuz vorbeigekommen sind, gewinnt der bisher etwas unfertig, wie an den Kamm gekratzt wirkende Pfad – teilweise ist es ein Gestolpere über Wurzelwerk – an Charakter. Die parallele Forststraße führt in den Hang und nach Kempen hinab, während Sie auf dem nun sehr schönen, eigenständigen Kammweg bleiben und den Bedastein erreichen ❹.

### Bedastein

Der Bedastein ist nach dem Kunsthistoriker und Pater Dr. Beda Kleinschmidt (1867-1932) benannt, der diesen Bildstock gefunden hat. Der Stein hat eine tiefe Nische, in der sich früher einmal eine Hubertusstatue befand. Der Eggegebirgsverein ließ den Gedenkstein restaurieren und 1936 hier aufstellen. 1948 wurde das Bronzerelief angebracht.

200 m weiter erreichen Sie an einer Kreuzung die Hakehütte.

Links könnten Sie ins 4 km entfernte Sandebeck und rechts nach Kempen ⌘ (ca. 1,1 km) absteigen.

## Sandebeck

861 Einw.

**Ringhotel Germanenhof**, Teutoburger-Wald-Straße 29, 32839 Steinheim-Sandebeck, 052 38/989 00, info@germanenhof.de, www.germanenhof.de, ÜF EZ ab € 88, DZ ab € 120, € 10, „Wellnessrevier“ inklusive, 4,4 km

## Kempen

⛺ ⌘ 487 Einw. (mit Feldrom)

⛺ **Camping Eggewald**, Kontaktdaten wie Traktorenmuseum, zusätzlich: glitz@campingplatz-eggewald.de, campingplatz-eggewald.de, Ü € 5 p. P., Zelt € 7, € 2, 1,1 km

⌘ **Traktorenmuseum Kempen**, Kempener Straße 33, 32805 Horn-Bad Meinberg, OT Kempen, ☏ 052 55/236, www.traktoren-museum.de, 1.4.-31.10. Di-So 14:00-18:00, sonst nur nach telefonischer Anmeldung, 1,1 km

Der Eggeweg führt hier geradeaus auf dem Rücken weiter. Mächtige Grenzsteine fallen ins Auge. Sie werden auch Schnatsteine genannt und zeigten die Grenze zwischen den lippischen und preußischen Staatsforsten an. Die Rose weist zum lippischen, der Adler zum preußischen Territorium. Das Kreuz weist auf den einstigen fürstbischöflichen Besitz vor der Säkularisation hin. Fast 3 km weiter erreichen Sie eine weitere Schutzhütte am Schwarzen Kreuz ❺.

### Schwarzes Kreuz

Hier wurde, so erzählt man sich, im Dreißigjährigen Krieg ein Köhler von Marodeuren in Kreuzform auf Holzscheite gespießt und in einen rauchenden Meiler gestellt, sodass er zu einem schwarzen Kreuz verkohlte. Das gusseiserne Kreuz von 1921 erinnert an diese tragische Geschichte.

Am Schwarzen Kreuz überquert ein alter Pilgerweg zum Wallfahrtsort Werl den Kamm. Rechts führt er hinunter in das Sagebachtal in Altenbeken. Nach nur knapp 2 km könnten Sie auf diesem Weg das Haus am Rehberg erreichen. Den Bahnhof und die Pension Mertens finden Sie 1,5 km weiter talwärts. (Infos Altenbeken ☞ S. 130)

Ihr Weg steigt nun sanft den Rehberg hinauf und stößt nach 1,7 km auf die L755. Hier steht etwas abseits des Weges die Rehberghütte. Eine Tafel informiert sehr anschaulich über die Königlich-Preußische Optische Telegrafenlinie zwischen Berlin und Koblenz. Auch auf dem Rehberg stand eine Nachrichtenstation.

Auch hier könnten Sie rechts nach Altenbeken gelangen (ca. 2,8 km zum Zentrum und 1,6 km in das Sagebachtal). Überqueren Sie die Straße und folgen Sie ihr nach rechts. Nach 50 m gehen Sie hinter der Leitplanke weiter. Nach weiteren knapp 200 m, an der beginnenden Straßenserpentine, sehen Sie den Beginn eines etwas zugewachsenen, nicht mehr gepflegten Hohlweges. Über diesen kommen Sie, eine lange Straßenschleife abkürzend, wieder auf die Straße, gehen 100 m nach links und biegen rechts in den Feldweg ab. Er führt nahe am Mundloch des Rehbergtunnels vorbei in das Sagebachtal (Haus am Rehberg). Wenn Sie bereits nach 70 m links dem markierten Viaduktwanderweg folgen, erreichen Sie den Bahnhof und die Pension Mertens im Zentrum.

☺ Die gute Bahnverbindung zwischen Altenbeken und Willebadessen – die Regionalzüge brauchen für die Strecke nur rund 11 Minuten und sie fahren bis zu zweimal in der Stunde – macht es möglich, sich in einem der beiden Orte für zwei Nächte einzuquartieren und so einen Tag mit nur leichtem Gepäck zu wandern. Es wäre sogar denkbar, dass Sie sich in Altenbeken für drei Nächte eine Bleibe suchen, denn auch nach Horn-Bad Meinberg (Externsteine) fahren die Züge im Stundentakt. Die 8. Etappe (Externsteine – Altenbeken) wäre dann inklusive der Zuwege rund 20 km lang und die 9. Etappe (Altenbeken – Willebadessen) 25 km.

## Altenbeken 9.200 Einw.

**Bürgerbüro**, Bahnhofstraße 5a, ☏ 052 55/120 00, 33184 Altenbeken, info@altenbeken.de, www.altenbeken.de, Mo und Di 8:00-16:00, Mi und Fr 8:00-12:30, Do 8:00-18:00, 2,5 km

**Haus am Rehberg**, Am Siep 55, 33184 Altenbeken, ☏ 052 55/61 64, info@hausamrehberg.de, www.hausamrehberg.de, Ü EZ ab € 40, DZ ab € 70, F auf Anfrage, 1,9 km, im Sagebachtal, 1,75 km vom Ortszentrum (Bahnhof) (☞ Wegbeschreibung)

**Hotel Pension Mertens**, Christian-Schütze-Straße 1, 33184 Altenbeken, ☏ 052 55/207, info@hotel-pension-mertens.de, www.hotel-pension-mertens.de, ÜF EZ € 57, DZ ab € 90, 2,5 km, im Zentrum

Altenbekens Bahnhof ist Verkehrsknoten im Paderborner Land. Hier halten einige Fernverkehrszüge zwischen Dortmund und Kassel. Regionalbahnen fahren nach u. a. Paderborn, Warburg, Hannover und Herford.

**Taxi Gilbert**, ☏ 052 55/93 04 81

In ganz Deutschland ist Altenbeken als Eisenbahnknotenpunkt bekannt. Wahrzeichen ist das 1853 eröffnete Eisenbahnviadukt, die größte Kalksandsteinbrücke in ganz Europa, die nachts sogar beleuchtet ist. Sie überspannt auf einer Länge von 482 m in einer Höhe von 35 m mit 24 Bögen das Tal des Flüsschens Beke. Die Kosten für das Bauwerk veranlassten den König von Preußen, Friedrich Wilhelm IV. (1795-1861), bei der Einweihung zu den Worten: „Ich habe geglaubt, eine goldene Brücke vorzufinden, weil so schrecklich viele Taler verbraucht worden sind."

## Rehbergtunnel

Wenn Sie die L755 überqueren, dann überqueren Sie gleichzeitig auch den etwa 100 m tief unter Ihren Füßen liegenden Rehbergtunnel. Der 1.632 m lange Eisenbahntunnel wurde zwischen 1861 und 1864 erbaut.

Nach Überqueren der L755 kommen Sie auf einem breiten Forstweg nach 1 km zum Scholandstein. Er erinnert an Franz Scholand, der die Geschichte des Eisenerzabbaus in dieser Gegend erforschte.

Sie folgen weiter geradeaus dem Rücken und stoßen auf einen Abzweig mit Sitzgruppe (Dübelsnacken). Rechts ist hier ein Weg nach Altenbeken ausgeschildert, Sie gehen weiter geradeaus Richtung Bad Driburg und erreichen nach einer weiteren Kreuzung die Knochenhütte ❻. Am gleich danach folgenden Wegdreieck gehen Sie rechts weiter.

Es beginnt ein herrlicher Waldrandweg mit schönem Blick zum Gutshof Knochen und in das Weserbergland. An einem breiten Querweg laufen Sie rechts wieder in den Wald hinein. Bei der nächsten Kreuzung erreichen Sie schon den nächsten Unterstand: die Heinrich-Heine-Hütte.

Hier ist links eine Zugangsmöglichkeit nach Bad Driburg ausgeschildert. Die gesamte Wegstrecke würde sich um 2,9 km verkürzen. Wesentliches würden Sie nicht verpassen, da der Aufstieg zur 9. Etappe von Bad Driburg über die Iburg zur Schönen Aussicht führt und damit die besonders sehenswerten Punkte berührt.

Der Eggeweg führt geradeaus weiter und erreicht eine geteerte Forststraße, mit der Sie die B64 überqueren.

Kurz vor der Straßenbrücke gibt es noch einmal eine Kreuzung mit Wegweisern. Auch hier ist links eine Abkürzung nach Bad Driburg ausgeschildert. Diese Variante ist 2,3 km kürzer.

Geradeaus wandern Sie an einem Wanderparkplatz vorbei zur K18 mit dem Gasthof Eggekrug ( Sa 10:00-22:00, So und Fei 10:00-20:00). Sie folgen der Straße 160 m nach links und biegen dann rechts in das Sträßchen Richtung Iburg und Sachsenklause und nach gut 50 m links in den Waldrandweg ab. Das Sträßchen zur Iburg erreichen Sie wieder an der privaten Driburger Hütte des Eggegebirgsvereins der Sektion Bad Driburg ( Schutzdach). Auf einem parallel verlaufenden Waldweg folgen Sie der Straße zu einem Parkplatz ❼ kurz vor der Schutzhütte Schöne Aussicht. Geradeaus setzt sich der Eggeweg fort. Nach

Driburg folgen Sie dem Sträßchen links zur Sachsenklause an der Iburg und dann dem Wanderweg (auch Jakobsweg) nach Bad Driburg hinab.

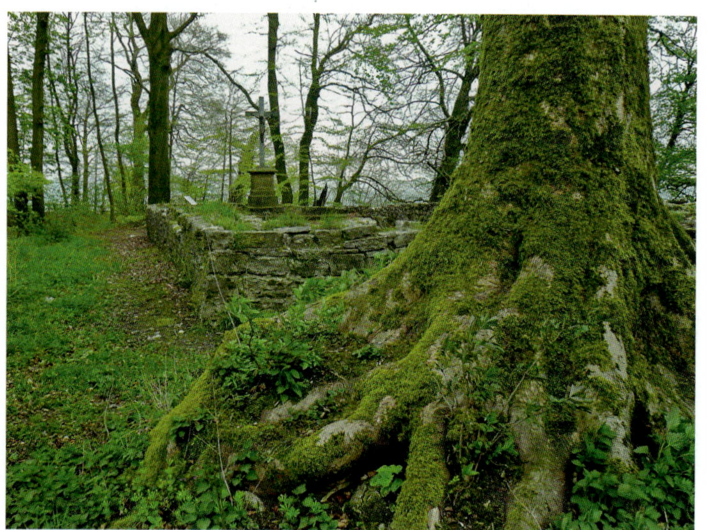

*Ruinen und Wald an der Iburg – die 1.200 Jahre alten Kirchengrundmauern haben ein neues Kreuz erhalten*

## Iburg

Die Iburg ist eine der Höhenburgen auf den Hermannshöhen. Sie wurde im 8. Jahrhundert ursprünglich als sächsische Fliehburg angelegt. Nach der Eroberung im Rahmen der Sachsenkriege ließ Karl der Große (oder der Bischof von Paderborn) hier die Petruskirche errichten. Die Fundamente der Kirche, die man heute noch erkennen kann, stammen allerdings nicht von dieser ursprünglichen Kirche, sondern von einem späteren und größeren Neubau. Außerdem sind ein Bergfried und die sogenannte Sachsenmauer, Teil einer Wallanlage, erhalten. Die Iburg ist schon seit 1444, als sie während der sogenannten Soester Fehde zerstört wurde, eine Ruine. Manche sehen in dieser Waldhöhe den ehemaligen Standort der (oder einer?) Irminsul, dem bedeutendsten Heiligtum der Sachsen in Form eines Weltenbaums (☞ Externsteine). So dichtete z. B. der aus Ahlhausen (heute ein Ortsteil von Bad Driburg) stammende Dichter Friedrich Wilhelm Weber in seinem Opus Dreizehnlinden:

*Alter Hain, aus dessen Wipfeln*
*Sonst die Irminsäule ragte,*
*Die zum Schmerz und Schreck der Sachsen*
*König Karl zu brennen wagte*

Vom Kaiser-Karls-Turm, einem 18 m hohen Aussichtsturm, der 1903/04 erbaut wurde, haben Sie einen schönen Blick auf Driburg.

**Sachsenklause**, Westenfeldmark 6, 33014 Bad Driburg, 052 53/24 04, info@sachsenklause.de, www.sachsenklause.de, So, Mi-Fr 9:00-18:00, Sa bis 20:00

## Bad Driburg

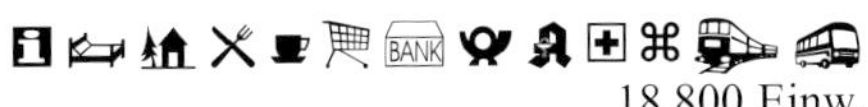

18.800 Einw.

**Bad Driburger Touristik GmbH**, Lange Straße 140, 33014 Bad Driburg, 052 53/989 40, info@bad-driburg.com, www.bad-driburg.com, Mo-Fr 9:00-17:00, Sa 10:00-12:00, 740 m. Informieren Sie sich hier über das aktuelle umfangreiche Bettenangebot in Bad Driburg.

**Hotel zum Braunen Hirschen**, Lange Straße 70, 33014 Bad Driburg, 052 53/22 20, zumbraunenhirschen@t-online.de, zum-braunen-hirschen.de, ÜF EZ ab € 55, DZ € 90, am Weg im Zentrum (von Wanderinnen und Wanderern empfohlen)

♦ **Hotel am Rosenberg**, Hinter dem Rosenberge 22, 33014 Bad Driburg, 052 53/979 70, info@hotel-am-rosenberg.de, www.hotel-am-rosenberg.de, ÜF EZ ab € 65, DZ ab € 120, 2,3 km

♦ **Böhler's Landgasthaus**, Hinter dem Rosenberge 2, 33014 Bad Driburg, 052 53/12 35, info@boehlers.net, www.hotel-boehlers.de, ÜF EZ € 73, DZ € 119, 2 km

**Waldcafé Jäger**, Waldstraße 1, 33014 Bad Driburg, 052 53/933 90, info@waldcafe-jaeger.de, www.waldcafe-jaeger.de, ÜF EZ ab € 55, DZ ab € 90, 2,3 km

**Jugendherberge**, Schirrmannweg 1, 33014 Bad Driburg, 052 53/25 70, jh-bad.driburg@djh-wl.de, www.jugendherberge.de → Schnellsuche, ÜF ab € 26,60, 140 m

⌘ **Glasmuseum Bad Driburg**, Schulstraße 7, 33014 Bad Driburg, 052 53/97 44 94, Di-Do, Sa und So 14:00-17:00, Nov-Feb nur bis 16:00, 220 m

Über das Busverkehrsnetz in der nun erreichten historischen Region des Hochstiftes Paderborn (umfasst die heutigen Landkreise Paderborn und Höxter) informiert die Seite des Nahverkehrsverbundes Paderborn-Höxter. Der Weg berührt die Gemeinden

Altenbeken, Bad Driburg, Lichtenau und Willebadessen im Hochstift.
www.fahr-mit.de

Bad Driburg hat einen Nahverkehrsbahnhof an der Bahnstrecke Göttingen – Paderborn.

**Taxi Hannes**, 052 53/22 42

In Bad Driburg wird das einzige Privatheilbad Deutschlands betrieben. Quellen und Bad sind seit 1850 im Privatbesitz der Familie von Oeynhausen-Sierstorpff. Kaspar Heinrich von Sierstorpff (1750-1842) hatte das Bad gegründet, noch auf der Basis eines 1782 unterzeichneten Erbzinsvertrags. Er kaufte einen Hof, den er zum Badhotel umfunktionierte, und errichtete 1783 ein Kaffeehaus und ein Spielcasino. Kurz darauf entstand ein Badehaus mit 40 Zimmern und einem Tanzsaal.

2007 feierte Bad Driburg sein 225-jähriges Bestehen als Bad. Heute gehört das Moor- und Mineralheilbad mit jährlich über 60.000 Gästen und über 730.000 Übernachtungen zu den größten Heilbädern Nordrhein-Westfalens.

In Bad Driburg hat auch die Glaskunst eine lange Tradition. Bereits im Jahr 1420 entstand die erste Glashütte. Auf dem Gebiet des Glashandels zählt Bad Driburg noch heute mit den Marken Leonardo und Ritzenhoff & Breker zu den bedeutenden Umschlagplätzen Europas. In der Ortschaft Siebenstern gab es mit Walther-Glas ein Glaswerk, das bis 2013 Bad Driburger Glas in alle Welt exportierte. Das Glasmuseum erzählt die genaue Geschichte.

# 9. Etappe: Bad Driburg – Willebadessen

*20 km, 6 Std., 462 m, 405 m, 227-431 m*

| | | |
|---|---|---|
| 0,0 km | 228 m | Bad Driburg |
| 2,8 km | 431 m | zurück auf dem Eggeweg, Schöne Aussicht |
| 11,3 km | 366 m | Herbram-Wald (Parkplatz) |
| 15,7 km | 379 m | Paderborner-Berg-Hütte |
| 17,4 km | 405 m | Willebadessener Hütte, Abstiegsmöglichkeit nach Willebadessen BANK |
| 18,6 km | 427 m | Fernmeldeturm, Johann-Kiene-Hütte (Parkplatz), Abstiegsmöglichkeit nach Willebadessen BANK |
| 20,0 km | 285 m | Willebadessen (Bahnhof) BANK (+ 1,5 km bis ins Zentrum) |

*Von Bad Driburg aus steigen Sie über den Sporn, auf dem die Iburg liegt, hinauf zum Eggeweg und wandern über die Höhen des Eggegebirges weiter nach Süden. Bis hierher wurde der Eggekamm von Kreidesandstein gebildet, nun bestimmt Muschelkalk den Untergrund. Die kalkliebenden Buchen dominieren und das Vorkommen von Frühblühern nimmt zu. Tiefe trichterförmige Einbrüche, sogenannte Dolinen (Erdfälle), die durch höhlenartige, unterirdische Auswaschungen entstanden sind, bereichern das Profil. Nach etwa der Hälfte der Strecke kommt es für den ein oder anderen vielleicht infrage, einen Abstecher nach Neuenheerse einzuschieben und die dortige alte Stiftskirche anzusehen. An Wochenenden lässt sich das gut mit einem Mittagsmahl im noblen Landgasthaus verbinden. Am Etappenort Willebadessen laden Schloss, ehemaliges Kloster und Skulpturenpark zur Besichtigung ein.*

Von Bad Driburg steigen Sie an Iburg und Sachsenklause vorbei wieder hinauf zum Eggeweg, den Sie an einer großen Waldkreuzung mit Parkplätzen erreichen. Hier an der Kreuzung finden Sie wieder die Wegweiser, die Sie Richtung Willebadessen nach links in den Wald hineinschicken. Nach 100 m erreichen Sie eine Schutzhütte mit einem wunderschönen Blick auf Bad Driburg. Deshalb heißt sie auch Schöne Aussicht ❶.

*Glasbläser vor der kath. Pfarrkirche St. Peter und Paul in Bad Driburg*

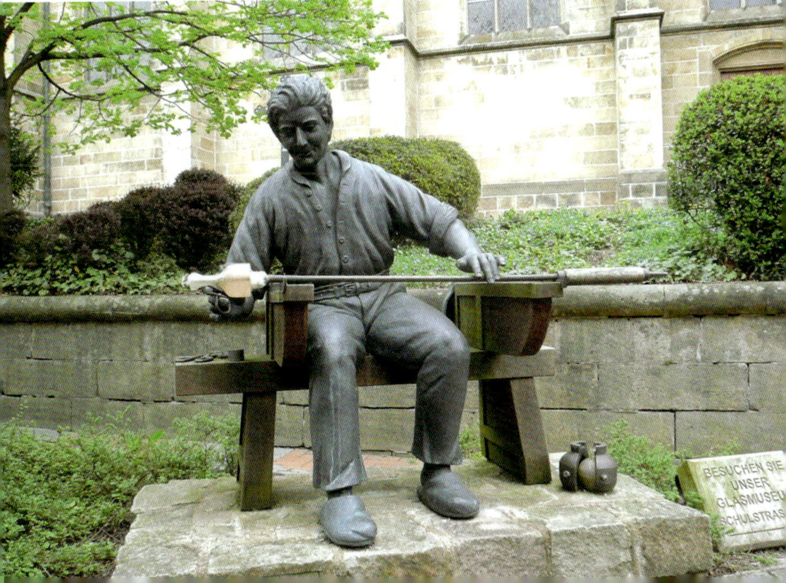

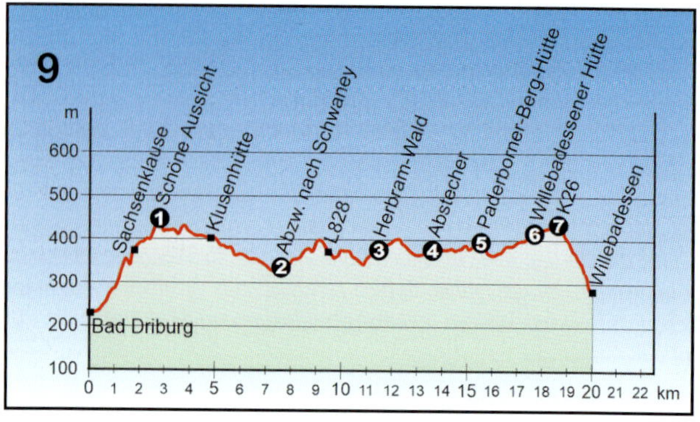


Ein kleines Wegstück laufen Sie nun gemeinsam mit dem Pilgerweg, der aus Bad Driburg auch hier hinaufführt, bald aber rechts Richtung Schwaney wieder vom Eggeweg abbiegt.

📖 **NRW: Jakobsweg Schloss Corvey – Aachen** von Martin Simon, Conrad Stein Verlag, ISBN 978-3-86686-147-3, € 16,90

Sie gehen geradeaus weiter bis zu einer ⌂ Schutzhütte (Klusenhütte). Noch vor der Hütte finden Sie einen Abzweig links nach Bad Driburg und eine Tafel mit einer interessanten Information zu dem Glashüttenstandort und Kurort. Auch wird der Gemarkungsname Klusenberg erklärt. Im 10. und 11. Jahrhundert wohnten auf dem Berg mehrere Einsiedler, die man Klausner nannte. Sie waren dem Stift Heerse angeschlossen. Auf der linken Seite ↳ führt ein kurzer Stichweg zu einem eindrucksvollen Erdfall.

## Erdfall

Erdfälle sind trichterförmige Senken, die in Karstgebieten durch das Einstürzen unterirdischer Hohlräume entstehen. Solche Erdfälle und Hohlräume sind typisch für Kalkgesteine und treten besonders häufig dort auf, wo Kalkstein mit leicht löslichen Gesteinen vergesellschaftet ist. In diesem Fall findet man in den vor ca. 240 Mio. Jahren abgelagerten Gesteinen des Mittleren Muschelkalks Gips- und Anhydritlinsen, die aus Calciumsulfat bestehen und viel leichter wasserlöslich sind als die eigentlichen Kalkgesteine, die Karbonate.

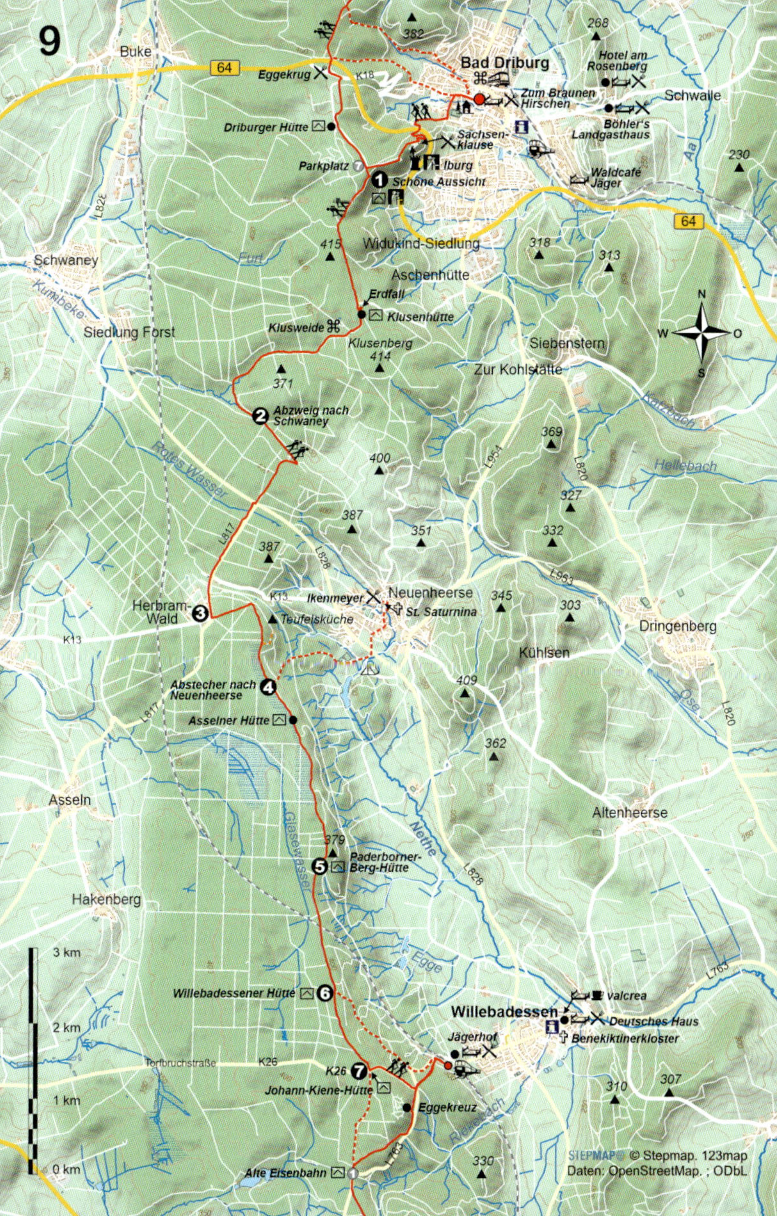
9
Bad Driburg
Buke
Eggekrug
Driburger Hütte
Zum Braunen Hirschen
Hotel am Rosenberg
Böhler's Landgasthaus
Schwalle
Sachsen-klause
Iburg
Parkplatz
Schöne Aussicht
Waldcafé Jäger
Widukind-Siedlung
Aschenhütte
Schwaney
Erdfall
Klusenhütte
Klusweide
Klusenberg
Siedlung Forst
Siebenstern
Zur Kohlstätte
Abzweig nach Schwaney
Rotes Wasser
Herbram-Wald
Ikenmeyer
Neuenheerse
St. Saturnina
Teufelsküche
Dringenberg
Kühlsen
Abstecher nach Neuenheerse
Asselner Hütte
Asseln
Altenheerse
Paderborner-Berg-Hütte
Glasewasser
Nethe
Hakenberg
Egge
Willebadessener Hütte
Willebadessen
Valcrea
Deutsches Haus
Benekiktinerkloster
Jägerhof
Torfbruchstraße
K26
Johann-Kiene-Hütte
Eggekreuz
Alte Eisenbahn
3 km
2 km
1 km
0 km
STEPMAP © Stepmap. 123map
Daten: OpenStreetMap. ; ODbL

Sie gehen geradeaus weiter und nach 350 m an einem Wegdreieck nach links. Rechts würden Sie zur Gedenkstätte Klusweide (200 m) bzw. nach Schwaney (4 km) kommen. Im ehemaligen Forsthaus Klusweide wurden am 25.07.1945 fünf Deutsche von plündernden ehemaligen russischen Kriegsgefangenen ermordet.

Der breite Weg führt nun in sanfter Neigung in ein Tal hinab und im weiten Linksbogen in südöstliche Richtung. Noch einmal zweigt ein Weg nach Schwaney ab ❷. Sie gehen geradeaus weiter und bald wieder ansteigend durch eine scharfe Rechtskurve. Sie wandern über einen kleinen Bergrücken und stoßen auf die querende L828, die Sie geradeaus überqueren. Rechts hinter der Leitplanke gehen Sie in den Wald und erreichen zunächst auf engem Pfad und später auf der begleitenden Straße **Herbram-Wald** (einen Ortsteil von Lichtenau).

Am Ende des Ortes, an einem Parkplatz mit Bushaltestelle ❸, führt Sie der Eggeweg nach links in den Wald hinein (auf dem nicht geteerten Weg) ⩚. Früher konnte man hier bis zu einem Steilhang gehen und ihn dann nach rechts begleiten.

## Teufelsküche

Der Steilhang ist als Naturschutzgebiet „Stollen an der Bahnlinie Kassel – Altenbeken“ vor allem wegen der hier vorkommenden Teichfledermäuse geschützt. Sie finden hier in den Stollen (die vom Weg aus nicht sichtbar waren) geschützte Winterquartiere. Zu ihren sommerlichen Quartieren in der Nähe von Seen und Flüssen ziehen sie zwischen 100 und 300 km weit.

Sichtbar waren aber die als Teufelsküche bezeichneten Rutschungen an diesem Hang, die geomorphologisch von besonderem Interesse und sehenswert sind. Sie sind erdgeschichtlich gesehen hochaktuell. Die Risse in den noch stehenden Klippen lassen vermuten, dass die Prozesse sogar heute noch wirken und nicht abgeschlossen sind. Das beweisen auch mehrere Hangrutsche, die die 1850 eröffnete Bahnlinie von Hamm nach Warburg, die am Fuße der Teufelsküche entlangführte, zerstörten.

Heute sind die Befürchtungen, dass ein Erdrutsch anstehen könnte, wieder hochaktuell, sodass sich das Forstamt veranlasst sah, den Weg dauerhaft zu sperren.

Ihr Weg biegt heute etwa 50 m vor dem Steilhang im rechten Winkel nach rechts, ohne dass Sie den alten Weg noch gewahr werden. Eventuell werden Sie in naher Zukunft nach etwa 500 m einen Abstecher links zur Teufelsküche finden. Dies jedenfalls wurde mir von zwei Wegmarkierern des Eggegebirgsvereins, die ich hier traf, in Aussicht gestellt.

Das Gelände voraus wird nun deutlich feuchter. Durch Befahren haben sich tiefe, wassergefüllte Spuren gebildet. Sie stellen einen wertvollen Lebens- und Entwicklungsraum für die Pflanzen und Amphibien dar, deren Entwicklungszyklus von stehenden Gewässern abhängig ist. Kleine Umgehungswege sind entstanden.

Nach weiteren 600 m könnte links ein Abstecher nach Neuenheerse führen (2,5 km) ❹.

## Neuenheerse

1.800 Einw.

**Camping Neuenheerse**, Am Bolberg 1, 33014 Neuenheerse, 01 76/85 61 13 38, camping.neuenheerse@web.de, Ü € 4,50 p. P., Zelt € 5, € 2, Ostern bis Okt, 1,8 km, am Nethestausee

**Landgasthaus Ikenmeyer**, Paderborner Straße 25, 33014 Neuenheerse, 052 59/770, landgasthaus@ikenmeyer.de, www.ikenmeyer.de, Fr, Sa ab 17:00, So, Fei ab 11:00, 2,5 km

**St. Saturnina** (Eggedom), tägl. 8:00-18:00

Die Sehenswürdigkeit in Neuenheerse ist die dreischiffige Säulenbasilika St. Saturnina, die auch Eggedom genannt wird. Sie geht zurück auf eine Basilika aus dem 9. Jahrhundert, die bereits die Reliquien der heiligen Saturnina beherbergte. Das heute sichtbare Gebäude stammt zu großen Teilen aus dem 12. und 14. Jahrhundert. Es wurde im Barock, zwischen 1693 und 1698, stark umgebaut.

Die heilige Saturnina soll in grauer Vorzeit eine Verheiratung abgelehnt haben, weil sie sich Christus weihen wollte. Vor ihrem physisch bedrohlich präsenten Bräutigam, der das nicht einsehen wollte, floh sie bis nach Frankreich, ins heutige Sains-lès-Marquion (ca. 50 km südlich von Lille). Dort holte er sie ein und brachte sie um, da sie ihn immer noch nicht nehmen mochte. Ihr Leichnam wurde zunächst in der dortigen Kirche bestattet. Auf Betreiben von Bischof Biso aus Paderborn (?-909), der ein erfolgreicher Reliquiensammler war und von dem Martyrium gehört hatte, wurden die Gebeine der Heiligen 887 nach Neuenheerse überführt und in der St.-Saturnina-Basilika beigesetzt (außer einem Ellenknochen, der noch in Sains-lès-Marquion verblieb). Noch heute findet jedes Jahr am Sonntag nach Christi Himmelfahrt eine Saturninenprozession statt, auf der die Reliquien der Heiligen in einem prunkvollen Zierschrein durch Neuenheerse getragen werden.

Geradeaus erreichen Sie die Asselner Hütte. Ein Schilderbaum weist Entfernung und Richtung zu den Orten, die Bedeutung für den Eggegebirgsverein haben. Erläuterungen finden Sie in der Hütte. Vielleicht ist es Ihnen schon aufgefallen: In allen Schutzhütten am Eggeweg sind Wanderkartenausschnitte angebracht, die die Nahumgebung zeigen. Sie finden dort also eine gute zusätzliche Orientierung.

Der Eggeweg zieht weiter in südliche Richtung und erreicht nach weiteren 2,1 km die Paderborner-Berg-Hütte ❺. Noch einmal 1,7 km sind es dann zur Willebadessener Hütte ❻.

Hier ist links ein Abstecher nach Willebadessen angezeigt. Nach 250 m gehen Sie rechts und stoßen nach 1,3 km auf die L763, der Sie links nach Willebadessen (Bahnhof) folgen. Diese Variante ist etwa 400 m kürzer.

Geradeaus auf dem Eggeweg erreichen Sie den Fernmeldeturm vor der K26, die das Gebirge überquert (zwischen Lichtenau und Willebadessen) ❼.

### Fernmeldeturm Willebadessen

Der Turm wurde 1989/90 erbaut. Er ist 132,5 m hoch und dient dem Richtfunk, dem Mobilfunk und der Ausstrahlung des Hörfunkprogramms Radio Hochstift. Bis zur Umstellung auf digitales Fernsehen war er auch für ZDF und WDR im Einsatz, zu der Zeit mit einer zusätzlichen Fernsehantenne, die im Sommer 2007 wieder abgebaut wurde.

Auf der anderen Straßenseite steht ein Wegkreuz (Lichtenauer Kreuz) neben einer Schutzhütte (Johann-Kiene-Hütte). Wenige Meter auf einer geteerten Zufahrt (zu weiteren Sendemasten, kein Aussichtsturm, wie ein Wegweiser suggeriert) und dann halb rechts auf dem breiten Waldwirtschaftsweg setzt sich der Eggeweg fort. Um nach Willebadessen zu kommen, folgen Sie aber der K26 nach links. Nach 700 m mündet diese in die querende L765, der Sie links nur 10 m folgen, bevor Sie dann in den abwärtsführenden Waldweg einbiegen (A6). Dieser führt geradeaus zum Bahnhof von Willebadessen. Rechts und wieder links führt die wieder erreichte L763 weiter in das Zentrum vom Ort.

## Willebadessen — 8.400 Einw.

www.willebadessen.de

**Hotel Der Jägerhof**, Am Jägerpfad 4-6, 34439 Willebadessen, 056 46/80 10, info@jaegerhof-willebadessen.de, www.jaegerhof-willebadessen.de, Ü EZ ab € 66, DZ ab € 95, F Preise auf Anfrage, 100 m vom Bf., Wellnesshotel

♦ **Gasthof Deutsches Haus**, Lange Straße 32, 34439 Willebadessen, 056 46/652, info@gasthof-ewers.de, www.gasthof-ewers.de, ÜF ab € 55, DZ ab € 66, , auf Anfrage, 1,7 km vom Bf., Zentrum

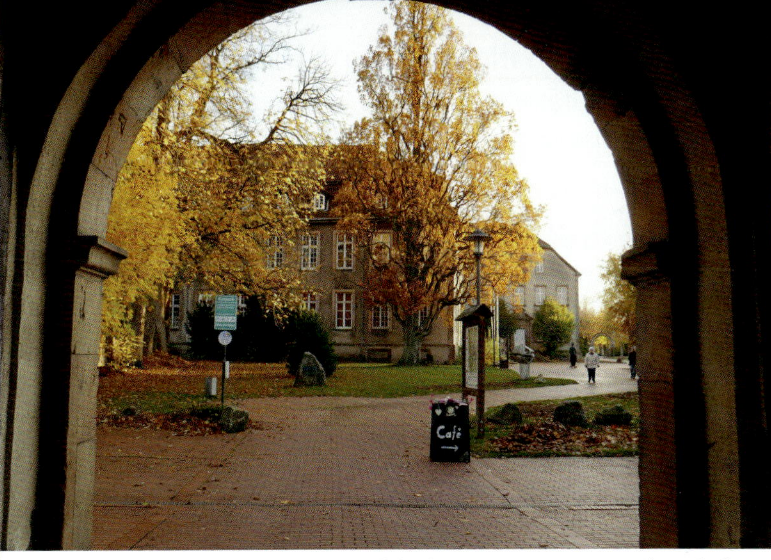


*Willebadessen – Eingang zum Klosterhof*

🛏 ☕ velcrea, Alter Markt 5, 34439 Willebadessen, ☎ 056 46/943 70, ✉ info@velcrea.com, 💻 velcrea.com, ÜF EZ € 48, DZ € 82, ➲ 1,7 km vom Bf., Zentrum

🚌 ☞ Bad Driburg

🚆 Von Willebadessen fahren Regionalbahnen nach Kassel, Warburg, Münster und Düsseldorf.

🚗 **Lütkevedder Taxi**, ☎ 056 46/999 00

Willebadessen ist flächenmäßig gesehen eine große Stadt. Sie umfasst 128 km², mehr als Göttingen (116 km²), Kiel (118 km²) oder Oldenburg (102 km²). Nur mangelt es an Einwohnerinnen und Einwohnern auf dieser großen Fläche. Im Vergleich zu den genannten Städten (☞ 1.000 Einwohnerinnen und Einwohner/km²) und der durchschnittlichen Bevölkerungsdichte von Nordrhein-Westfalen (523 Einwohnerinnen und Einwohner/km²) markieren die 66 Einwohnerinnen und Einwohner/km² in Willebadessen eher ein Bevölkerungsloch als eine Menschenansammlung. Aber es ist immerhin ein ganz hübsches Loch mit einem im Jahr 1149 gegründeten Benediktinerinnenkloster. Sein schöner Kreuzgang mit Kalksteinreliefs und die Gründerkapelle sind sehenswert.

# 10. Etappe: Willebadessen – Blankenrode

*20,8 km, 6 Std. 30 Min., 490 m, 388 m, 275-446 m*

| | | |
|---|---|---|
| 0,0 km | 285 m | Willebadessen (Bahnhof) |
| 4,2 km | 422 m | Kroll-Hütte |
| 6,3 km | 429 m | Bierbaums Nagel |
| 13,3 km | 413 m | Nadel, Picknickplatz |
| 14,5 km | 294 m | K23, Schwarzbachtal |
| 18,6 km | 415 m | Wüstung Blankenrode, Jungfernbrunnen ⌘ |
| 19,3 km | 431 m | Wasserscheide Weser – Rhein |
| 20,8 km | 385 m | Blankenrode |

*Wieder ziehen Sie auf ruhigen und einsamen Wegen über die Höhe, genießen die schönen Ausblicke an den Teutoniaklippen und bald auch von Bierbaums Nagel. Die Aussicht vom ältesten Aussichtsturm Ostwestfalens soll bis zur Wilhelmshöhe im 40 km entfernten Kassel gehen. Überraschend erscheint der plötzlich steile Abstieg in das ursprüngliche, von herrlichen Laubwäldern geprägte Schwarzbachtal. Ein spannendes Gelände, auf dem es viel zu entdecken gibt, passieren Sie in der mittelalterlichen Stadtwüstung Blankenrode. Im modernen Etappenort Blankenrode bieten zwei Gasthöfe Unterkunft.*

Sie könnten von Willebadessen auf demselben Weg, den Sie heruntergekommen sind, wieder zum Lichtenenauer Kreuz hinaufgehen. Abwechslungsreicher und ohne Straßenanteil ist die nachfolgend beschriebene und auch als Zugangsweg zu den Hermannshöhen gekennzeichnete Route.

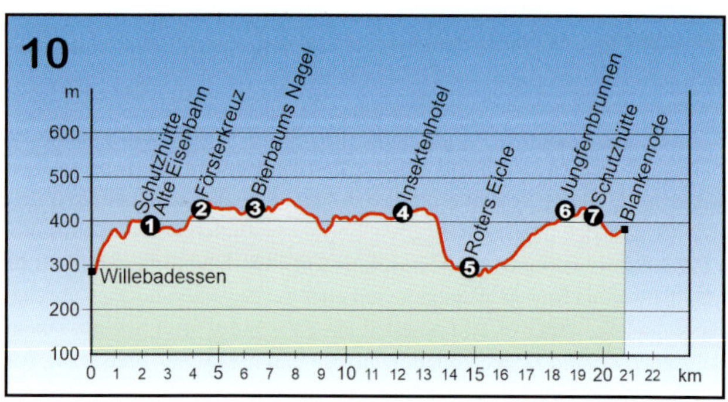

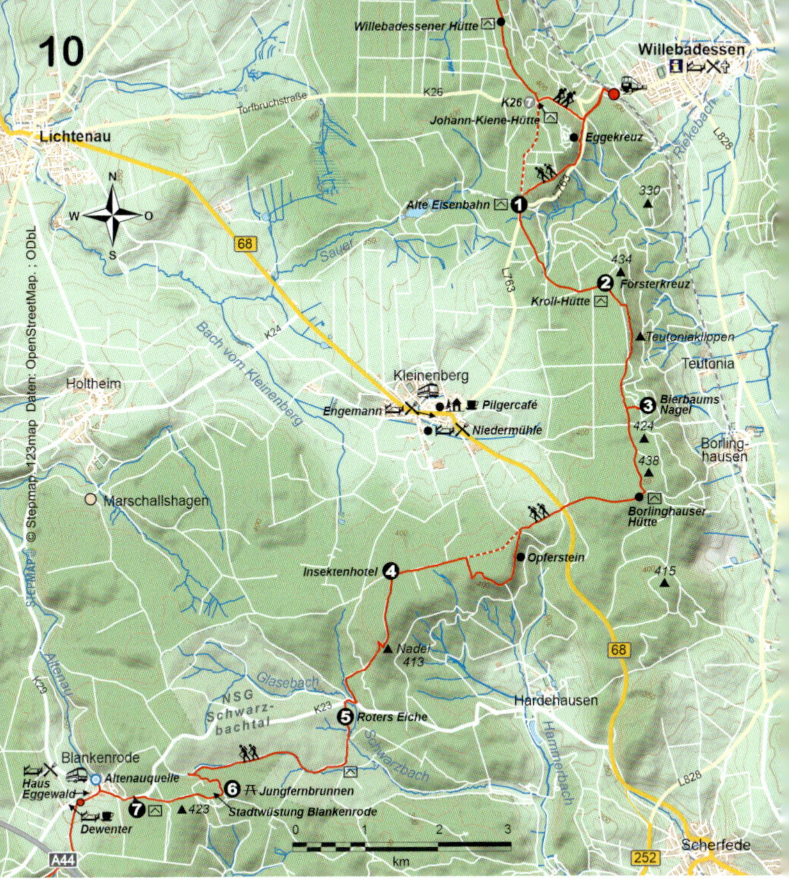


Gegenüber dem Bahnhof steigen Sie zunächst wieder auf dem Wanderweg A6 zur L763 hinauf. Links führt diese nach Kleinenberg, geradeaus zweigt die K26 ab. Im Winkel zwischen den beiden Straße beginnt halb links der Wanderweg A3. Dieser führt Sie weiter bergan am **Eggekreuz** vorbei wieder fast an die L763 heran. Vorher folgen Sie rechts dem Pfad bis zum breiten Kammweg, auf dem es links weitergeht.

Nach 100 m stoßen Sie an einer im Verfall begriffenen ⌂ Schutzhütte (Alte Eisenbahn) wieder an die Landstraße, die hier den Kamm überquert ❶. Sie folgen ihr 200 m geradeaus. Dann biegen Sie links in den Wald hinein ab.

Nach einer flachen Bachsenke gibt es eine Kreuzung, an der Sie geradeaus bis zu einem breiten Querweg weitergehen. Hier biegen Sie links ein und treffen nach 300 m auf die ⌂ Kroll-Hütte. 50 m weiter stoßen Sie an ein Wegdreieck, an dem ein Kreuz zum Andenken an zwei im Jahr 1880 hier ermordete Förster errichtet wurde ❷.

Der Eggeweg biegt rechts ab, steigt noch leicht an und verlässt dann den breiten Waldweg über einen kleinen Pfad nach links für einen kurzen Abstecher zu den **Teutoniaklippen**. Die Klippen erhielten ihren Namen nach einer Gesellschaft, die 1856 in Dortmund gegründet worden war, um hier im Gebiet nach Eisenerz zu graben.

Der Eggeweg biegt rechts ab und verläuft entlang des Steilhangs weiter. Schließlich führt der Pfad wieder nach rechts auf einen Forstweg, auf dem Sie nach links weiterwandern, bis Sie auf die Abzweigung zum Aussichtsturm Bierbaums Nagel stoßen ❸.

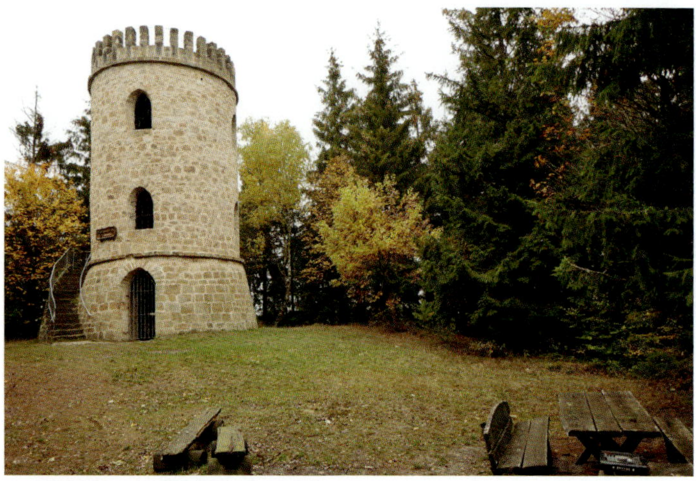

*Aussichtsturm – Bierbaums Nagel*

## Bierbaums Nagel

Den Turm ließ der Gutsherr Julius Bierbaum 1847 bauen, um den Bauern und Tagelöhnern nach einem Jahr mit schlechter Ernte eine lohnende Arbeit zu verschaffen. Gleichzeitig machte er damit seiner aus Kassel stammenden und unter Heimweh leidenden Frau eine große Freude: Von dort konnte sie bis zum Herkules, einem Wahrzeichen Kassels, schauen. Den Herkules finden Sie bei guter Sicht im Südosten in einer Entfernung von 40 km.

Der Eggeweg läuft geradeaus weiter. Nach 1,1 km weicht er dann deutlich von der bisherigen südlichen Richtung nach Westen (rechts) ab. Gingen Sie hier links weiter, kämen Sie nach Borlinghausen. Ihr Weg erreicht gleich nach dem Abzweig die ⌂ Borlinghauser Hütte und nach weiteren 1,1 km die B68, die Sie geradeaus überqueren. Rechts führt sie nach Kleinenberg.

↳ Nach Kleinenberg laufen Sie nicht entlang der Straße, sondern folgen 100 m, bevor Sie sie erreichen, rechts dem Waldrandweg.

## Lichtenau-Kleinenberg 1.394 Einw.

**Landgasthof Niedermühle**, Niedermühlenweg 7, 33165 Lichtenau-Kleinenberg, ☏ 056 47/252, 01 75/872 42 49, zurniedermuehle@web.de, www.zurniedermuehle.de, ÜF EZ € 58, DZ € 88, 2,5 km

♦ Gasthof Engemann, Hauptstraße 40, 33165 Lichtenau-Kleinenberg, ☏ 056 47/230, www.hotel-lichtenau.de, ÜF EZ € 56, DZ € 86, DBZ € 119, 2,3 km

**Pilgercafé, Pilgerherberge**, Petra Schumacher, Goldstraße 1a, 33165 Lichtenau-Kleinenberg, ☏ 056 47/946 51 26, 01 51/59 47 95 83, info@pilgercafe-kleinenberg.de, www.pilgercafe-kleinenberg.de, Übernachtungsmöglichkeit für Wanderinnen und Wanderer und Pilgerinnen und Pilger im MBZ nach Voranmeldung, ÜF € 29,50 p. P., Café So 14:00-18:00, 2,3 km

☞ Bad Driburg. Kleinenberg ist Haltepunkt der Schnellbuslinie S85/86. Sie verkehrt im Stundentakt zwischen Paderborn und Warburg (über Lichtenau).

Geradeaus laufen Sie zunächst durch eine offene Feldlandschaft zum Waldrand. Schöne Rückblicke auf die sanft geschwungenen Linien des bereits durchwanderten Gebirges bis zum Fernmeldeturm bei Willebadessen sind möglich.

Bereits im Wald biegt Ihr Weg an einem querenden Forststräßchen nach links und nach 20 m wieder rechts in einen schmalen Waldpfad ab. Rechts würde das Forststräßchen ebenfalls nach Kleinenberg führen (2,2 km).

↳ Wenn Sie 800 m abkürzen möchten, dann können Sie an dieser Stelle auch dem Wirtschaftsweg geradeaus folgen.

Auf dem Wanderweg wird wieder ein kurzweiliger Schlenker an die Steilkante des Kamms gemacht. Er führt am Opferstein vorbei.

## Opferstein

An dem mächtigen, 15 m³ großen, moosüberzogenen Sandsteinblock sollen in den ersten nachchristlichen Jahrhunderten zur Besänftigung der Dämonen Schmuck, Feldfrüchte und Tiere geopfert worden sein. Die alte Kultstätte liegt oberhalb einer Blockhalde im Klippen- und Felsenmeer Hardehausen.

Achten Sie gut auf die Wegführung. Insbesondere wenn Laub gefallen ist, kann der Weg selbst sehr schwer zu erkennen sein. Sie erreichen den breiten Wirtschaftsweg wieder und gehen links weiter.

Schnurgerade führt Ihr Weg nun sanft bergan bis an ein Insektenhotel ❹. Hier biegen Sie links wieder Richtung Süden ab. (Geradeaus ist noch einmal ein Weg nach Kleinenberg über den Wilderer-Wanderweg ausgeschildert.) Nach etwa 1 km endet der Weg an einem Wendeplatz. Linker Hand gibt es einen ⛩ Picknickplatz an einem Felsvorsprung, der Nadelsblick genannt wird.

*Am Insektenhotel biegt der Weg wieder nach Süden*

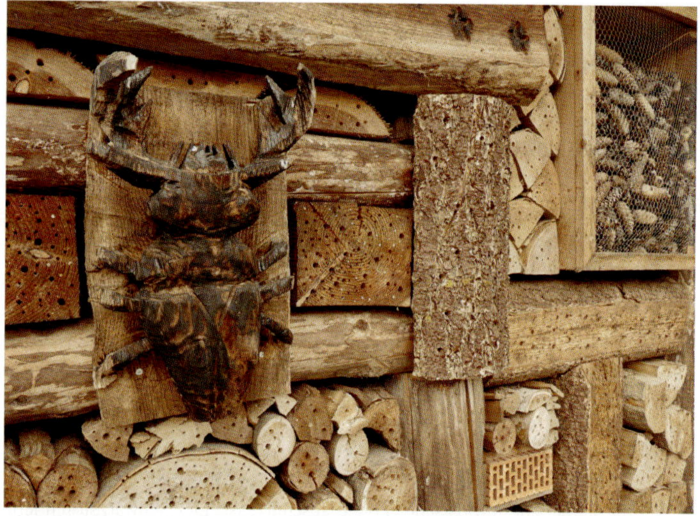

## Nadel

Von der „Nadel" genannten Kuppe hatte man eine weite Sicht. Hier verlief die alte Grenze zwischen Hardehausen und Kleinenberg: Ein 1 m hoher Sandstein mit der

Jahreszahl 1707 markiert den Grenzverlauf. Auf der einen Seite ist ein Krummstab mit Rautenstab zu sehen, das Wappen der Äbte von Hardehausen, und auf der anderen Seite das Kreuz des Paderborner Fürstbischofs.

Dieser dreieckige „Natelenstein" hat dem Aussichtspunkt und der Berghöhe den Namen „Nadel" eingetragen, obwohl es sich topografisch keineswegs um eine Nadel handelt. Der Begriff hat sich aus etwas ganz anderem entwickelt: Der Natelenstein wurde 1707 auf einem sogenannten „Schnatgang" gesetzt. Darunter versteht man eine Begehung der Flurgrenzen, die vor allem in den vergangenen Zeiten, als Karten mangelhaft und die Vermessung sehr lückenhaft und unvollkommen war, in regelmäßigen Abständen notwendig war, um die Grenzen im Gedächtnis der Einwohnerinnen und Einwohner zu bewahren. Die Grenzen wurden häufig mit „Schnaten" (Reisern) gekennzeichnet und durch dieses „Schnateln" bekam die heutige „Nadel" ihren Namen.

Sie folgen hier rechts dem Pfad in den Bereich unterhalb des Felsvorsprungs. Zusammen mit dem Sintfelder Höhenweg, der hier auffällig markiert ist, zweigt der Eggeweg dort scharf nach links ab und es geht nun steil bergab. Achten Sie gut darauf, den sehr dicht aufeinanderfolgenden Wegzeichen zu folgen. Der Weg selbst ist kaum zu erkennen.

Über ein querendes Sträßchen hinweg treffen Sie im Talgrund auf einen Forstweg, der Sie links zur K23 bringt. Sie biegen rechts in die Straße ein, überqueren mit ihr den Schwarzbach und biegen danach wieder links in einen geteerten Forstweg ab. Auf der rechten Seite steht Roters Eiche mit einem Gedenkstein für den verdienten Forstmeister Roter ❺.

## NSG Schwarzbachtal

Von der K23 bis kurz vor die Ortswüstung Blankenrode durchwandern Sie nun einen Teil des Naturschutzgebietes „Schwarzbachtal". Die Grundlage für das Vorkommen seltener Tierarten sind der Schwarzbach und seine Nebenbäche, die u. a. Bachneunauge und Groppe eine Heimstatt bieten.

Die sich an die Bäche anschließenden feuchten Wiesen und Erlen-Eschen-Wälder sind ein geeigneter Brut- und Lebensraum für den Schwarzstorch. Das NSG Schwarzbachtal ist als eines der wenigen Brutgebiete in NRW von besonders hoher Bedeutung, weswegen es zusätzlich als Flora-Fauna-Habitat-Gebiet „Schwarzbachtal" auf europäischer Ebene geschützt ist. Der Schwarzstorch lebt gern verborgen in alten, strukturreichen Wäldern mit Tümpeln und Bächen, an die sich gern extensiv genutzte Wiesen anschließen können. Die Reviere liegen meist in über 1 $km^2$ großen, relativ ungestörten Waldgebieten wie hier im Schwarzbachtal.

Nach wenigen Schritten (an einer Hütte, keine Schutzhütte) beginnt rechter Hand ein schmaler Pfad parallel zum asphaltierten Forstweg. Nach bereits 800 m, an einer ⌂ Schutzhütte, biegt Ihr Weg rechts vom Schwarzbachtal ab.

Nach 550 m biegt links ein Forstweg ab. Sie wandern weiter geradeaus sanft bergauf. Nach weiteren 1,8 km – noch sind Sie nicht auf der Höhe angelangt – biegen Sie scharf links in einen schmaler werdenden Pfad ein, der zur Wüstung Blankenrode führt. Im großen Bogen wird das interessante ehemalige Stadtgelände durchstreift. Am Jungfernbrunnen gibt es eine ⩶ Rastmöglichkeit ❻.

## Mittelalterliche Stadtwüstung Blankenrode

Der Eggeweg durchquert den im hohen Mittelalter wüst gefallenen Ort Blankenrode in einem großen Bogen. Sie können noch die Reste einer Turmburg und gut erhaltene Wallanlagen erkennen. Die Siedlung bestand aus zwei Teilen, einem Burg- und einem Stadtbezirk, die durch einen Mittelwall voneinander getrennt waren. Der höher gelegene Burgbezirk ist der ältere Teil, den der Bischof von Paderborn 1248 als Festung gegen die Waldecker Grafen und den Kölner Erzbischof anlegen ließ. Bereits 1267 wurde er im Zuge eines Grenzkrieges erstmals zerstört, aber wieder aufgebaut und um den Stadtbezirk erweitert. Am Anfang des 14. Jahrhunderts war Blankenrode noch ein aufblühendes Gemeinwesen mit Stadtrecht, Rathaus, Justiz, Kirche und mindestens 1.000 Einwohnerinnen und Einwohner. Allerdings gelang es den Waldeckern 1390, das Städtchen einzunehmen und völlig zu zerstören. Davon erholte sich Blankenrode nicht mehr, die Stadt wurde aufgegeben. In dieser Höhenlage – Blankenrode lag auf 380 bis 407 m – war Ackerbau damals recht beschwerlich. Gegenüber den Tallagen ist hier die Vegetationsperiode um vier Wochen kürzer, die Bauern hatten also für ihre Arbeiten im Frühjahr und im Herbst jeweils zwei Wochen weniger Zeit. Außerdem waren die Ernten stärker durch Witterungsextreme bedroht als in den Niederungen.

Hinzu kam, dass durch die Pestepidemien, die seit der Mitte des 14. Jahrhunderts Europa heimsuchten und entvölkerten, viele Höfe in guten Lagen frei geworden und der Getreidepreis wegen geringer Nachfrage sehr stark gefallen war. So lohnte sich das Ausharren auf diesen hoch gelegenen Flächen nicht mehr. Überall im Mittelgebirge wurden ungünstig gelegene Orte verlassen. Blankenrode ist daher kein Einzelfall, sondern einer der vielen aufgegebenen Orte der „spätmittelalterlichen Wüstungsphase". 1,5 km von dieser Wüstung entfernt wurde später der heutige Ort Blankenrode gegründet.

300 m hinter dem Westtor überqueren Sie die Wasserscheide zwischen Rhein und Weser, die hier durch eine ⩶ Pausenbank markiert ist. Schließlich erreichen

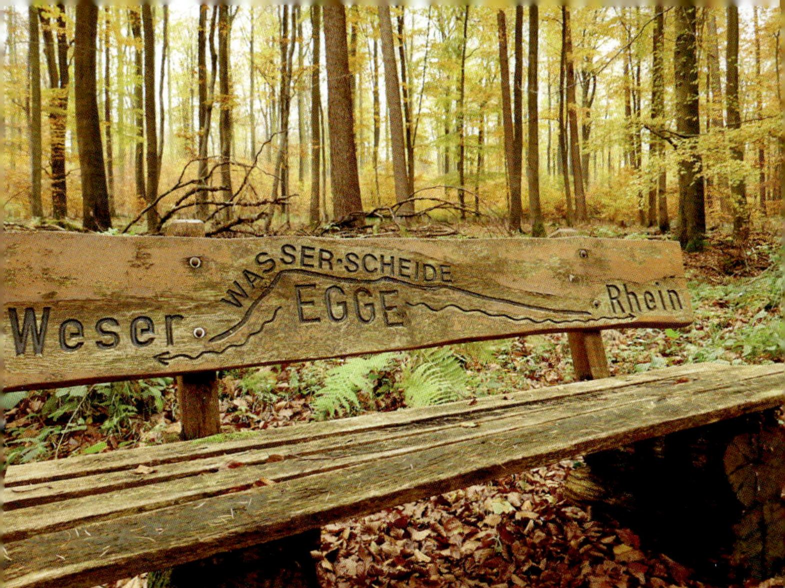


*Wasserscheide nahe der Wüstung Blankenrode*

Sie über attraktive Wege am Parkplatz wieder die K23 und biegen links Richtung Blankenrode (ein weiterer Ortsteil von Lichtenau) ab. 120 m weiter nehmen Sie an einer ⌂ Schutzhütte ❼ den parallel verlaufenden Waldweg.

Am Dorfplatz mit der Bushaltestelle und – etwas unterhalb gelegen – der zu einem Feuerlöschteich angestauten Altenauquelle biegen Sie links in die K69 ab. 100 m vor der Pension Dewenter biegt der Weg links in den Wirtschaftsweg ein.

## Blankenrode

166 Einw.

**Pension und Café Dewenter,** Zur Altenauquelle 30, 33165 Blankenrode, ☏ 029 94/780, 01 71/791 28 09, info@haus-dewenter.de, www.haus-dewenter.de, ÜF EZ € 37, DZ € 74, Abendessen € 9,50, ➲ 100 m

♦ **Hotel-Café Haus Eggewald**, Schulkamp 3, 33165 Blankenrode, ☏ 029 94/97 89 995, info@hauseggewald.de, Ü Preise auf Anfrage oder über booking.com, ➲ 50 m

☞ Bad Driburg. Der Bürgerbus 488 fährt von Mo bis Fr 8x am Tag nach Lichtenau. Dort gibt es Anschluss an den S85/S86 Paderborn – Warburg.

# 11. Etappe: Blankenrode – Marsberg

*13,2 km, 4 Std., 212 m, 347 m, 247-425 m*

| | | |
|---|---|---|
| 0,0 km | 385 m | Blankenrode |
| 0,7 km | 406 m | Bleikuhlen ⌘ |
| 3,0 km | 383 m | Schutzhütte |
| 4,8 km | 322 m | Oesdorf, Kirche |
| 9,7 km | 425 m | Essentho, Kirche BANK |
| 13,2 km | 251 m | Marsberg BANK ⌘ |

*Die letzte Etappe des Hermannshöhenweges ist mit gut 13 km recht kurz und erfordert nur einen deutlichen Aufstieg kurz hinter Oesdorf. Es steht Ihnen also ein recht entspannter Wandertag bevor, an dessen Ende Sie über die alte Via Regia den Endpunkt der Hermannshöhen, das Städtchen Marsberg im Diemeltal und bereits im Hochsauerlandkreis, erreichen.*

Auf einem asphaltierten Wirtschaftsweg wandern Sie zu den Bleikuhlen.

## Bleikuhlen

Der Name deutet schon an, dass hier an den Bleikuhlen früher einmal im Tagebau nach Blei gegraben wurde. Eine besondere geologische Situation ist der Auslöser für den historischen Bergbau: An einer von Nord nach Süd verlaufenden Bruchlinie wurden Sandsteine des Unteren Buntsandsteins (im Westen, Alter ca. 250 Mio. Jahre) gegen Kalkgesteine der Oberkreide (im Osten, Alter ca. 95 Mio. Jahre) gegeneinander verschoben. An dieser Störungslinie konnten mineralhaltige Lösungen aufsteigen, deren Inhaltsstoffe sich auf den kreidezeitlichen Kalken absetzten. So entstand eine linienhafte Lagerstätte mit Blei- und Zinkerzen. Die Bleierze wurden ab dem 12. bis zur Mitte des 18. Jahrhunderts im Tagebau abgebaut. Wahrscheinlich hängt auch die Gründung der Burgstadt Blankenrode mit diesem Bergbau zusammen. Ab Mitte des 19. Jahrhunderts ging man zum Abbau in Schächten und Stollen über und war mehr an dem Zinkerz interessiert, das – je nach Quelle – bis 1884 oder 1938 hier abgebaut wurde. Die verschiedenen Formen von Zinkerz nennt man zusammenfassend „Galmeierz". Man benötigt es zusammen mit Kupfer zur Herstellung von Messing.

Eine botanische Sensation ist das Westfälische Galmeiveilchen (*Viola guestphalica*), auch Violettes Galmei-Stiefmütterchen genannt, das weltweit nur an diesem einen Standort vorkommt. Es hat sich hier auf dem extrem stickstoffarmen und mit Schwermetallen hoch belasteten Bleikuhlenrasen als Art herausgebildet.

Das seltene Veilchen ist 10 bis 15 cm hoch, trägt einheitlich blauviolette Blütenblätter, die am Grund eine dunkle Aderung erkennen lassen, und blüht in der Zeit zwischen Mai und Oktober. Die Bleikuhlen mit ihrem einzigartigen Schwermetallrasen stehen unter Naturschutz und es ist streng verboten, die Wege zu verlassen und Pflanzen zu pflücken. Halten Sie bitte Hunde, Kinder und Ihren eigenen Sammeltrieb im Zaum, damit diese außerordentlich seltene Flora nicht zertreten oder auf andere Weise beschädigt wird.

An den Bleikuhlen vorbei erreichen Sie den Waldrand mit Wanderparkplatz, Bänken und Tischen und einer Infotafel, die die Geologie und Geschichte der Bleikuhlen erklärt, und kurz danach die nur für Wanderer und Wanderinnen und Radfahrer und Radfahrerinnen freigegebene Brücke über die A44. Am Ende der Brücke ist eine Schranke, rechts dahinter könnten Sie ins 3 km entfernte Meerhof abbiegen.

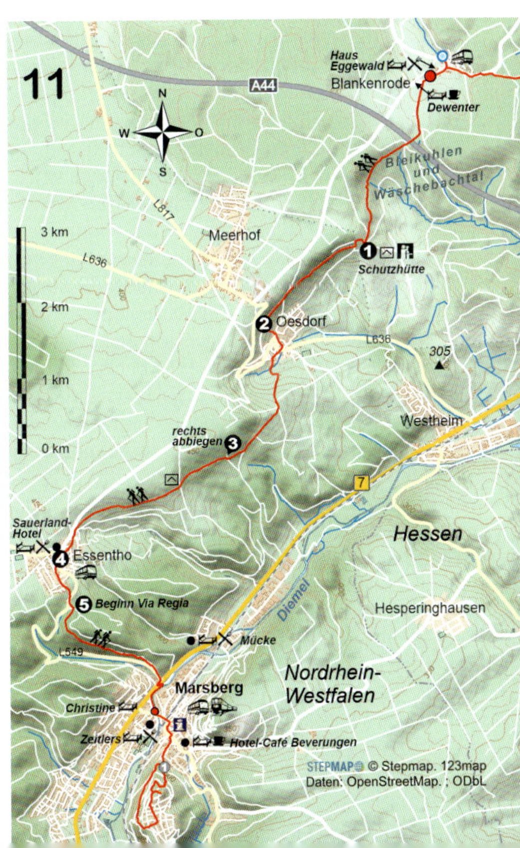


Das Sträßchen fächert sich hier in drei Wege auf. Sie gehen geradeaus auf dem rechten der drei Wege in den Hang. Erst geht es etwas bergab in den Buchenhochwald hinein. Der Eggeweg dient hier als Waldlehrpfad. Sie passieren auch einen Hang, an dem es 1965 einen Erdrutsch gegeben hat (Hinweistafel). Nach 1,1 km verschafft eine bis an den Wald reichende Wiese eine schöne Aussicht, die 400 m weiter, an einer ⌂ Schutzhütte, bis zur Stiftskirche von

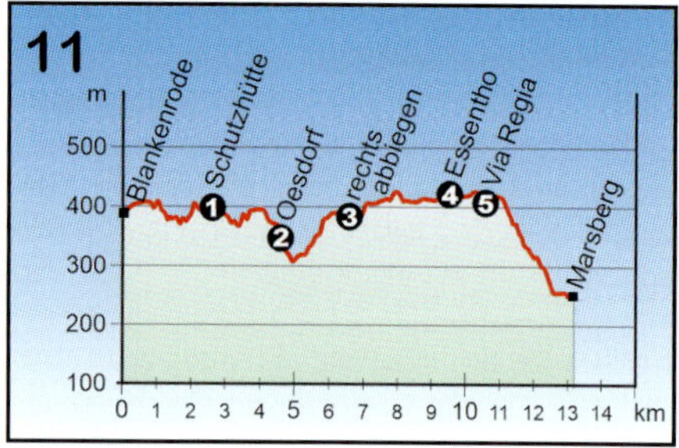


Obermarsberg reicht ❶. Entspannungsliegen laden zur Rast ein.

Sie biegen scharf nach rechts ab, gehen bergauf und mit dem Weg linksherum am Waldrand entlang. Bereits nach 100 m aber führt Sie ein Pfad links zu einem tiefer gelegenen Hangweg, dem Sie rechts bei zunehmend schöner Aussicht folgen.

Schließlich erreichen Sie eine kleine Hofstelle an einem Sträßchen, auf dem es geradeaus leicht abwärts noch 500 m bis zum Haus Nr. 18 weitergeht (nach dem Ortsschild von Oesdorf) ❷.

Hier steigen Sie auf einem Wiesenweg steil bergab (auch Jakobsweg). Der Weg wird schmaler, wird durch Stufen entschärft und führt dann als Treppe bergab. Unten erreichen Sie den Kirchplatz. Sie halten sich hier links und wandern gleich darauf scharf rechts die **Johannesstraße** hinab. Von dieser biegen Sie unterhalb der Bushaltestelle halb rechts ab und an der sofort folgenden Gabelung wieder links in die Straße **Andreasplatz** ein. An der Kreuzung gehen Sie rechts, überqueren die Heitemeyerstraße (= L636) und wandern die Straße **Zu den Drei Linden** hinauf. Nach 170 m biegen Sie nach links in die Straße **Zur Hüffe** ab. An einem großen Bauernhof vorbei laufen Sie auf einem asphaltierten Wirtschaftsweg durch Hecken rechts und links des Weges aus dem Ort hinaus. Es geht wieder ordentlich bergauf.

Auf der Höhe biegen Sie in den zweiten Weg rechts ab. Sie laufen unter Hochspannungsmasten hindurch und anschließend wieder leicht bergab. Schräg links vor sich können Sie wieder die Stiftskirche von Obermarsberg hoch oben auf dem Berg thronen sehen. Achten Sie nach 500 m darauf, rechts in einen Waldweg abzubiegen ❸. Sie gehen am Querweg an der Feldecke rechts und wieder linksherum weiter durch Wald bis zu einer ⌂ Schutzhütte. Geradeaus laufen Sie nun auf Teer auf das voraus liegende Essentho zu. Als fünfter Weg trifft der Eggeweg dort auf eine Kreuzung, an der Sie geradeaus der Antoniusstraße folgen. Auf dieser erreichen Sie die Kirche, die dem Antonius von Padua geweiht ist ❹.

## Essentho

1.500 Einw.

**Sauerland-Hotel**, Fürstenberger Straße 35, 34431 Essentho, ☏ 029 92/81 06, info@sauerland-hotel.com, www.sauerland-hotel.com, Ü EZ ab € 55, DZ ab € 85, F € 7,50, ➲ am Weg, gegenüber der Kirche

 Direkt hinter der Kirche ist links ein kleiner Bäcker mit Lebensmittelladen zu finden.

Von Essentho fahren verschiedene Linien nach Marsberg (etwa stündlich).

Essentho ist der älteste der Marsberger Stadtteile, der wahrscheinlich im 5. bis 6. Jahrhundert als „Osneti“ gegründet wurde. Erstmalig trat der Ort 1043 schriftlich in Erscheinung. 1962 wurde hier eine belgische NATO-Einheit stationiert, die nach der Wiedervereinigung aus Essentho abrückte.

An der Kirche geht es links entlang der Hauptstraße (Fürstenberger Straße) weiter. An der Fahrschule Sieke biegen Sie rechts in die Kardinal-Jaeger-Straße ab. Am Ende gehen Sie links in die Kapellenstraße hinein, auf der Sie Essentho verlassen. Sie stoßen auf die L549, gehen etwa 50 m nach rechts, gleich darauf gegenüber links in den Wald hinein und nach 50 m, hinter einer Gasstation, nach rechts weiter ❺. Der Weg verläuft nun auf der alten Via Regia (auch Jakobsweg).

### Via Regia

„Via Regia“ bedeutet Königsstraße oder Königsweg, bezeichnet also eine Straße, die dem König unterstand. Eine dieser Königsstraßen verband als Fernhandels- und Heerstraße Bremen mit Paderborn und Mainz. Das Teilstück bei Horhusen, dem späteren Niedermarsberg, wird bereits in einer Urkunde des Kaisers Otto III. (980-1002) erwähnt. Zu dieser Zeit existierten die Ortschaften Meerhof, Oesdorf und Westheim noch nicht, die dazugehörigen Fluren waren noch bewaldet. Essentho war ein kleiner Weiler und die bei Weitem wichtigste Siedlung war die Eresburg, die einst dort stand, wo heute Obermarsberg liegt.

Sie erreichen in Marsberg die B7. Der Eggeweg folgt ihr 80 m nach rechts, quert sie dort, wo die Leitplanken enden und ein Geländer beginnt, und führt zwischen beiden hindurch leicht links auf einem Fußweg bergab. Am Diemelufer biegen Sie rechts in den Diemelradweg. Am Ende einer Minigolfanlage und vor einem Biergarten erblicken Sie ein großes Schild: Startpunkt Hermannshöhen!

☺ Herzlichen Glückwunsch: Sie haben Ihr Ziel erreicht!

Sie überqueren die Diemel und können 150 m nach der Brücke nach links zum Bahnhof oder geradeaus in die Einkaufsstraße von Marsberg gehen.

## Marsberg

BANK 20.500 Einw.

**Stadtmarketing Marsberg**, Bäckerstraße 8, 34431 Marsberg, ☎ 029 92/82 00 und 029 92/33 88, info@stadtmarketing-marsberg.de, www.stadtmarketing-marsberg.de und www.tourismus-marsberg.de, Mo-Fr 8:00-12:00, zusätzlich Mo-Mi 14:00-16:30, Do 14:00-18:00, Fr 13:30-15:00, 30 m

**Tourist-Information im Reisebüro** Tegethoff (Gerlach), Hauptstraße 7, 34431 Marsberg, Mo-Fr 8:00-18:00, Sa 8:00-13:00, am Weg, Informationen zu Gastgebern, Stadtpläne, Wanderkarten etc.

**Landgasthof Mücke**, Stobkeweg 8, 34431 Marsberg, 029 92/26 29, info@landgasthofmuecke.de, www.landgasthofmuecke.de, ÜF EZ ab € 79, DZ ab € 109, 1 km, an der B7 links abbiegen und nach 800 m links in den Stobkeweg

**Hotel-Café Beverungen**, Hauptstraße 43, 34431 Marsberg, 029 92/24 22, klaus.beverungen@t-online.de, www.hotel-beverungen-marsberg.com, ÜF EZ € 59, DZ € 90, 300 m

♦ **Zeitlers Hotel & Apartments**, Familie Zeitler, Trift 1, 34431 Marsberg, 029 92/65 52 77, 01 60/153 32 77, info@zeitlers-hotel.de, zeitlers-hotel.de, Ü EZ € 80, DZ ab € 100, DBZ € 130, VBZ € 160, F € 7,50, 100 m, Zentrum

**Gastezimmer Christine**, Christine Henke, Hagemannstraße 13, 34431 Marsberg, 01 70/731 33 03, hallo@marsbergbnb.de, www.marsbergbnb.de, ÜF EZ € 47, DZ € 79, 220 m

⌘ **Heimatmuseum,** Eresburgstraße 38, Obermarsberg, 34431 Marsberg, 029 92/15 66, 01 71/123 51 59, www.fv-obermarsberg.de, Mi und So 14:00-17:00, am Weg, Stadtgeschichte

Marsberg hat einen Nahverkehrsbahnhof an der Bahnstrecke zwischen Warburg und Hagen/Westfalen. Die schnellsten Verbindungen für die Rückfahrt führen über Schwerte oder über Warburg und Hamm nach Rheine.

Zu Beginn der Sachsenkriege im Jahr 772 eroberten die Franken unter Kaiser Karl dem Großen (747-814) die sächsische Eresburg und zerstörten das Heiligtum der Sachsen, die Irminsul, die sich auf der Burg oder in der näheren Umgebung befand. Die Irminsul war wahrscheinlich eine große Holzsäule, die den Weltenbaum der germanischen Mythologie, die Esche Yggdrasil, symbolisierte und Himmel, Erde und Unterwelt miteinander verband.

In den darauffolgenden vier Jahren wurde die Eresburg mehrfach von beiden Seiten eingenommen, bis schließlich Karl der Große die Oberhand gewann. Er hielt sich einige Male auf der Eresburg auf und verbrachte hier zusammen mit seiner Familie z. B. den Winter 784/785. Hier empfing er auch 799 Papst Leo III., der sich auf der Flucht vor seinen Widersachern in Rom befand und Unterstützung von Karl erhoffte. Leos Gegner warfen ihm Ehebruch vor und hatten am 25.

April 799 in Rom versucht, ihn zu blenden und ihm die Zunge herauszuschneiden, was Leo durch seine Flucht gerade noch verhindern konnte. Der Fall wurde untersucht, aber man konnte ihm keinen Ehebruch nachweisen. (Ehelosigkeit ist Geistlichen erst seit einer Verordnung Papst Benedikts VIII. aus dem Jahr 1022 vorgeschrieben.) Karl, der persönlich nach Rom gereist war, um die Untersuchung über Leos angeblichen Ehebruch voranzutreiben, ließ sich im Jahr 800 schließlich von Leo III. zum Kaiser krönen.

Zwischen 1200 und 1220 wurde von Bürgerinnen und Bürger aus Horhusen, dem heutigen Niedermarsberg, die Stadt Mons Martis am Fuß der Eresburg gegründet. Als Gegenleistung für die Erlaubnis, sich hier ansiedeln zu dürfen, verpflichteten sie sich, eine Kirche zu bauen. Diese Kirche steht heute noch, es ist die dem heiligen Nikolaus von Myra geweihte Kirche St. Nikolai, eine der schönsten gotischen Kirchen in Westfalen.

Heute ist Obermarsberg laut Aussage der städtischen Internetseite eine Wald-Acker-Gras-Gemeinde und ein gern besuchter Ausflugsort. Der historische Schandpfahl vor dem Rathaus, an den seit dem 16. Jahrhundert alle Arten von verirrten Seelen angebunden wurden, wird auch heute noch liebevoll in Schuss gehalten, auch wenn die Anzahl der „Gepfählten“ inzwischen verschwindend gering ist.

# Rundweg: Auf den Hermannshöhen nach Obermarsberg

*4,4 km, 2 Std., ↑ 158 m, ↓ 158 m, ⇧ 251-414 m*

| | | |
|---|---|---|
| 0,0 km | ⇧ 251 m | Marsberg, Diemelbrücke |
| 1,7 km | ⇧ 414 m | Stiftskirche Obermarsberg ⌘ |
| 2,2 km | ⇧ 396 m | Nikolaikirche ⌘ |
| 3,5 km | ⇧ 306 m | Bülberg |
| 4,4 km | ⇧ 251 m | Marsberg, Diemelbrücke |

*Die Tafel am Diemelufer, welche die Hermannshöhen beschreibt und den offiziellen Endpunkt festlegt, ist werbewirksam an einer Stelle platziert worden, an der viele Menschen, vor allem aber die Besucherinnen und Besucher der Stadt Marsberg mit ziemlicher Sicherheit alle einmal vorbeispazieren. Unbefriedigend wäre es, von hier nicht in das alte Obermarsberg hinaufzugehen, um dort die historischen Stätten im Bereich der ehemaligen Eresburg anzusehen. Das mögen auch die Mitglieder des*

*Eggegebirgsvereins gedacht haben und so führen die Markierungen von Eggeweg und Hermannshöhen noch bis zur Nikolaikirche nach Obermarsberg.*

Sie überqueren die Diemel auf der Brücke und danach die Bahngleise. Markiert ist nun links der Weg zum Bahnhof, dann zweimal rechts und durch die Bahnhofstraße wieder zurück zur Hauptstraße. Wenn Sie nach dem Überqueren der Schienen geradeaus in die Einkaufsstraße gehen und dann in die erste Straße rechts (Kötterhagen) abbiegen, befinden Sie sich aber auch auf dem Weg. Es gibt hier auch diverse weitere Wanderwegmarkierungen.

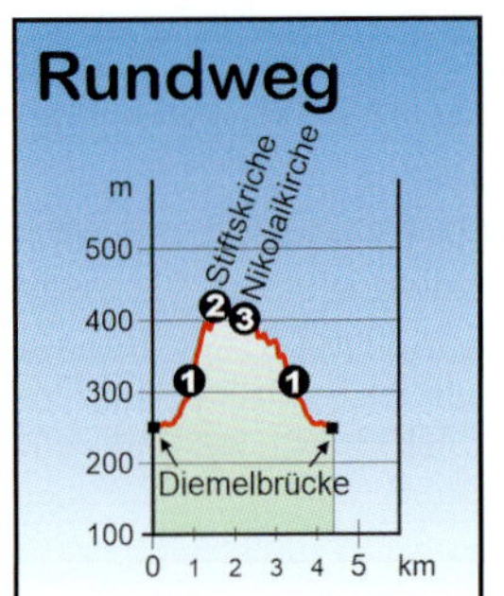


Am Kirchplatz (St. Magnus) gehen Sie rechts durch den Gang und über eine Fahrstraße hinweg zur Siedlungsstraße Bülberg, der Sie links aufwärts folgen. Nach kräftigem Anstieg vollführt die Straße eine scharfe Rechtskurve ❶. Hier weicht mein Wegvorschlag von der Markierung der Hermannshöhen ab. Sie werden aber über den offiziellen Weg wieder herunterkommen. (Falls Sie meinem Vorschlag nicht folgen wollen, bleiben Sie bis zur Gegenkurve hier auf der Straße und biegen erst dort geradeaus in den sanft und stetig aufwärtsführenden Hangweg ab.)

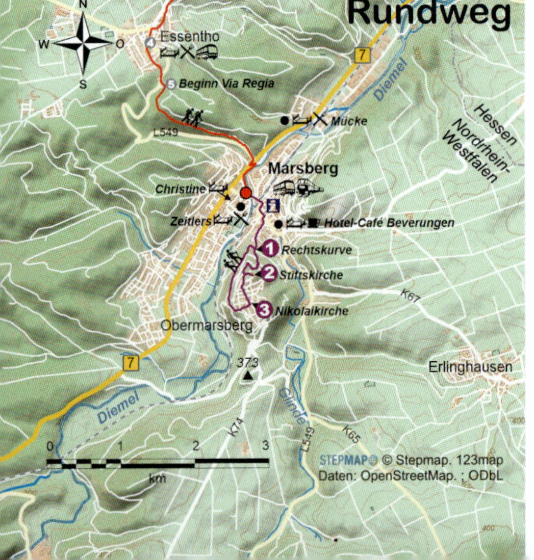


Wenn Sie in der Rechtskurve geradeaus auf dem Fußweg zur Höhe gehen, haben Sie ein steiles Wegstück zu bewältigen, erreichen die Straße oberhalb wieder, wenden sich nach links und biegen 30 m weiter wieder rechts von ihr ab. In steilen, kurzen Serpentinen ist bald die Kirchenhöhe erreicht. Am Beginn der Mauer können Sie geradeaus direkt zur Stiftskirche spazieren oder aber zunächst rechts herüber am Buttenturm die Aussicht genießen ❷. Von der Stiftskirche des ehemaligen Klosters folgen Sie der Eresburgstraße in südliche Richtung zur Nikolaikirche ❸ am Marktplatz. Dabei kommen Sie am Pranger und am Heimatmuseum vorbei. Sie biegen rechts in die Sturmiusstraße ein, folgen geradeaus der Otto-Hein-Straße zur querenden Schützenstraße, gehen 20 m nach links und dann rechts an die Waldkante. Halb rechts spazieren Sie nun bis zum markierten Eggeweg, der durch herrlichen Wald im Hang sanft abwärts zurück an die Straße Büllberg führt. Geradeaus geht es nach Untermarsberg zurück.

*St. Nikolai in Obermarsberg*

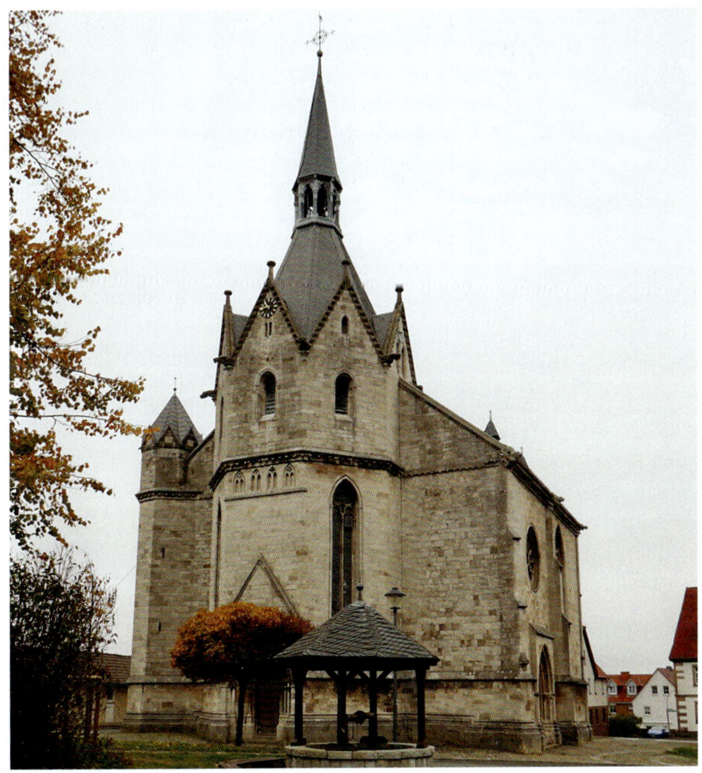

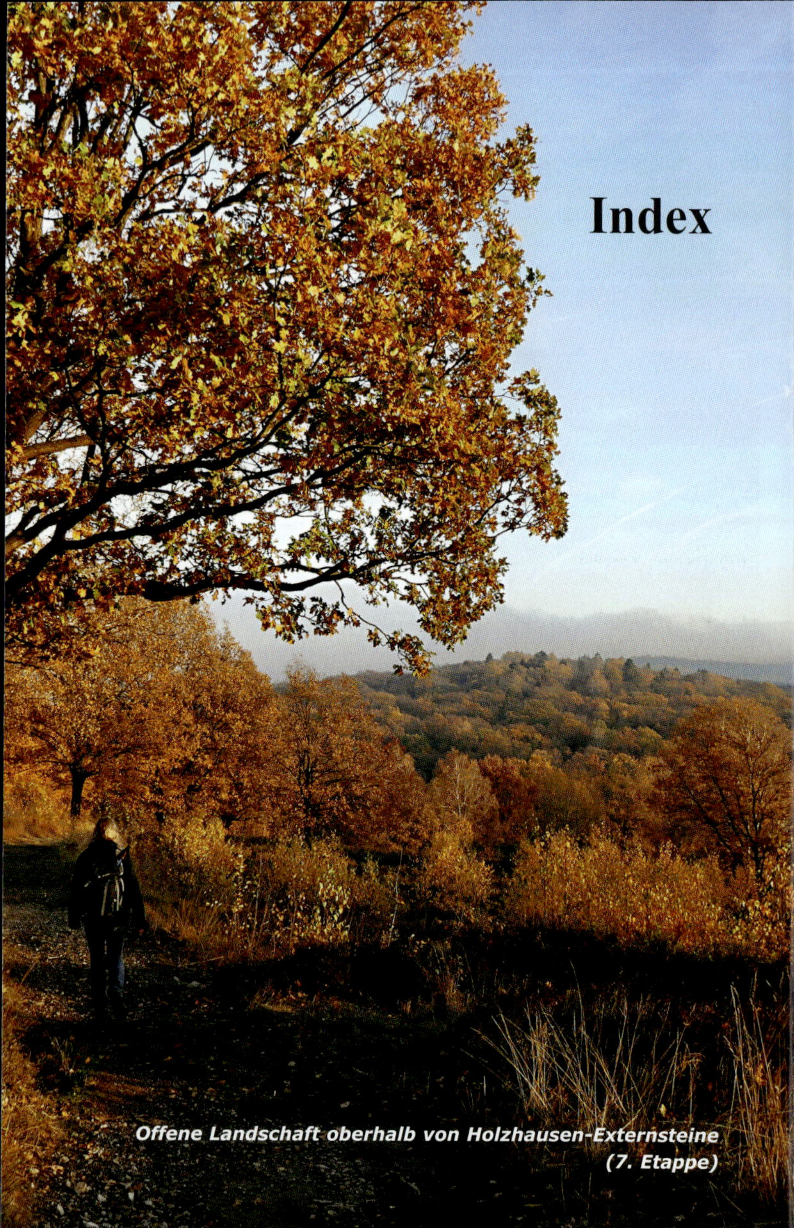

# Index

Offene Landschaft oberhalb von Holzhausen-Externsteine (7. Etappe)